제4판

사무관리론

유 희 숙

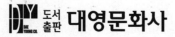 도서출판 대영문화사

머리말

사무자동화와 스마트 워크 등 사무혁명이 기업의 조직관리와 운영에 투입됨에 따라 사무형태와 업무시간, 사무환경 등에 과거와는 다른 많은 변화를 가져오게 되었다. 특히 정보기술의 발달은 조직구성원들에게 정보수집 능력은 물론 정보활용과 창의적 문제해결 능력 등 보다 다재다능한 역량을 요구하고 있으며, 기업에 진입하려는 대학생들도 자신의 전공분야 지식 뿐만아니라 사무관리 능력과 학습을 중요시 하고 있다.

이와 같이, 사무관리는 조직의 규모에 관계 없이 조직이 추구하는 목적을 달성하기 위해서는 반드시 갖추어야 할 중요한 수단 중 하나가 되었다. 한때 사무관리를 단순하고 저급한 수준의 일로 치부하여 별다른 관심을 보이지 않은 적도 있었으나, 이제는 사무관리의 효율성이 조직의 경쟁력 확보에 직결된다는 점에 대해 광범한 공감대가 형성되어 있다.

이에, 본 저서는 급변하는 사무환경 변화 흐름에 대한 이해를 높이고 사무관리 형태와 절차에 관한 전반적인 내용을 다룸으로써 학생들이 보다 원활하게 사무를 수행하고 적응할 수 있는 기본적 역량 함양에 기여하고자 하였다. 즉, 사무관리의 의의, 부서별 중요 업무, 업무 과정, 부서별 필요한 자질 및 능력, 문서작성 및 파일링 관리, 사무지원 프로그램과 사무관리 시스템, 스마트 워크 환경과 어플리케이션 활용 등 현대 조직인으로서 지녀야할 내용들을 체계적으로 학습하고 실무에 바로 적용할 수 있도록 하였다.

사실, 매번 개정준비를 하면서 많은 고민을 하였고 어려움도 있었다. 사무관리 역사가 오래된 만큼 효율적인 사무관리에 대해서는 이미 많은 분들이 알고 있는 내용들이며 기존에 출간된 저서들도 많아 독창적인 새로운 내용들로 구성된 책을 쓴다는 것도 힘들었지만, 실질적으로 조직에서 이루어지고 있는 사무와 사무절차, 사무관리 등을 토대로 해야 한다는 점도 어려움이었다. 여러 가지로 어려운 점이 있었지만, 좀 더 체계화된 사무관리론, 좀더 실무와 근접한 사무관리론 출간을 위해 지속적인 연구가 필요하다는 생각에 다시 개정을 하게 되었다.

향후 좀 더 많은 자료조사와 연구, 현장에 계신 분들의 조언들을 통해 더욱 실용적인 교재가 될 수 있도록 계속적으로 보완 작업을 게을리 하지 않을 계획이다.

끝으로, 책 출간을 위해 도와주신 여러분들에게 감사를 드린다. 대영문화사 임직원 여러분, 대림대학교 국제사무행정과 김예승교수, 그리고 사랑하는 가족들에게 진심으로 감사한 마음을 전한다.

2014년 2월
저자 씀

사무관리론

차례

제13장 개인 생산성 향상과 효율적 업무수행   263

제1장

사무관리의 이해

- 제1절 사 무
- 제2절 사무관리
- 제3절 사무관리자

제1절 　　사무

1. 사무의 의의

사무(office work; clerical work)라는 말은 관청이나 기업 등과 같은 조직체의 조직원이 근무하는 과정 중 맡아서 하는 일로서, 일반적으로 책상에서 서류(paper work) 등을 처리하는 일을 의미하는 것으로 해석되고 있다. 물론 과거에는 사무의 본질인 작업을 종이 위에 기록하는 문서 작업으로 파악했으나, 오늘날에는 단순한 문서 작업뿐만 아니라 의사 결정에 유용한 정보를 창출하고 처리하는 것까지 인식하고 있다. 즉, 사무는 경영에서의 작업적 정보처리 활동을 일컫는 것이라 할 수 있다.

사무는 조직체의 목적 달성이나 경영 업무를 수행하기 위한 수단일 뿐 사무 그 자체에 목적이 있는 것은 아니다. 어떠한 업무활동도 사무라는 수단을 통하지 않으면 그 목적을 달성하지 못한다. 즉, 사무란 기업경영 본래의 목적이 아니라 생산, 판매 등 본래의 목적을 달성하기 위한 수단으로서 행해지는 것이다.

최근 경영관리상 사무의 중요성이 인식되고, 사무에 대한 개념이 넓은 의미에서 파악됨에 따라 사무에 대한 견해도 변화하고 있다. 사무에 대한 중요한 견해를 열거하면 다음과 같다(엄재욱, 1993: 13-15).

1) 필요악으로서의 사무: 산업혁명 이후(1800~1900)

사무는 경영의 목적 달성을 위한 수단으로, 사무 없이 기업을 운영하고 싶지만 그것은 불가능하다. 이런 점에서 '사무는 필요악'이라는 견해가 성립되었다. 사회 제도가 발달함에 따라 신용 거래로 발전하게 되어 판매자는 채권 확보를 위해 구입자는 부당한 요구에 대한 채무의 확정과 입증을 위해 기록이 큰 역할을 하게 되었다. 이러한 견해는 사무의 본질을 가장 잘 설명하고 있으

사무의 특징
· 경영활동인 생산, 판매, 구매 등을 연결짓는 역할
· 정보를 취급하고 기록, 관리
· 조직구성원이 근무하는 과정에서 처리하는 일

필요악
없는 것이 바람직하지만 사회적인 상황에서 어쩔 수 없이 요구되는 악

며, 사무개선에서는 가장 중요한 개념으로 인식해야만 한다.

2) 결합 기능으로서의 사무: 사무관리 생성기(1900~1950)

테일러(F. W. Taylor)의 과학적 관리법이 강조되기 시작한 20세기경에 들어와서 사무관리도 중요시되었으며, 그 원인으로는 다음을 들 수 있다.

① 경영 규모의 확대로 인한 경영자들의 관리활동 한계

② 신용 거래의 확대로 인한 기록의 필요성 증대

③ 경영활동 기능의 계층별·직능별 확산으로 인한 사무량 증가

사무 작업에 과학적인 관리 방법을 적용하여 사무의 표준화, 통제의 방법, 공정관리 사무 방법, 사무 성과 측정 등을 구체적으로 연구한 레핑웰(W. H. Leffingwell)은 『사무관리(Office Management)』(1925)에서 "사무 기능의 본질은 생산·판매·재무·인사 등 경영의 여러 가지 기능을 하나로 잇는 결합 기능에 있다"고 주장했다. 그는 기업의 여러 기능이 사무라고 하는 하나의 흐름에 의해 연결되어 통일된 하나의 경영활동이 이루어진다고 보았다. 즉, 생산, 재무, 회계 등의 활동은 사무라는 하나의 흐름에 의해 연결됨으로써 통일된 경영활동이 이루어진다는 것이다.

> **테일러**
> Frederick Winslow Taylor
> (1856~1915)
> 법률가가 되고자 하였으나 안질 때문에 단념하고 견습공을 거쳐 급 승진하여 기사가 됨.
> 과학적인 방법에 의해 전 생산과정을 최소단위로 분해하여 각 요소동작의 형태, 순서, 소요시간 등을 시간연구와 동작연구를 통해 표준화하고 과학적 관리법을 개발.

[그림1-1] 레핑웰의 사무 기능

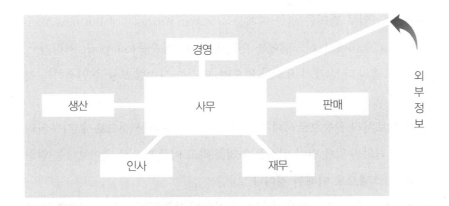

달링턴(G. M, Darlington)도 이와 비슷한 견해로 그는 "경영체는 인체요, 사무는 신경 계통"이라는 표현을 통해 사무의 역할을 강조했다.

3) 정보처리로서의 사무: 사무관리 유아기(1950~1980)

힉스(B. Hicks)는 그의 저서 『사무관리(Office Management)』(1956)에서 "사무는 단순한 문서의 작성과 처리가 아니라 오히려 정보의 작성과 처리라고 생각하는 것이 실제의 사무를 이해하는 데 유용하다. 사무는 관리활동과 작업활동의 두 가지 면으로 파악할 수 있으며, 경영체를 구성하는 직위에 따라 위로 올라갈수록 관리활동이 많아진다"고 주장했다.

레핑웰과 달링턴 등에 의한 각종 기업활동들의 연결 기능으로서 사무를 이해하게 되면, 사무는 사무실이라는 장소에서만 이루어지는 것으로 보게 되는 단점이 있다. 그런데 오늘날 컴퓨터의 발달을 감안한다면 사무는 사무실에서만 이루어지는 것은 아니라, 거래처에서 현장에서 심지어는 거리에서도 가능하다는 생각이 보편화되기 시작했다. 이러한 의미에서, 결국 사무라고 하는 것은 기업활동에서 이루어지는 각종의 정보처리를 포함하는 것이라고 하겠다.

4) 시스템 전개로서의 사무: 사무관리 성장기(1980~2000)

시스템(system)이란
필요한 기능을 실현하기 위하여 관련요소를 어떤 법칙에 따라 조합한 집합체. 즉 부분이 모여 전체를 이루게 되며 이들 부분은 상호작용을 하게됨.

사무는 시스템의 전개라는 견해는 산업 공학, 조직론, 경영관리론의 발전과 인공두뇌학(사이버네틱스)의 발전에 따라 출현했다. 특히 옵트너(S. L. Optner)는 『업무 관리를 위한 체계분석(System Analysis for Business Management)』(1960)에서 시스템에는 인풋(in-put), 아웃풋(out-put), 처리기구, 관리, 피드백의 다섯 가지 요소가 있으며, 이러한 시스템 모듈을 연결하는 것이 사무라고 보았다.

이는 정보처리 활동으로서의 사무관을 더욱 체계화한 것으로서, 사무처리 활동은 일련의 투입을 받아 일정한 처리를 하고 이를 밖으로 내어보내는 일련의 정보 시스템으로 이해한 것이다.

사실, 20세기 초까지 사무의 정확한 인식이 부족하여 사무란 기록하고 보관해야 하는 귀찮은 동작과 형식이 따르기 때문에 필요한 것이기는 하나 부담과 번거로움을 주는 것으로 경시했다. 그러나 사무에 관한 이와 같은 소극적인 인식은 행정이나 경영에서 점차 사무량이 증가되고 사무의 질이 복잡화 됨에 따라 그 인식을 달리하기 시작했다. 즉 소극적인 방관의 자세에서 적극 적인 관심의 자세로 바뀌기 시작했다. 이러한 현대 사무관리의 변화 추세를 정리하면 다음과 같다.

① 효율적인 사무관리의 필요성 대두
② 정보처리 기능에 의한 업무의 변화
③ 조직 계층별로 각각 지향하는 목표와 임무 및 업무 내용의 상이
④ 전체의 조화와 질서를 유지하여 효율성을 높이기 위한 전체 최적화에 대한 지향
⑤ 사무 시스템의 개선과 사무의 변화

5) 정보관리로서의 사무: 사무관리 발전기(2000~현재)

최근 ICT(Information & Communication Technology, 정보통신 기술)의 급 속한 발달에 따라 사무실의 형태 및 구조의 변화가 나타났고, 이에 따른 사무 관리 방법 및 수단이 변화하고 있다(임승린, 2000).

전자기술의 발달로 사무기기가 고도로 지능화 되면서 이를 통해 사무관리 의 효율성과 능률성이 증대되었다. 또한 인공지능, 지식처리 기술, 컴퓨터 처 리능력 등의 발달로 각종 사무 관련 도구가 지능적으로 발달하면서 이를 처리 하는 사무인의 역량 역시 중요해지고 있으며, 이와 동시에 고도의 무인화, 자 동화 등을 수행하는 전문가 시스템 발전(데이터 웨어하우스 data warehouse) 및 경영정보시스템이 활성화되기 시작하면서 정보관리를 위한 사무관리가 나타나고 있다.

**데이터웨어 하우스
(data warehouse)**
정보(data)와 창고(ware-house)의 합성어로서 기 업의 정보자산을 효율적으 로 활용하기 위한 자료의 중앙창고.

2. 사무의 구성 요소

사무는 본질적으로 ① 사무원, ② 사무실, ③ 사무문서, ④ 사무기기, ⑤ 사무규정, ⑥ 사무조직이라는 요소로 구성되어 있다(나영길, 1999: 14-17).

1) 사무원

사무원이란 사무를 전문적으로 행하는 사람을 말한다. 일반적으로 사무원은 주로 문서처리나 그것에 관련된 사무에 종사하는 사무 작업자(clerical worker) 또는 문서처리 작업자(paper processing operator)로서, 사무원은 그 담당 직종을 중심으로 다음의 네 종류로 구분된다.

① **작업원**(operator): 장표의 작성자와 타이피스트 등 일반 작업 사무의 담당자

② **영업활동원**(line): 판매원이나 구매원과 같이 영업 거래의 담당자

③ **스태프**(staff): 관리자의 보좌역으로서 계획, 조사, 통제 등의 관리 업무에 종사하는 전문가

④ **관리자**(manager): 부장, 과장, 계장 등과 같이 담당 부문을 총괄하여 계획과 관리를 행하는 것과 동시에 부하의 지휘 감독을 하는 책임자

2) 사무실

사무실이란 기업의 통제 기구가 있는 곳이며, 통제 · 정보 · 능률적 작업을 위한 문서 기록이 준비되고 처리되며 공급되는 곳이다.

여기에서 사무관리 및 그 목적을 완전히 이해하기 위해서는 사무실의 '장소적' 인식보다는 '기능적' 인식이 더욱 필요하다. 만일 사무실을 어느 한 장소로서만 인식한다면 경영조직 내의 다른 부문에서 문서 작업 공정의 통제가 잘 이루어지지 않을 수 있다. 왜냐 하면 사무관리자는 그의 소속 부문 이외의 문서 기록에 관해서는 잘 알지 못하기 때문이다.

사무의 구성요소
· 사무원
· 사무실
· 사무문서
· 사무기기
· 사무제도
· 사무조직

3) 사무문서

사무문서는 정보가 구체화된 것이기 때문에 실질적으로 사무 작업의 대상물이고 공장 작업에서 생산 대상(재료 등의 가공품)에 상당하는 의미를 갖고 있다. 결국 문서(특히 장표)의 양식, 기록 또는 처리 방법, 운행 경로 등을 결정하는 것에 따라서 사무 작업의 질과 양이 대략적으로 결정된다.

사무문서를 외적인 형태 및 기입 방법, 정리 보관 방법, 운행 경로 등의 규제와 같은 형식에 따라 분류해 보면 다음과 같다.

① 정규 형식을 갖는 것(장표): 사내적인 문서 대부분이 포함되며 양적으로 많다.

② 정규 형식을 갖지 않는 것(보통 문서): 형식화와 표준화가 곤란한 것으로서 양적으로 적다.

4) 사무기기

사무기기에는 펜이나 파일 등과 같은 용구, 복사기, 계산기, 컴퓨터 등과 같은 기계 및 책상과 같은 설비가 포함되어 있다. 이러한 사무 수단은 직·간접적으로 사무 작업의 방법을 제약하고 사무 생산성을 좌우하게 된다.

현실적으로 오늘날은 정보의 혁명 시대라고 할 정도로 처리해야 할 정보의 양이 증대되고 있는 것처럼 사무의 경우도 사무 정보량의 증대는 조직 경영에서는 필수불가결한 요건이다. 또한 이러한 사무정보 처리를 위한 사무 근로자의 증가 영향도 어느 정도 허용될 수 있을 것이다. 그러나 사무 생산성이 다른 부분에 비해 지극히 낮은 상태는 개선되지 않으면 안 된다. 다양한 종류의 정보처리를 하기 위해서는 종래의 전통적인 사무기기로는 단시일 내에 일처리가 불가능하므로 오늘날 사무 작업은 사무자동화 기기를 이용하여 그 효율화를 도모하고 있다.

사무기기의 활용

두 사람의 나무꾼이 나무를 하고 있다 한사람은 종종 도끼를 갈면서 하고 있고 또 다른 나무꾼은 쉬지 않고 열심히 나무를 하였다. 누가 더 많은 나무를 모았을까? 도끼를 수시로 관리하면서 활용한 나무꾼의 성과가 더 높다. 도끼는 사무기기와 같은 것으로 현대 사무관리자는 사무기기를 잘 다루어야 생산성을 높을 수 있다.

5) 사무 제도

사무를 처리하는 방법에서 총체적으로 본다면 사무 제도이고 개별적으로 본다면 집무 방법이다. 일련의 영업 업무가 이루어지는 경우 관련된 사람들과의 업무수행방법, 진행순서들을 정하고, 이를 신속하고도 확실하게 실시할 필요가 있다. 그러한 경우 각 업무 실시와 관련하여 특정한 장표를 이용하여 정보를 전달하거나 처리함으로써 업무가 정확하게 실시됨과 동시에 이를 관리·통제할 수 있다. 결국 장표의 운용과 결합에 의해 업무를 규제하는 일련의 사무 계열을 사무 제도라고 한다.

6) 사무 조직

조직은 경영 목적에 의해 구성된 종과 횡의 분업 계열 또는 개인 이나 집단의 위치를 표시함과 동시에 그러한 업무의 상호 관계를 표시하는 구조이다.

사무조직의 편성, 즉 사무 분담 결정시에는 사무의 성질과 양에 대응하여 전문화, 사무 능률, 내부 견제, 기타 사무와의 관계 등을 고려하지 않으면 안 된다. 그 결과는 업무 분장 규정이나 직무 권한 규정 등의 조직 규정에 의해 명확하게 되지만, 실제 업무의 분담 상황은 사무 제도의 운영과 관련되어 이루어지게 된다.

3. 사무의 분류

모든 조직체의 기능과 활동 속에 공통적으로 이루어지는 작업으로서 사무는 다음과 같이 분류할 수 있다(안전행정부, 2012: 15-16).

1) 사무 목적별 분류

(1) 본래 사무

조직체의 목적 달성을 위해 필요에 따라 몇 개의 부분 목적으로 분화되며, 이 분화된 목적 영역을 가지고 각각 고유의 목적 달성을 위해 직접적으로 수행하고 있는 활동 내용을 본래 사무라고 한다.

본래사무
고유의 목적달성을 위해 직접적으로 수행하고 있는 활동

(2) 지원 사무

본래 사무가 조직체의 본래의 목적을 수행하는 사무인 데 반해, 지원사무는 개개의 목적 영역에 공통적으로 존재하며, 조직 목적을 위해 간접적으로 수행하는 또 다른 하나의 사무로서 수단적 성격을 지닌다.

지원사무
조직의 목적을 위해 간접적으로 수행하는 수단적 사무.

2) 사무 처리의 성격 및 난이도에 따른 분류

(1) 판단 사무

비교적 어려운 판단력과 독창력이 필요하고 곤란성이 많이 따르는 사무이다. 각종 활동의 기안, 계획 작성, 제도의 고안, 타당성 검토를 주로 하는 판정, 결재, 내용의 분석·검토, 종업원의 지휘 명령, 교육 훈련, 통제적 감독 및 조정, 각종 감사 및 검열 사무 등을 들 수 있다.

(2) 일반 작업 사무

일반 작업 사무는 사무활동의 대부분이 여기에 해당한다. 전문적인 지식이나 능력이 없이도 쉽게 감당할 수 있는 것으로서, 판단 사무에 비해 훨씬 쉬운 사무활동이다.

일반작업사무
계산, 통계표작성, 단순·반복적 기안, 문서접수 및 발송 등

(3) 기타 사무

이외에 발생빈도에 따른 일상사무와 예외사무, 위임여부에 따른 고유사무와 위임사무 등으로 분류할 수 있다.

4. 사무의 인수·인계

사무의 인수·인계는 직원이 퇴사를 하고 새로운 사원이 퇴사한 사원의 업무를 넘겨받는 경우나 신입사원이 들어와 새로운 업무를 받는 경우이다.

사무의 인수·인계의 내용은 인수·인계기준일의 장부상 내역에 의하며, 기준일자는 인사발령일자로 함을 원칙으로 하나 필요한 경우 인사부장이 대

표이사의 승인을 얻어 따로 정할 수 있도록 한다. 일반적으로 부서간 인수·
인계시에는 그 담당자는 각 부서의 장으로 하며, 사무인수·인계서는 2통을
작성하여 각 부서의 장이 기명날인을 하여 인수부서와 인계부서가 각각 1장
씩을 보관한다.

사무인수·인계와 관련하여 편철된 부분과 오류의 수정이 있는 부분은 인
수자와 인계자가 각각 기명날인을 한다.

5. 업무와 사무

사무의 본질
사무의 본질은 작업적 측
면과 기능적 측면으로 분
류됨
· 작업적 측면: 사무를 읽
고, 쓰고, 계산하고, 분
류, 정리, 기록
· 기능적 측면: 정보처리
기능, 경영 활동의 결
합기능
근래에 와서 기능적 측면
이 중시됨

필요한 때에 필요한 정보가 필요한 곳에 올바른 형태로 신속하게 전해지도
록 하는 것이 사무이며, 적절히 처리되는 것이 업무이다. 즉 업무는 조직체가

[그림 1-2] 업무와 사무의 구분

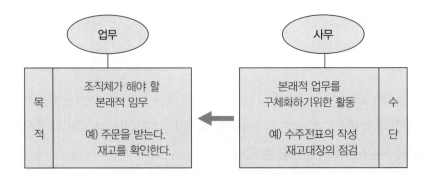

목적하고 있는 의도적인 결과 또는 성과가 생기도록 하기 위한 일련의 행동이 나 행위로서 목적적인 개념이라고 한다면, 사무는 완수하지 않으면 안 되는 본래의 일이 적절하게 행해지도록 하기 위한 것으로서 수단적 개념이라 할 수 있다. 요컨대, 완수해야 할 본래적 역할로서의 업무 기능은 사무라는 수단 을 통해 행해진다. (엄재욱, 1993: 16).

제2절 사무관리

1. 사무관리의 의의

사무관리(office management)란 사무 작업에서 생산되는 정보를 효율적으 로 관리하고자 하는 것이다. 조직의 목표 달성을 위해 의사 결정에 필요한 다 양한 정보를 수집 · 처리 · 전달 · 보관하는 기능과 함께 이러한 과정을 계획 하고 조정하고 통제하는 관리 원칙을 적용하여 효율적으로 목표를 달성하고 자 하는 것이다.

즉, 사무관리란 조직체의 관리자가 기록과 정보 전달에 관해 계획하고 실 시하고 통제하는 행위이다. 그리고 그러한 행위를 통해 조직체의 다른 모든 관리 기능들이 원활히 이루어지도록 도와주는 수단적 역할을 하는 서비스 조 장적 활동이다.

여기에서 수단적 역할을 하는 서비스 조장적 활동이란 조직체 내의 여러 관 리 과정에서 이루어지고 있는 활동과 활동을 서로 연결시켜 줄 뿐만 아니라 과정과 과정도 상호작용을 맺게 함으로써 조직체 안의 전체적인 목표 달성에 필요한 활동이 전개되도록 유도하고 촉진하는 활동을 뜻하는 것이다.

2. 사무관리와 정보관리

사무관리는 그 대상을 주로 사무활동에 한정지을 수 있지만 정보관리는 정보의 계획에서부터 정보의 처리, 통제, 보관 및 제공의 다양한 기능을 대상으로 하고 있다. 즉, 정보관리란 정보의 생산과 수집에서 검색 및 제공에 이르는 광범위한 것이다. 따라서 정보관리는 일반적으로 사무관리보다는 그 범위가 넓다고 할 수 있다.

최근에는 정보화로 인해 사무실의 업무가 OA 기기로 대체되어 감에 따라 사무는 단순히 문서처리만이 아니고 정보처리(information handling)까지 포함한다. 이와 같은 정보화로 인한 정보기술의 발달은 기업 경영에 혁명적인 변화를 일으키고 있다. 생산 기획에서부터 자제 조달, 제조, 회계 처리, 인사 관리, 정보관리 등 경영에 관련된 모든 업무를 컴퓨터와 정보통신망으로 통합해 일관되고 효율적으로 처리하고 있다.

사무관리와 정보관리의 관계를 간단히 열거하면 [그림 1-3]과 같다.

그림에서 보듯이 정보관리를 넓은 의미의 사무관리로 생각할 수 있으며, 협의의 사무관리란 주로 정보통제 기능과 처리 기능을 말한다.

(1) 정보계획 기능

정보관리를 행할 때 필요한 기본적인 요건을 결정하는 것으로 사무의 기본 계획을 수립하고 조직화하며 사무계획 실현을 위한 최선의 사무처리 시스템을 설정하는 것을 의미한다.

(2) 정보통제 기능

정보관리의 중핵적 기능으로서 계획 기능에 의거해서 정보처리 기능을 관리하는 것을 말한다. 이 기능의 성패 여부에 따라 정보관리의 가치가 좌우되며 사무계획과 사무통제 기능으로 구성되어 있다.

(3) 정보처리 기능

사무활동 그 자체를 말하는 것으로 정보통제 부문의 지시에 따라 작업하고,

작업이 완료되면 정보통제 부문에 보고하는 기능을 말한다.

(4) 정보 보관과 제공 기능

의사 결정자가 원하는 정보를 적시에 제공하기 위한 기능으로서 이를 위해 사전에 필요한 정보를 저장했다가 제공하기도 하며, 사용 후의 정보도 다시 사용할 경우에 대비하여 보관해 둠으로써 처리 시간 및 비용을 절약할 수 있게 된다.

[그림1-3] 사무관리와 정보관리의 관계

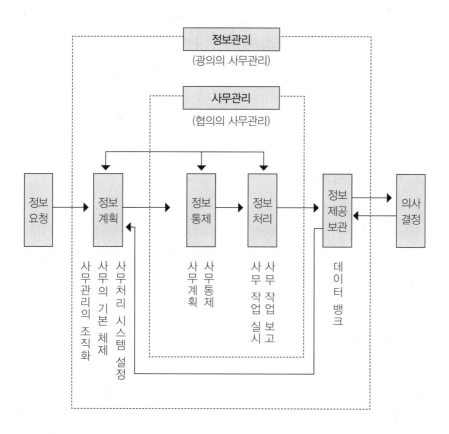

제3절   사무관리자

1. 사무관리자의 의의

사무관리자들의 광범위한 책임은 그들의 직무에 큰 다양성을 가져왔다. 사실, 동일한 직무 책임을 지닌 두 명의 사무관리자들을 조사하는 것은 사실상 불가능하다. 사무관리자들의 직책명뿐만 아니라 직무 책임 역시 다양하기 때문이다. 사무관리자들의 직책명은 행정사무관리자(Adiministrative office manager), 행정관리자(administrative manger), 사무관리자(office manager), 사무행정가(office administrator), 사무지원관리자(manger of office support), 행정서비스관리자(director of administrative services) 등 매우 다양하다.

사무관리자의 책임
· 기획기능
· 조직기능
· 인사기능
· 지휘기능
· 통제기능

2. 사무관리자의 책임

사무관리자들은 기획(planning), 조직(organizing), 인사(staffing), 지휘(directing), 통제(controlling)라는 기본적인 관리 기능 측면에서 다음과 같은 중요한 직무 책임(job responsibility)을 지닌다(Quible, 2001:5-7).

1) 기획 기능

① 레이아웃, 텔레커뮤니케이션, 워드프로세싱, 자동화, 전자문서처리, 기록관리, 문서 작성, 양식설계, 복사(reprographics), 우편 서비스 및 통제 등 각 사무 기능 및 서비스를 위한 목표 개발
② 최첨단 기술 활용(state-of-the-art)을 위해 기존의 기능들과 서비스에 변화가 필요한지의 여부 결정

③ 새로운 기능들과 서비스들을 설계하고 수행할 필요성 평가

④ 목표와 목적 달성을 지원하는 정책개발

⑤ 의도된 변화 유도를 위해 가장 효과적인 방법 결정

⑥ 조직 예산 개발

⑦ 인사 자격 요건 결정

⑧ 공간과 시설 수요 결정

⑨ 새로운 운영 시스템 고안

2) 조직 기능

① 목표 및 목적 달성을 위한 조직자원의 효과적인 관리 방안 결정

② 특정 과업 수행을 위한 조직구성원들의 효과적인 관리 결정

③ 효율적인 업무 방식과 절차 설계

④ 사무장치의 최대 활용 보장

⑤ 조직과 개인 생산성 최대화를 위한 기법 개발

⑥ 변화 추진시 효과적인 방법과 기법 개발

⑦ 평가 장치를 위한 효과적인 절차 개발

3) 인사 기능

① 인사 배치와 오리엔테이션 등 효율적인 조직구성원 선발 절차 관리

② 조직구성원들을 위한 충분한 성장 기회와 경험 제공

③ 적절한 교육훈련 제공

④ 조직구성원들의 업무 성과에 대한 효과적인 평가 확보

⑤ 조직구성원들의 직무에 대한 실제적인 기술(description) 확보

4) 지휘 기능

① 조직구성원 관리를 위한 효과적인 기법 활용

② 조직구성원 동기부여를 위한 효과적인 기법 활용

③ 조직 내 효과적인 커뮤니케이션 라인 구축

④ 조직정책과 절차에 대한 조직구성원들의 순응 확보

⑤ 조직구성원들이 업무 성과의 기대치를 달성할 수 있도록 유도

⑥ 조직구성원들이 업무와 관련된 문제를 해결할 수 있도록 지원

⑦ 조직구성원들의 봉급 조정을 위한 공정하고 객관적인 접근 방법 활용

5) 통제 기능

① 사무관리자들의 책임하에 진행되는 업무의 양적 · 질적 통제를 위한 효율적인 절차 개발

② 업무일정 관리(scheduling work)를 위한 효율적인 절차 개발

③ 업무 상황의 즉각적인 종결을 위한 효율적인 절차 개발

④ 조직의 예산 유지

⑤ 비용효과적인 방법과 절차 확보

⑥ 조직구성원들의 비용 의식 관리

⑦ 실제 성과와 예측된 기대 성과들 간의 불일치 원인을 분석하는 데 활용하기 위한 효과적인 평가 절차(assessment procedures) 개발

⑧ 조직의 규칙과 정책에 순응하지 못하는 조직구성원 관리를 위한 효과적인 절차 개발

⑨ 필요로 될 때, 그리고 필요로 되는 곳에서 즉시 수정 조치하기 위한 효과적인 전략개발

3. 사무관리자의 자질

사무관리자들은 다양한 비즈니스 원리에 대한 철저한 이해가 있어야 한다. 사무관리는 본래 개인적 · 조직적 목표 달성을 지원하기 위해 계획된 것이므로, 회계(accounting), 마케팅, 관리, 통계, 경제 그리고 심리학과 같은 영역에

대한 기본적인 지식을 지니는 것이 바람직하다(Quible, 2001:7).

업무단순화(work simplication), 업무측정(work measurement), 업무표준화(work standards), 기록관리, 양식설계, 자료처리, 직무분석, 직무평가, 사무실 배치, 사무실 시설(office equipment), 비용통제, 업무평가, 인사 선발, 생산성 향상, 워드프로세싱 및 사무자동화(office automation) 등과 같은 영역에 대한 전문화된 지식 또한 중요하다.

이 밖에 사무관리자들이 지녀야 할 자질로는 다음을 들 수 있다.

① 리더십
② 인간관계 기술
③ 윤리적 행정책임
④ 업무위임 능력
⑤ 의사 결정 능력
⑥ 커뮤니케이션 능력
⑦ 판단력
⑧ 자기계발 주도성

4. 사무관리자의 역할과 스킬

사무관리자들은 조직 내에서 많은 역할과 스킬을 수행하게 된다. 역할이란 수행할 것으로 기대되는 일련의 행위와 직무(job task)라 규정할 수 있고, 스킬은 특정한 역할을 잘 수행할 수 있도록 지원하는 능력이라 정의할 수 있다.

사무관리자들의 주요한 역할들로는 의사결정 역할, 정보관리(information management) 역할 그리고 대인관계 역할(interpersonal roles)을 들 수 있다. 즉, 능률적인 사무관리자들은 조직구성, 운영, 그리고 자원관리 등과 관련하여 효과적인 결정을 할 수 있어야 한다. 그뿐만 아니라, 조직 내의 광범위한 정보를 효율적으로 관리하고 중요한 업무 기능들을 수행하는 데 필요로 되는 정보를 효과적으로 활용하고 유지하는 책임도 지니게 된다. 끝으로, 능력 있는 사무관리자는 부하 직원, 동료, 그리고 상사들과 원만하게 지내야 한다.

**사무관리자가
지녀야 할 스킬**
· 기술적 스킬
· 개념적 스킬
· 인간적 스킬

사무관리자들이 지녀야만 하는 중요한 스킬들로는 기술적 스킬(technical skill), 개념적 스킬(conceptual skill), 및 인간적 스킬(human skill)을 들 수 있다. 먼저, 기술적 스킬이란 오늘날 활용할 수 있거나 미래에 활용 가능하게 될 많은 새로운 기술(technology)들을 사무관리자 자신이 잘 활용할 수 있을 뿐 아니라, 다른 조직구성원들이 최대로 활용할 수 있도록 지원하는 능력을 말한다. 개념적 스킬은 문제 해결의 준비로서 사무관리자들이 폭넓은 상황의 다양성을 분석하는 것을 가능하게 한다. 인간직 스킬은 사무관리자들이 부하 직원, 동료, 상사를 포함한 다른 사람들과 일하는 것을 가능하게 해 준다.

제2장

사무관리의 과정

- 제1절 사무의 계획화
- 제2절 사무의 조직화
- 제3절 사무통제와 표준화

관리활동의 순환과정

계획화
조직화
통제화

관리활동은 계획에서 통제에 이르는 하나의 과정으로 끝나는 것이 아니라 계획과 조직, 통제에 의해 계속적인 순환 과정을 밟게 된다. 이것을 관리의 순환 또는 관리 과정이라고 한다. 사무관리 역시 계획화와 조직화로부터 목적에 이르는 일련의 활동이 시작된다. 계획화와 조직화는 사무 작업에 들어가기 전단계이다. 경영관리의 성패는 이들 계획화, 조직화가 얼마나 완벽한가에 달려 있다 해도 과언이 아니다.

제1절　사무의 계획화

1. 계획화의 의의

계획화(planning)란 관리의 한 기능으로서 조직의 목표를 규정하고 이를 달성하기 위해 수행해야 할 과업들을 예측하고 결정하는 과정이라 정의할 수 있다. 따라서 계획화는 미래 지향적인 목표(objective), 예측(forecast), 방침(policies), 절차(procedure), 프로그램(program), 프로젝트(project), 예산 등을 설정하고 이를 가장 합리적으로 달성하기 위한 미래의 설계와 구상을 말한다(김경우, 1999: 103).

한편 사무계획은 "기업이나 관공서 활동에 필요한 사무 작업과 사무관리 부문의 목적을 설정하고 그것을 효과적으로 달성하기 위해 필요한 활동의 방향과 지침 그리고 순서를 정하는 일"이라고 정의할 수 있다.

이와 같은 사무 계획의 요소에는 다음과 같은 것이 포함된다([표 2-1] 참조).

[그림 2-1] 사무계획의 요소

요　소	내　용
예측(forecast)	계획 결정의 기초가 되는 것으로 정보를 수집하고 분석하여 미래를 예측

목표(objective)	경영 활동을 위한 지표로서 이념적인 기본 목표와 구체적인 집행상의 목표
방침(policy)	목표를 달성하기 위한 원칙 내지 역할(role)
프로그램(program)	방침을 구체화하고 목표를 달성하기 위한 행위의 계획
스케줄(schedule)	해야 할 일에 대한 시간적인 순서
절차(procedure)	일을 실시할 때 요청되는 방법
예산(budget)	장래 성과를 수치로 나타낸 것

2. 계획 수립 단계

사무 계획의 수립 단계는 다음의 절차에 의해 이루어진다.

계획수립단계
1. 목적의 명확화
2. 사실파악
3. 사실에 대해 고려
4. 계획안 작성
5. 계획안 결정

(1) 목적을 명확히 한다

어떤 사무이건 계획 수립에서는 우선 무엇을 하고자 하는 것인지 그 목적을 명확히 파악하는 것이 중요하다. 계획의 목적, 그 목적을 달성할 수 있는 목표를 정하고 달성 수단을 한정할 수 있는 방침 등이 명백히 규정되어야 한다.

(2) 사실을 파악한다

계획의 목적이 명확하게 설정되었다면 그 목적 달성에 필요한 제반 요소, 특히 업무 구조상 포함될 사람, 원재료, 사무기기, 조직, 정보 등에 대해 빠짐없이 수집하고 다음과 같은 관점에서 상세한 검토를 해야 한다.

① 전체적인 구상을 하여 그 목적 달성에 영향을 줄 요인을 결정하고 그 항목에 따라 사실을 빠짐없이 파악한다. 예를 들면 다음과 같다.
　　· 사람 - 인원, 기능, 태도 등　　· 물건 - 설비, 기계, 재료 등
　　· 시간 - 기간, 시기, 기한 등　　· 장소 - 분담 구역 등
　　· 경비 - 예산 등　　　　　　　· 방법 - 실시 방법, 통제 방법 등
② 이 때 각 사실에 대해 6하 원칙을 활용해서 중점적으로 사실을 수집한다.

③ 사실과 의견을 정리 · 구분하고 의견에 대해서는 뒷받침이 되는 사실을
　조사한다.

(3) 사실에 대해 생각한다

파악된 사실에 의거하여 생각한다고 하는 것은 파악한 사실을 정리하고 검
토해서 계획의 목표 달성에 필요한 사항을 결정하는 것이다. 수집된 사실을
분류 정리하여 다음과 같은 관점으로 분석해야 한다.

① 사실을 정리 · 구분하고 평가한다.
② 인간관계나 기타 관련성을 결부시켜 심층 분석한다.
③ 사실과 사실을 관련시켜 보이지 않는 사실을 추측한다.
④ 사실을 해석 · 추리해서 새로운 사실을 발견한다.
⑤ 적절한 분석 방법을 선택하여 활용한다.

(4) 계획안을 작성한다

목적이 명확하게 되고 수집된 사실에 대한 검토가 끝나면 계획안을 작성한
다. 즉 계획안을 작성한다는 것은 계획을 결정하기 위한 사전 작업이 되며 의
사 결정의 기초가 된다. 따라서 훌륭한 의사 결정을 하기 위해서는 좋은 계획
안을 작성해야 한다.

(5) 계획안을 결정한다

여러 가지 대안 가운데 최선의 대안을 선택한다. 최선의 대안을 선택하기
위해서는 각 대안에 대한 비교, 평가가 선행되어야 하고 대안을 합리적으로
결정하기 위해서는 예산 운영과 통제 기준의 관점에서 대안의 결과에 대한 예
측이 있어야 한다.

계획안 결정은 다음과 같은 관점에서 평가되어야 한다.

① 상위 계층의 목적 · 방침과 일치되어 있는가?
② 정확성 · 경제성 · 신속성 · 안전성은 어떠한가?

③ 상사의 결정 또는 관계 부서의 수락 용이성은 어떠한가?

④ 결단의 시기로서는 적절한가?

⑤ 실행 시기로서는 적절한가?

사무의 조직화

1. 조직화의 의의

조직화는 구성원들이 조직의 목표를 효과적으로 달성하기 위해 수행해야 할 직무의 내용을 명확하게 편성하고, 그 직무 수행에 필요한 권한과 직위 및 책임을 부여하고 아울러 이것을 조정하여 상호 관계를 설정하는 과정이다. 즉, 조직화란 직무 수행에 따른 활동들에 대해 이를 수행하기 위한 인적 요인과 물적 요인 간의 관계를 조직의 원칙에 따라 설정함을 말한다.

따라서 조직화란 계획 과정에서 설정된 목표를 달성하기 위해 과업들을 어떠한 방법으로 한데 묶어야 할 것인가, 어느 위치에서 실행할 것인지 등을 선택하는 관리자의 기능이라고 할 수 있다.

2. 조직화의 요소

1) 직무

사무조직화의 요소
1. 직무
2. 직위
3. 권한
4. 책임
5. 상호관계의 설정

일, 과업 또는 업무의 기술적 단위를 일괄하여 직무(job)라고 한다. 직무는 조직의 목적 달성에 필요한 구체적 인간 활동을 말하지만 일반적으로는 개인이 담당할 수 있는 일정 분량을 단위로 하여 계획되고 확정된다.

2) 직위

직위(position)는 수행해야 할 일정한 직무가 할당되고, 그 직무를 수행하는 데 필요한 권한 및 책임이 구체적으로 규정되어 조직의 각 구성원인 개인에게 부여된 조직상의 지위이다.

3) 권한

권한(authozrity)은 직무 수행 권리의 근거이다.

4) 책임

책임(responsibility)은 조직 목표를 달성하기 위해 일정한 권한을 행사하여 직무를 수행하는 의무를 말한다. 직무는 적절한 권한과 함께 하위자에게 위양될 수 있지만, 책임은 위양될 수 없다.

5) 상호 관계의 설정

조직이 합리적으로 편성되기 위해서는 직위 상호간에 발생하는 직무의 범위 및 권한, 책임의 중복 및 모순 관계를 방지해야 한다. 이를 위해 각 직위의 직무 범위와 권한을 규정할 뿐 아니라 직위 상호간의 모든 관계를 합리적으로 설정할 필요가 있다.

3. 사무관리 조직

사무관리 조직은 사무 작업을 과학적으로 계획하고 통제하는 조직이다. 사무의 관리조직은 형태에 따라 집중형 관리조직과 분산형 관리조직 그리고 절충형 관리조직 등으로 구분된다.

1) 집중형 관리조직

조직 내에서 사무관리의 업무만을 전담하는 기능을 한 곳에 집중시켜서 국(局)이나 부(部)의 형태로 만든 조직이며, 사무관리부라고 부를 수 있는 조직을 별도 설치 운영하는 것을 말한다. 여기에는 사무관리의 상하 자체의 계선기능과 다른 부문에 대한 지원 업무인 참모 기능을 함께 갖춘 조직 형태이다.

> **집중형 관리조직**
> 사무관리의 업무만을 전담하는 기능을 한곳에 모아 만든 조직

[그림 2-5] 집중형 관리조직의 예

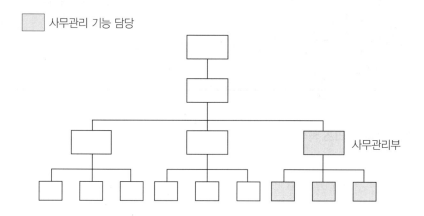

집중형 관리의 특징으로는, 첫째, 공간적 집중화를 들 수 있다. 일하는 장소를 한 곳에 집중시키는 것이다. 타자수를 한 곳에 모아서 타자 풀(pool)을 만드는 것이 이에 해당한다. 둘째는 사무량의 증대에 따른 양적 집중화 및 기술적 집중화가 있다. 집중관리는 어느 하나의 조직 단위로 하여금 일괄하여 사무를 처리하게 하는 형태를 말하는 것으로 다음과 같은 장·단점을 지닌다.

[표 2–2] 집중형의 장 · 단점

장 점	단 점
① 사무 작업을 집중하여 처리하면 감독이 쉽고, 신속하고 정확하게 처리할 수 있다. ② 사무처리 기능의 전문화와 기능별 인력을 양성할 수 있다. ③ 사무의 표준화가 달성되고 처리 절차, 방법의 개선을 가져다 준다. ④ 사무 작업의 측정이 쉬워져 사무관리의 과학화를 추진할 수 있다. ⑤ 사무 작업의 기계화가 쉽고 사무기기, 설비의 이용도를 높일 수 있다. ⑥ 사무원 관리(휴가, 결근, 급여 관리, 비상 조치)가 쉽다.	① 다른 업무와의 유기적 연결이 차단될 수 있다. ② 사무 부문의 서비스가 늦어지면 다른 부문의 능률 저하를 초래한다. ③ 부 · 과의 사내 정보를 사무 부문에서 일괄 처리하는 것이 바람직하지 못할 경우도 있다. ④ 불필요한 각종 사무가 증가할 우려가 있다.

2) 분산형 관리조직

분산형 관리조직
여러 부문에 부/과 또는 계(팀)의 형태로 분산되어 있는 사무관리조직

조직의 여러 부문에 부 · 과 또는 계(팀)의 형태로 분산되어 사무관리 조직이 있는 경우이며, 그 조직은 [그림 2-6]과 같다.

분산적 관리는 사무량이나 사무 직원의 수가 적을 때 또는 조직의 규모가 작아 집중적 관리의 필요성을 느끼지 않는 경우에 관리하는 것을 말하며, [표 2-3]과 같은 장 · 단점을 지닌다.

[그림 2–6] 분산형 관리조직의 예

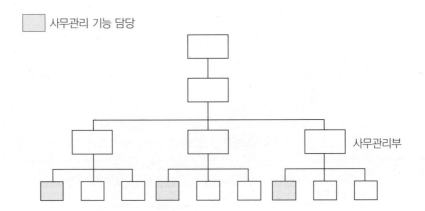

[표 2-3] 분산형의 장·단점

장 점	단 점
① 기밀이 필요한 사무는 독립된 과·계에 맡기는 것이 좋다. ② 전문화된 사람에게 작업을 맡겨 처리하면 손쉽게 실시할 수 있다. ③ 사무 작업의 성격을 잘 알고 있는 부문 책임자에게 맡기면 계획과 통제가 효과적이다. ④ 작업 시간, 거리, 운반 등이 정체되거나 지체되는 경우를 최대한 줄일 수 있다. ⑤ 작업의 단조로움을 해소하여 사기 저하를 방지할 수 있다.	① 사무 전문 인원의 육성이 곤란하다. ② 사무 작업의 표준화가 곤란하다. ③ 사무 기계화 추진이 곤란하다. ④ 전반적인 사무량의 측정이 곤란하다.

3) 절충형 관리조직

집중형의 사무관리 전담 조직이 있고, 또다시 조직 내의 타부서 내에 사무관리를 전담하는 조직이 있는 경우를 말한다. 절충형의 조직 형태는 [그림 2-7]과 같다.

> **절충형 관리조직**
> 집중형 사무관리 전담조직과 부서별 사무관리 전담조직이 있는 경우

[그림 2-7] 절충형 관리조직의 예

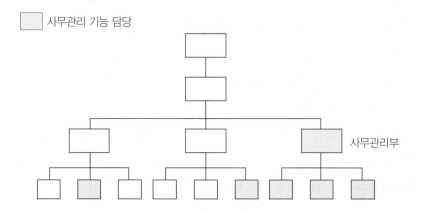

사무관리 기능 담당

사무관리부

제3절 사무통제와 표준화

1. 사무통제

1) 사무통제의 의의

사무통제란 사무처리의 과정이나 결과가 계획한 대로 실시되고 있는지를 확인하는 작업이다. 통제 작용을 기능면에서 보면 사무의 표준화 관리, 공정관리, 품질관리 또는 원가관리에 해당되는 것이라고 할 수 있다. 힉스는 통제의 내용을 구체적으로 얼마만큼 작업이 이루어졌느냐 하는 작업량의 확인, 사무 성과의 만족도를 나타내는 작업의 질과 작업 소요 시간 및 원가와 비교한 사무비용 등에 대해 주로 착안하여 제안했다(김경우, 1999: 139).

2) 사무통제 수단

(1) 자동독촉 제도

자동독촉 제도(come up system)란 사무 진행의 통제를 전담하는 부서가 처리해야 할 서류를 정리 보관해 두었다가 처리해야 될 시기에 전담 직원이 사무 담당자에게 서류를 제출하게 하여 사무를 처리하는 것을 말한다.

사무를 처리하는 경우 일반 직원들은 무엇을 언제 할 것인가를 메모해 두는 것이 일반적이지만 사무가 복잡해짐에 따라 잊어버릴 위험성이 크므로 업무 예정표를 작성하여 직원들이 항상 볼 수 있도록 하는 것이 좋다. 따라서 분업의 유용성을 활용하여 전담 직원을 둠으로써 처리해야 할 일을 담당 직원에게 적시적절하게 자동적으로 독촉하도록 하는 제도이다. 이것은 사무의 진행을 통제하도록 하는 사무자동화의 한 방법이다.

(2) 카드 색인 제도

티클링(tickling)이란 기억을 더듬어 상기한다는 뜻이다. 문서 가운데 그대로 방치해 두게 되면 처리할 날을 잊어버려 나머지 기일이 경과되어 시기를 놓칠 우려가 있다. 카드 색인 제도(tickler system)는 사무처리가 미결된 안건에 대해 관리자나 사무 담당자가 항상 그 처리를 기억하게 하는 방법으로 티클링 박스를 사용한다. 이는 문서의 반환 예정일을 사전에 알 수 있게 함으로써 예정일에 차질없이 문서가 반환되도록 하는 제도로서 자동독촉 제도와 취지는 같으나 독촉 전담자를 두는 대신에 티클러 파일을 이용한다는 점에서 다르다.

구체적으로 월별의 색인 카드와 일별의 폴더(folder)를 준비하여 그것을 일정한 카드 상자에 넣어 둔다. 예컨대 6월 10일에 처리해야 할 문서가 6월 5일에 당도하면 현안 카드에 문서명과 기타 필요한 사항을 기재하여 카드 상자 안에 있는 10일의 폴더에 넣어 둔다.

카드색인제도
티클러 파일을 이용하여 사무처리가 예정일에 처리될 수 있도록 상기시켜 주는 시스템

(3) 보고 제도

보고 제도는 사무 작업의 담당자로부터 작업 일보와 같은 실적 보고서를 받아 사무 작업의 진행 상황을 파악해서 관리하는 방법으로 사무관리를 위한 하

보고제도
사무담당자 보고를 통해 사무작업 진행 상황을 관리하는 시스템

[그림 2-8] 티클러 파일

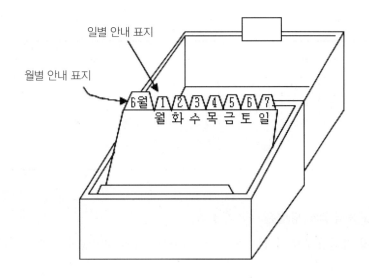

나의 중요한 도구이며 수단이다. 예를 들어 기업이 어느 정도 커지면 경영자가 부하에게 적절한 권한을 위양하는 것이 필요한데, 이를 위해서는 한편으로 정확하고 신속한 보고를 받고 있는 것이 절대 조건이 된다.

보고 제도에 의해 사무 진도를 효과적으로 심사하려면 다음과 같은 요건이 갖추어져야 한다.

· 보고 제도가 확립되어 있어야 한다.
· 담당자기 업무 계획의 내용과 실시 방법을 잘 이해하고 있어야 한다.
· 가능한 짧은 시간에 진행 상태를 보고하도록 해야 한다.
· 보고 서식은 통일되고, 계획과 실적에 차질이 발생하면 즉시 적절한 심사가 가능하도록 방법을 마련해 두어야 한다.

갠트도표
계획된 예정작업과 실제 작업성과 비교를 통해 관리하는 시스템

갠트
(Henry Laurence Gantt)
미국 메릴랜드 주 출신으로 미드베일철강소에서 기사장 테일러(Frederick W. Taylor)의 조수 및 컨설턴트를 역임한 경영학자

(4) 갠트 도표

갠트 도표(Gantt Chart)는 갠트(Henry L. Gantt)에 의해 창시되었는데 작업 진도의 심사를 위한 관리에 매우 유용하게 사용되고 있다.

계획된 예정 작업 진도와 실제 작업 진도가 기록, 비교되어 만약 차이가 발생하면 그 원인을 밝혀 작업 심사에 도움이 되게 하려는 것이다. 이와같이 한눈으로 양자를 비교해 볼 수 있도록 일목요연하게 나타낸 것이 다음의 도표이다.

[그림 2-9] 갠트 도표의 예

요일 항목	1일 월		2일 화		3일 수		4일 목		5일 금		6일 토	
예정량	100		100	200	125	325	125	450	150	600	100	700
실적량 누계												

갠트 도표의 작성 방법은 다음과 같다.

① 예정 작업량에 따라 날짜에 맞추어 매일의 작업 예정량과 누계를 기록

한다.

② 매일의 예정 작업량을 100%로 하여 1일 작업량을 5등분한다.

③ 예정 목표량에 대한 실적량의 비율을 직선으로 표시하여 예정량과 실적량을 비교한다.

④ 매일의 작업 실적량에 그 전날까지의 미달된 작업량 누계를 차감하여 당일의 순실적량으로 계산하고 순실적량을 당일의 예정량으로 나누어 환산하여 당일의 날짜란에 굵은 직선으로 표시하고 눈금을 그어 놓는다.

(5) 목표관리

목표에 의한 관리(MBO: management by objectives)는 드러커(Peter F. Drucker)가 그의 저서 『관리의 실제(The Practice of Management)』에서 처음 언급한 것으로 기업의 목표와 개인의 목표와의 통합을 강조한다. 목표 관리란 기업의 경영 목표 달성을 위해 구성원 각자가 자기의 목표를 스스로 결정하고 각자가 자기 심사를 하면서 자기의 목표 달성을 효과적으로 추진해 나가는 관리 제도를 말한다. 따라서 목표는 상부에서 부여하는 것이 아니며, 기대하는 것은 그 결과이므로 목표 달성을 위한 방법 선택은 본인의 재량에 맡기게 된다. MBO 카드의 예를 제시하면 뒷장의 [표 2-4]와 같다.

목표관리
기업의 경영목표달성을 위해 개인들의 목표달성을 효과적으로 관리하는 제도

드러커(Peter F. Drucker)
분권화, 민영화, 권한위양, 지식노동자, 학습조직, 목표관리, 수평적 조직 등의 경영용어들을 처음 만들어냄

2. 사무 표준화

1) 사무 표준화의 의의

사무에서의 표준화(standardization)는 일반적으로 관찰한 작업 측정에 준해 비교할 때 판단의 척도로 사용되는 것으로, 일정한 직무명세서나 업무 방법을 확정하는 것이다. 반복적 작업의 지침으로서 유용하다고 생각되어 만들어진 기준이므로 어느 정도 영구성을 지녀야 하지만 완전한 것이라고 할 수 없다. 그러므로 반복적으로 작업 절차에 맞는 이상적인 표준을 설정하도록 검토 분석해야 한다.

[표 2-4] MBO 카드 예

I. 팀 전략 과제

중점 과제	세부과제 및 달성 방안	일정	담당자	측정 지표		가중치	목표 수준	실 적		평가 점수	
				KPI	단위			달성율		1차 평가	2차 평가
계						0%	0%				

※ 평가 점수는 1차 평가자가 기입함.

II. 팀 전략 과제

중점 과제	세부과제 및 달성 방안	일정	담당자	측정 지표		가중치	목표 수준	실 적		평가 점수	
				KPI	단위			달성율		1차 평가	2차 평가
계						0%	0%				

※ 평가 점수는 1차 평가자가 기입함.

III. 환경평가

평가자 구분	환경 변화에 대한 피평가자의 대응 및 성과의 質에 대한 기술	평가 등급	가감
1차 평가			
2차 평가			

확정 등급	1차 평가자(60%)		2차 평가자(40%)		평가 확정	
	달성도	평가 등급	달성도	평가 등급	달성도	평가 등급

표준화로 기대되는 중요한 역할이나 기능들을 살펴보면 다음과 같다.

① 표준화는 간략하게 기술된 경영 방침을 구체적으로 실행하게 하는 역할을 한다.

② 표준화는 직무 내용이나 책임, 권한 관계를 명확하게 하는 역할을 한다.

③ 표준은 그 기본성으로 인해 경영활동 관리의 기준을 설정하는 역할을 한다.

④ 사내 표준의 내용들은 경영활동에서 얻은 경험의 축적이므로 기술을 축적하는 역할을 한다.

2) 표준의 종류

(1) 양 표준

양에 관한 표준은 어떤 물건을 만드는 비율을 정하는 데 사용되는 것으로, 주관적 표준(subjective standard), 엔지니어적 표준(engineered standard), 생산 표준(production standard)으로 분류할 수 있다(배철효 · 이상락, 1999: 65-68).

양표준
· 주관적 표준
· 엔지니어적 표준
· 생산 표준

① 주관적 표준: 표준을 작성할 때 그 사무를 맡고 있는 사무 담당자나 감독하는 지위에 있는 상위자 또는 관리 전담 부서의 전문가 등에 의해 자기 나름의 주관에 의한 표준량을 작성하여 평가하는 것이다. 주관적 표준은 추정이나 가정에 기초를 두고 있는 것이다. 예를 들면 종업원이 항상 바쁘게 일하고 있는 것처럼 보이기 때문에 그 생산량은 충분하다든가 단정하게 타이프되어 있기 때문에 그것은 좋은 서류라고 생각되는 것이다.

② 엔지니어적 표준: 공정한 샘플링에 입각한 관찰 기록의 산물로 시간, 비율, 속도 등의 충분한 연구에 기초를 두고 있는 것으로 손작업을 구별할 수 있는 기본 동작(손을 뻗친다, 움직인다, 돌린다, 누른다, 잡는다, 정지한다, 놓는다 등)으로 구성되며, 이러한 각 동작은 보통 수준에서 일정한 시간을 정할 수 있다는 것을 기반으로 한다. 그러나 기본 동작을 어떻게 구별하는가 하는 점이 어려운 문제이다.

③ 생산 표준: 엔지니어적 표준만큼 상세한 것은 아니며 주관적 표준만큼

부주의하게 정해지는 것도 아니다. 생산 표준은 어떤 기간에 걸쳐 종업원이 행한 생산의 기록 분석에 기초를 두고 있는 것이며 생산에 관한 자료에서 얻은 평균이다. 그러나 사무소가 다르면 절차도 다르므로 생산표준은 한계를 지닌다. 예를 들어, 타이프와 같은 비교적 단순한 활동에서도 신뢰할 수 있는 생산 표준을 정하는 것은 어렵다. 1분간 50자라는 표준은 무엇을 의미하는가, 만일 보고서라면 도표나 인용이 들어 있는가, 컴퓨터는 무엇을 사용히였는가, 정정과 장해를 감안했는가 등 고려해야 할 또 다른 상황들이 많다.

생산 표준에 대한 이와 같은 한계에도 불구하고 이 표준은 사무 작업에 대해 유익한 것이다. 생산표준은 스톱워치와 서블리그로 향상시키는 매우 정확한 표준과 추정에 불과한 표준과의 현실적인 타협을 제시한다.

스톱워치
초보다 더 작은 단위로 정밀하게 시간을 측정하는 시계

서블리그
길브레스라는 공장 관리기사가 자신의 이름(Gilbreth)를 거꾸로한(therblig) 것으로, 작업을 분석적으로 연구하는데 쓰기 위하여 고안한 기본동작 부호.

(2) 질 표준

보통 사무 작업의 정확도를 뜻하며 보통 %로 표시되는데, 예를 들어 매 20건당 오류가 1건이 있는 경우에는 95%의 정확도가 있다고 표현한다.

(3) 양 및 질 표준

한 사무 작업에 양 표준과 질 표준을 함께 적용한 것을 말한다.

3) 표준화의 대상과 방법

무엇을 어떻게 표준화하면 기대한 효과를 올릴 수 있는가 하는 것이 표준화의 기본적인 문제이다. 따라서 사내 표준화 체계를 명확히 하는 데 우선 다음 사항을 고려해야 한다.

- 적용 범위(회사 전체, 사업부, 공장, 부, 과 등)
- 적용 대상(물건, 업무, 작업 등)
- 내용(단위, 술어, 용어, 방법, 상태 등)

표준화를 어떻게 진행시켜 나갈 것이며, 무엇을 표준화해야 할 것인지를 각

단계별로 살펴보면 [그림 2-10]과 같다.

[그림 2-10] 표준화의 과정

　사무 표준은 정확해야 하고 사무 작업 내용과 근무 조건을 분석한 다음에 만들어진 것이어야 한다. 그리고 당사자들인 사무원들도 받아들일 만한 것이어야 하며, 정기적으로 재검토해서 수정해야 한다. 다시 말하면, 경영이나 행정에서 달성하고자 하는 모든 계획을 좀더 효율적으로 달성하기 위해 그 모든 관계 요소와 요인 작용에 대해 더욱 합리적인 최선의 방도를 시행하고자 하는 것이 표준화이다. 따라서 사무관리에서 사무분석의 기법을 적용한다든지 사무량의 측정, 사무실 배치 및 사무환경의 쾌적화, 문서관리, 사무자동화 및 기계화 등이 모두 표준화를 위한 작업인 것이다.

　표준화의 대상을 다시 정리하면 다음과 같은 분야이다.

① 모든 사무의 처리 방법의 절차나 방법 자체의 표준화

② 장표의 설계 방법 및 사용 심사 등의 장표 관리 전반에 관한 표준화

③ 사무용 소모품과 비품, 기계기구 및 이에 관계된 그 밖의 사무 용구의 표준화

④ 사무환경의 쾌적화를 위한 사무실의 위치, 부서 배치, 좌석 배치, 시설 용

구 배치, 통로, 공간 이용 및 점유 면적 등을 비롯해 실내의 온도 · 습도, 조명, 통풍, 소음, 서비스 시설, 안전 시설 등 인간의 물리적 · 심리적 · 생리적 · 쾌적화를 위한 표준화

⑤ 사무의 분담, 직위별의 직무의 기술화 및 명세화, 권리와 책임의 배정, 양과 질 기준 등에 대한 표준화

⑥ 근무 규정, 근무 자세, 행동 요령, 대인 관계 및 조직생활의 전반에 대한 행동의 표준화

⑦ 능력의 향상을 도모하는 각종 교육훈련의 기준 및 방법에 대한 표준화

제3장

체계적인
사무개선과 혁신

- 제1절 사무개선의 개요
- 제2절 사무혁신 기법

제1절 사무개선의 개요

1. 사무개선의 의의

사무개선이란 현행 사무가 합리적으로 그리고 가장 경제적인 방법으로 이루어지고 있는지의 여부를 조사 및 분석해서 필요에 따라 개선하는 것을 말한다. 일을 좀더 신속하고, 좀더 쉽고, 좀더 정확하고, 좀더 아름답고, 좀더 안전하게 하기 위해 사무를 개선하는 것이다. 그 개선의 노력을 통해 수익을 대폭적으로 향상시키고자 하는 것이 사무개선의 목적이다.

사무개선은 그 의미에서부터 몹시 번거로운 인상을 주지만 결코 그렇게 생각할 필요는 없다. 자신이 하는 일상의 일 가운데서도 개선하기 위한 방법은 얼마든지 모색할 수 있다. 사무개선은 한 번으로 끝나는 대수술과 같은 개혁이 아니라 일상적인 업무 수행중 수시로 시도할 수 있는 것이다.

사실 시간이 흐를수록 산더미처럼 쌓여 가는 무엇인가 개선해야 할 일들이 많은 문제의 현장에서, 가장 중요한 것은 문제를 인식하고 개선하고자 하는 의식이다. 그럼에도 불구하고 사무개선의 필요성을 깨닫지 못하고 있는 사원들이나 관리자들이 아직도 많다는 점이 사무개선에서 가장 큰 문제점이다.

2. 사무개선의 절차

사무개선의 일반적인 절차는 ① 현상 파악, ② 문제점 인지, ③ 개선안 작성, ④ 개선안 실시의 4단계이다. 이 중에서 가장 중요한 것은 현상 파악으로 이것만 정확히 할 수 있다면 개선의 90%는 이미 달성한 것이라고 해도 과언은 아니다.

1) 현상 파악

① 개선 대상이 되는 사무에 대해 다양하고 자세한 자료 수집

② 사실을 객관적으로 파악

③ 문제의 복잡성·해결의 곤란성 및 조사에 할당된 시간이나 자원에 따라 다름

> **사무개선의 절차**
> 1. 현상파악
> 2. 문제점인지
> 3. 개선안작성
> 4. 개선안실시

2) 문제점 인지

사무 작업, 사무 분담, 사무 처리 과정, 사무환경 등을 분석하여 문제점 파악

3) 개선안 작성

① 가능한 한 개선 방안을 많이 수집하여 열거

② 간소화·기계화·전문화 방안 모색

③ 브레인스토밍 방법 활용

4) 개선안 실시

① 개선안 실시 전 시험적으로 일부 조직에 단기간 적용하여 예상치 못한 문제점 조사

② 시험 기간 동안 해당 직원들에 대한 훈련과 홍보 실시

3. 사무조사의 방법

사무조사의 목적은 현행 사무의 실태를 정확히 파악하고, 대상 사무의 문제점 파악과 개선에 필요한 정보를 수집하는 데 있다.

사무조사의 방법
· 면접법
· 질문지법
· 관찰법
· 자료법

1) 사무조사의 방법

조사 방법은 사회학에서 사용하는 면접법, 질문지법, 관찰법, 자료법의 방법을 원용하여 사용하고 있다. 이들 방법에는 각기 장단점이 있으므로, 조사 목적과 조사 대상의 성격에 관련시켜 적절한 방법을 선택해야 할 것이다. 이들 각각의 방법에 대해 열거하면 다음과 같다.

① 면접법: 담당자를 면접하여 대화로 조사해 가는 방법을 말한다.

② 질문지법: 조사 사항을 기재한 질문지를 배포하여 해당 사항을 기입케 하는 방법으로 일명 '앙케트법'이라고 한다.

③ 관찰법: 조사원이 현장에 가서 거기서 일어나고 있는 사상과 행동을 관찰 기록하는 방법이다.

④ 자료법: 사내외에서 수입 가능한 기존 자료를 중심으로 분석 검토를 하는 방법을 말한다.

[표 3-1] 사무조사 방법의 장·단점

	장 점	단 점
면 접 법	① 실정에 맞는 핵심적 정보 수집 가능 ② 상대방의 반응도 파악 용이 ③ 상대방의 능력에 맞는 정보 수집 가능	① 의식적으로 정보 제공을 피하거나 왜곡시킬 우려가 있음 ② 숙련된 청취 기술 필요 ③ 무관한 정보가 수집될 수도 있음
질 문 지 법	① 동시에 대량의 정보 수집 가능 ② 시간적 제약이 없음 ③ 광범위한 조사 사항에 적합	① 해당자의 주관적 해석이 이루어질 우려가 있음 ② 유연성이 있는 정보 수집 곤란 ③ 핵심적이고 설정에 맞는 정보 수집 곤란
관 찰 법	① 다수의 관계 파악 가능 ② 현장에서 관측하므로 신뢰성이 높음 ③ 예상 밖의 문제 발견 가능	① 상황의 발생을 기다려야 함 ② 대상자들의 심리적인 압박 ③ 예외적 상황에 대한 판단 곤란
자 료 법	① 주관적 요소 배제 가능 ② 단기간에 광범위한 업무 내용 파악 ③ 개괄적인 파악이 용이	① 실태와의 차이 인식이 곤란 ② 수집한 자료 내용의 정확도 파악 곤란 ③ 수집 자료의 내용이 조사 의도와 불일치하는 경우가 많음

2) 조사시의 일반적 주의 사항

① 담당자에게 조사 목적을 설명하고 협력을 부탁한다.
② 우호적으로 조사를 진행한다.
③ 상대방 형편을 고려하여 조사한다.
④ 사실을 그대로 받아들이되 토론하지 않도록 한다.
⑤ 제안은 적극적으로 받아들인다.
⑥ 의견이나 개선안을 말하지 않도록 한다.
⑦ 상대방을 곤란한 입장에 처하게 하거나 비판하지 않도록 한다.
⑧ 권위 있는 듯한 태도를 취하지 않는다.

4. 사무개선의 기술

사무개선에 요구되는 지식이나 기술은 조금씩 쌓아 나가야 하는 것이며 한 꺼번에 쉽게 얻어지는 것은 아니다. 중요한 것은 끊임없이 노력하는 것만이 그 지름길이라고 할 수 있다.

우선 사무와 이를 관리하기 위한 추상적 이론이나 구체적인 개선안을 전개 하기 위한 기술 등 실체적인 지식들이 필요하다. 또한 집단아이디어 발상법 을 통한 풍부한 아이디어를 유발하는 것도 사무개선 기술의 한 방안이 될 수 있다.

풍부한 아이디어를 유발하기 위한 집단의 아이디어 발상법으로는 다음을 들 수 있다.

창의력을 가로막는 말
1위 시키면 시키는대로 하지 왜그리 말이 많아?
2위 규정에 있는대로 해
3위 다른부서는 어떻게 했나 알아봐
4위 그런다고 월급 더 주나?
5위 뼈빠지게 일해봐야 일만들어
〈한국전력 07년 1월호 사보중〉

1) 브레인스토밍

브레인스토밍(brainstorming)은 집단 연산 작용을 활용하여 아이디어를 창 조하는 기법으로 1941년 오스본(Alex F. Osborne)이 광고 관계의 아이디어를 내기 위해 생각해 낸 일종의 회의 방법이다. 즉, 몇 사람이 한 가지 문제에 대

브레인스토밍
(brainstorming)
자유로운 집단연산작용을 활용하여 아이디어를 창조 하는 기법

해 아이디어를 내는 회의로 집단의 효과, 아이디어의 연쇄 반응을 일으키고 자유분방한 아이디어를 내고자 하는 것이다.

브레인스토밍의 집단구성원 수는 대략 10명 내지 12명(리더 1, 서기2) 정도가 적정하며, 문제 제시는 막연하게 하지 말고 구체적으로 제시해야 한다. 아이디어를 낼 때는 서로 비판하지 말고 나오는 대로 써야 하며, 비판은 반드시 장소나 시간을 바꾸어서 해야 한다.

오스본이 규정한 브레인스토밍의 규칙을 구체적으로 제시하면 다음과 같다.

① 격식을 차리지 않은 환경에서 브레인스토밍이 이루어지게 한다.

② 브레인스토밍 참여자들이 지적인 대화를 마음놓고 나누도록 격려한다.

③ 다른 사람의 아이디어를 비판하지 않도록 한다.

④ 제안이 많으면 많을수록 더 좋다.

⑤ 아이디어는 결합될 수 있고 재결합될 수 있다.

⑥ 모든 브레인스토밍 참여자의 견해를 추구한다.

⑦ 모든 브레인스토밍 참여자들의 신분은 동등하다.

브레인스토밍의 사례로 "전선에 쌓인 눈을 어떻게 털어낼까하는 문제"를 들 수 있다. 전선에 눈이 많이 쌓이면 전선이 끊어지므로 이 눈을 어떻게 치울 것인가에 대한 논의가 다음과같이 진행 될 수 있다.

① 빗자루로 쓴다.

② 전선이 높으니까 비행기에 빗자루를 메달아서 쓸자.

③ 비행기는 너무 낮게 날 수 없으니 헬리콥터에 메달자.

④ 헬리콥터는 지날 때 바람을 일으키니 그 바람을 이용하자.

결국, 해결책으로 헬리콥터가 지나가는 것만으로 그 진동에 의해 눈을 치울 수 있게 되는 것이다.

생각해보기
한가지 사무용품을 정해 그 용품의 불편한점을 찾아보고, 이를 개선하기 위한 브레인스토밍을 시도해보자.

고든법(GordonMethod)
구체적인 주제를 제시하기보다는 주제와 관계없는 사실로부터 발상을 시작함

2) 고든법

미국의 고든(William J. Gorden)에 의해 고안된 아이디어 발상법으로 브레인 스토밍과 마찬가지로 집단적으로 발상을 전개하는 것이다. 그러나 브레인 스토밍에서는 가능한 한 문제를 구체적으로 좁히면서 아이디어를 발상하지

만, 고든법은 그 반대로 문제를 구상화시켜서 무엇이 진정한 문제인가를 모르는 상태에서 출발하여 참가자들에게 그것에 관련된 정보를 탐색하게 하는 것이다.

그렇게 하는 이유는 문제가 지나치게 구체적이 되면 참가자가 현실적인 문제에만 사고를 국한시키게 되어 기본적으로 아이디어를 발상하기 어렵기 때문이다. 즉 고든법은 주제와 전혀 관계 없는 사실로부터 발상을 시작하여 문제 해결로 몰입하게 만드는 것이다. 가령 면도기의 신제품 개발을 위한 경우는 테마를 "깎는다"로만 제시하고 진행한다. 이 경우 참가자들로부터 깎는 것과 관련된 다양한 발언들이 나오기 때문에 의외의 기발한 발상들이 나올 수 있다. 구체적인 진행 방법은 다음과 같다.

① 문제의 해결에 필요한 전문지식을 가진 사람은 물론 다양한 분야의 창조적인 능력을 가진 사람들도 참가시킨 그룹을 만든다.
② 리더가 문제를 이해한다. 리더만이 해결해야 할 문제를 안다. 그룹이 편성되어 좋은 아이디어가 나와 해결이 가까워질 때까지 멤버들에게는 문제를 알리지 않는다.
③ 리더는 발상의 방향을 제시하여 자유롭게 발언하도록 한다.
④ 생각이 날 때까지 계속한다.
⑤ 문제에 대한 해결점을 찾는다.

문제 해결이 가까운 아이디어가 나오기 시작하면 리더는 문제가 무엇인지 알려 구체적으로 실현가능성을 논의하고 아이디어를 유용한 것으로 형성해 나간다.

예를 들면, '저장'에 관한 아이디어를 내라고 제시한다.

제안된 그룹의 각종 아이디어중 '그물로 매단다(마늘 저장의 경우)는 아이디어가 제시되고, 이를 통해 자석을 이용한 주차빌딩과 같은 주차장 설비를 개선하게 되는 경우이다.

3) 오스본의 체크리스트법

체크리스트법
오스본(A.F.Osborne)이 고안한 창의적인 아이디어 개발기법으로, 말 또는 시각적 이미지의 리스트를 작성/체크하며 아이디어를 구상하는 방법

체크리스트법은 아이디어를 내기 위한 실마리가 되는 유효한 기법이다. 예를 들어, 문제를 생각하는 경우에 당연히 고려에 넣어야 할 것을 분석하고 그것을 구체적으로 적어 놓고 언제나 조회해 가면, 여러 가지 관점의 변경에 도움이 될 것이다. 힌트나 아이디어에 숨이 막힌 경우의 보조 수단으로 사용할 수도 있고, 오해나 실수를 미연에 방지하는 데에도 편리하다.

오스본(A.F. Osborne)이 새로운 힌트 혹은 아이디어가 생기는 방향을 지적하고, 각각의 관점을 열거한 문제 해결의 체크리스트를 제시하면 다음의 [표 3-2]와 같다.

[표 3-2] 오스본의 체크리스트

패 턴	질 문	회 답
달리 사용할 길은 없을까?	현재대로 할 것인가?	
	조금 바꿀 것인가?	
아이디어를 빌릴 수 없을까?	비슷한 것은 없는가?	
	모방할 수 있지 않은가?	
	견본은 없는가?	
바꾸어 보면 어떨까?	형태, 색깔, 소리, 냄새, 운동, 의미를 바꾸어 보면 어떤가?	
	한번 틀어서 생각하면 어떤가?	
	달리 바꿀 것은 없는가?	
크게 하면 어떨까?	늘리거나 줄이면 어떤가?	
	무언가 추가한다면 어떤가?	
	시간을 더 들인다면 어떤가?	
	강하게 하면 어떤가?	
	높게 하거나 두껍게 하면 어떤가?	
	길게 혹은 넓게 하면 어떤가?	
작게 하면 어떨까?	압축하거나 작게 하면 어떤가?	
	무언가 뺀다면 어떤가?	
	낮게 하거나 짧게 하면 어떤가?	
	가볍게 하면 어떤가?	
	나누어 보거나 생략하면 어떤가?	

대용한다면 어떨까?	다른 재료로는 어떤가?	
	다른 동력으로는 어떤가?	
	누군가 대신할 사람은 없는가?	
	무언가 대신할 물건은 없는가?	
	다른 성분으로는 어떤가?	
	다른 방법으로는 어떤가?	
바꾸면 어떨까?	순서를 바꾸면 어떤가?	
	전후, 좌우를 바꾸면 어떤가?	
	목표를 바꾸면 어떤가?	
	남녀를 바꾸면 어떤가?	
	성인과 아이를 바꾸면 어떤가?	
반대로 하면 어떨까?	반대로 태도를 취하면 어떤가?	
	역할을 반대로 하면 어떤가?	
	입장을 역으로 하면 어떤가?	
	플러스와 마이너스를 맞바꾸면 어떤가?	
	상하 역으로 하면 어떤가?	
조합하면 어떨까?	유니트를 조합하면 어떤가?	
	아이디어를 조합하면 어떤가?	
	목적을 조합하면 어떤가?	
나누면 어떨까?	분리할 것인가?	
	별개로 나눌 것인가?	
	반분하면 어떤가?	

5. 사무개선 계획서 작성

1) 사무개선의 기본적 사고

사무가 합리적 · 경제적인 방법으로 이루어지고 있는지를 조사 · 분석하여 일을 좀더 신속하고, 쉽고, 정확하고, 안전하게 하기 위해 사무를 개선하는 것은 그 개선의 노력을 통해 수익을 대폭적으로 향상시키고자 하는 것이 목적이라 할 수 있는 바, 사무개선을 위해서는 다음과 같은 기본적 사고로 임해야 한다(J.C.Lee, 2004:3-6).

(1) 부가가치를 만들지 못하는 업무를 0으로 만든다

업무는 크게 돈버는 일과, 돈은 벌 수 없지만 하지 않으면 안되는 일, 그리고 하지 않는 편이 좋은 손해보는 일로 분류할 수 있다. 여기에서 업무개선의 대상은 부가가치를 만들지 못하는 업무들로, 가장 먼저 손해보는 일을 없애고 다음은 어쩔 수 없이 해야 하는 일로서 가치를 만들지 못하는 업무들을 0으로 만들어야 한다.

(2) 자신이 하는 업무의 고객을 찾아야 한다.

지금 하고 있는 업무가 부가가치를 만드는 업무인지 낭비업무인지를 구분하기 위해서는 대상업무의 고객을 찾아야 한다. 모든 업무에는 고객이 있어야 하며, 고객이 없는 업무란 단순히 자신의 사정을 고려하여 실시하는 작업으로 기업활동에서 제거되어야 하는 낭비업무이다. 요컨대, 업무내용을 다음과 같이 구분해보아야 한다.

① 업무의 고객이 누구인지 확실히 알 수 있다.

② 고객이 진정으로 요구하고 있는 업무이다.

③ 업무는 부가가치를 만드는 일이다.

④ ①-③의 어느 항목에도 해당되지 않는다.

④ 의 경우가 바로 헛된 일, 낭비업무라 할 수 있다.

부서이기주의(=부서할거주의)
자신이 속한 기관이나 부서만을 생각하고 다른부서에 대해 배려하지 않는 편협한 태도

(3) 후 공정을 고객으로 생각하여 부서이기주의를 타파한다

조직이 비대해 질수록 고객이 누구인지 파악하기 어려워지며, 업무가 고객과 직접 접촉이 없는 경우에는 부서 이기주의에 빠질 수 있다. 그러나 업무는 고객의 만족을 위해 실시되는 것이며, 업무의 후 공정일수록 최종 고객과 가깝기 때문에 후 공정을 소홀히 하는 태도나 부서 이기주의는 바람직하지 않다. '후 공정은 고객'이라는 의식을 갖고 업무에 임할 때 비로소 낭비를 찾아내고 업무혁신을 추진해 나갈 수 있다.

[그림3-1] 업무진행체계도

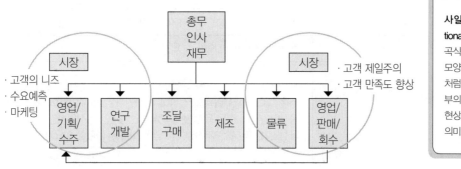

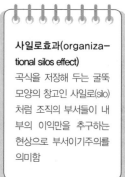

**사일로효과(organiza-
tional silos effect)**
곡식을 저장해 두는 굴뚝
모양의 창고인 사일로(silo)
처럼 조직의 부서들이 내
부의 이익만을 추구하는
현상으로 부서이기주의를
의미함

(4) 업무의 흐름을 정리하여 업무의 전후 관계를 확실히 파악한다.

낭비업무를 찾고 업무를 개선하기 위해서는 업무내용을 분석할 필요가 있
다. 업무의 흐름을 정리하여 업무의 전후관계를 명확히 함으로써 소속된 부
문의 고객이 누구인지 알 수 있고 낭비업무를 찾아낼 수 있다.

[그림3-2] 업무의 전후관계 분석

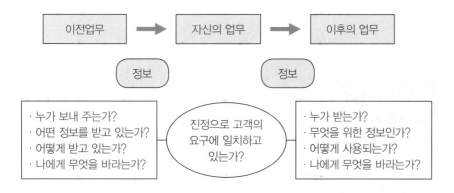

2) 사무개선 계획서 작성

개선 계획서를 마련하는 것은 개선의 순서 · 일정 · 분담 · 비용을 문서화하여
개선이 목적으로부터 벗어나는 것을 방지하며, 개선의 추진 방법이 무책임한
것이 되지 않도록 하기 위해서이다.

개선안의 명칭			소속		성명	
1. 현상 분석	←'현상은 어떻게 되어 있는가?'에 대해 분석 결과를 기입					
2. 문제점	←현상에서 발생하고 있는 문제점					
3. 개선의 목적	←개선의 목적 예를 들어 '업무 비용의 절감이 목적인가?' 처리 업무의 '표준화가 목적인가?'와 같은 목적별, '그것은 단기적인 목적인가?' '장기적인 목적인가?'와 같은 기간별, '왜 업무 비용을 절감할 필요가 있는가?' 그 이유도 기입					
4. 목표	←기대되는 효과, '업무 비용의 절감을 기대할 수 있다. 업무의 정확성이 향상된다' 등					
5. 대상과 범위	←대상이 되는 부문, 대상이 되는 업무, 대상이 되는 인원을 기입					
6. 개선의 추진 방법	←개선의 담당자, 개선을 추진하는 그룹과 그 분담, 개선을 실시하는 순서와 일정					
7. 유의점	←특히 중점적으로 추진할 곳, 실시할 때, 특히 강조할 것, 실시할 때에 따르는 제약 조건 등					
8. 예산 측정	←예상되는 비용의 측정					

제2절 사무혁신 기법

1. 사무혁신의 필요성

변화와 혁신
· 변화–기존의 흐름을 개선하여 발전시키는 것
· 혁신–새로운 흐름을 만들어 내는 것

피터드러커는 '혁신(innovation)은 새로운 차원의 성과를 창출하는 변화'라고 정의하였으며, 미래학자 존 나이스비트는 '변화(change)는 혁신의 아버지'라고 정의한 바 있다. 혁신 없이 우수한 성과를 창출할 수 없고 변화 없이 혁신을 할 수 없다는 것이다. 따라서 변화와 혁신은 우수한 성과를 창출하기 위한 원동력이라 할 수 있다.

오늘날 변화 혁신이 경영의 핵심 과제로 강조되는 것은 기업을 둘러싸고 있는 환경이 빠르고 불확실하게 변화되고 있기 때문이다. 변화에 슬기롭게 대응하는 기업은 성장하고 발전하는 기회를 자기화(自己化::internalization)할 수 있지만 그렇지 못하면 살아남기 어렵다. 즉, 빠른 변화와 불확실성을 특징으로 하는 오늘날의 거시환경과 산업환경 등 외부환경을 기업이 제대로 지각하지 못하면 적절히 대응하지 못하게 되고, 결국 실패하게 된다. 중요한 것은 기업 및 조직 차원의 변화 혁신은 결국 조직 구성원 개인의 변화 혁신으로 귀착된다는 것이다. 기업 또는 조직의 모든 업무는 조직 구성원에 의해 수행되기 때문이다. 요컨대 기업과 조직이 성장·발전하기 위해서는 조직 및 개인 차원의 사무혁신이 필요하다.

> **솥안의 개구리**
> 뜨거운 물이 든 솥에 개구리를 집어 넣으면 살고자 즉각 튀어 나오지만. 찬물에 개구리를 넣고 서서히 열을 가하면 상황의 변화를 감지하지 못하여 개구리는 서서히 죽게된다.

2. 사무혁신 기법

사무혁신이란 조직이 사무환경의 변화에 탄력적으로 대응할 수 있도록 조직과 사람을 대상으로 개개인의 업무를 가시화하여 업무상 발생되는 낭비를 제거함으로써 여력을 창출하고 이것을 중점 사업에 투입하여 인력을 재배치하고 구성원 전원이 능력을 충분히 발휘할 수 있도록 업무(사무)개선, 의식과 근무 태도 개선을 추구하는 조직체질 개선운동이라고 할 수 있다. 사무혁신에 적용할 수 있는 대표적인 관리혁신 기법을 소개하면 다음과 같다(박연호·임영제, 2000: 260).

1) 고객만족 관리

(1) 고객만족 관리의 의의

> **사무혁신기법**
> · 고객만족관리
> · 벤치마킹
> · 총체적 품질관리
> · 업무프로세스 재설계

고객만족 관리(customer satisfaction management: CSM)란 고객 중심의 사고를 바탕으로 모든 조직관리 활동을 전개해 나가자는 것으로 과거의 시장 점유율 확대나 원가 절감이라는 근시안적 경영 목표 추구에서 벗어나 고객만족, 즉 고객이 제품 또는 서비스에 대해 원하는 것을 기대 이상으로 충족시켜 감

동시킴으로써 고객의 재구매율을 높이고 그 제품 또는 서비스에 대한 선호도가 지속되도록 하는 것을 궁극적인 목표로 함으로써 시장 변화에 흔들리지 않는 안정적 수익 기반을 장기적 · 지속적으로 확보해 나가려는 관리전략이다.

(2) 고객만족 관리의 성공 요건

고객만족 관리의 성공을 위해서는 우선 조직 내부의 혁신이 우선되어야 한다.

① 조직 내 모든 계층, 모든 부서 조직원들의 의식 개혁과 적극적인 참여를 통한 범조직적 관리혁신 운동이 필요하다.

② 일선 부서의 조직구성원들이 업무 수행 중 느낀 문제점에 대해 자발적이고 주도적으로 개선 방안을 제안하고 공감대를 형성하여 현실성 있는 구체적 실천계획을 수립, 실천해 나가도록 해야 한다.

③ 고객만족의 극대화에 걸림돌이 되는 기존의 조직 구조, 관행, 사무 절차 등을 과감히 개혁해 나가야 한다.

2) 벤치마킹

벤치마킹

벤치마킹은 모방과 다르다. 모방이란 단순히 겉으로 드러난 남의 것을 따라 하는 것이지만 벤치마킹이란 더 나은 점을 찾아 분석하고 자신의 강점이나 핵심기술을 추가해 창조적인 발상을 하는 것이다.

(1) 벤치마킹의 의의

벤치마킹(benchmarking)은 토목공학에서 측량할 때 쓰는 기준점인 벤치마크(Bench Mark)에서 유래한 용어로 조직의 지속적 개선을 달성하기 위해 조직의 내부 활동 및 기능, 관리 능력을 외부적인 비교 시각을 통해 평가하고 판단하는 것을 말한다. 즉, 경쟁 상대나 우수하다고 인정되는 조직들과 비교해 업무를 지속적으로 개선 · 혁신해 나가는 관리 기법이다.

(2) 벤치마킹의 성공 요건

벤치마킹을 성공적으로 활용하기 위해서는 다음과 같은 조건을 충족시켜 주어야 한다.

① 벤치마킹에 대한 기본적인 이해와 최고관리층에서 부터 실무 담당자까지 현수준에 대한 인식과 혁신에 대한 공감대 형성이 이루어져야 함은 물론 실무 담당자가 직접 상대를 방문, 확인해야 한다.

② 벤치마킹 적용 분야의 활동 성과를 정량적으로 표현할 수 있는 합리적인 성과 측정 지표의 마련으로 대상과의 수준 차이 확인 및 극복하기 위한 혁신 목표의 설정이 명확해지도록 해야 한다.

3) 총체적 품질관리

(1) 총체적 품질관리의 의의

과거에는 QCD(품질: Quality, 값싸게: Cost, 신속한 납기: Delivery)이었던 것이 시대의 변화에 따라 다품종화, 소량화, 단납기화, 안전성 향상 등을 강조하는 PQCDS(Products, Quality, Cost, Delivery, Safety)로 바뀌었다. 그러나 오늘날에는 다시 총체적 품질관리(TQM: Total Quality Management)로 바뀌었다. 총체적 품질관리란 제품을 엄격히 검사해서 품질을 관리하는 것보다 모든 부서의 사원이 각자 책임을 지고 자신의 일을 빈틈없이 수행해 나가는 과정을 중시하는 것이다. 따라서 총체적 품질관리는 기업의 목표를 효과적이고도 효율적으로 달성하기 위해 전사적으로 수행되는 체계적인 활동 등의 집합으로 적절한 시간과 가격에 고객을 만족시키는 수준의 품질로 제품과 서비스를 제공하는 것이다.

(2) 총체적 품질관리의 성공 요건

총체적 품질관리의 성공 요건으로서의 실행 전략을 구체적으로 제시하면 다음과 같다.

① 변형적 전략은 새로운 비전, 목표와 세부 목표, 과정의 도입을 통한 변화 노력을 의미한다. 여기에는 고객 요구의 확인, 고객만족도의 평가, 벤치마킹 등이 포함된다.

② 교류적 전략은 TQM의 방법, 접근법, 원칙들이 조직구성원들에게 수용될 수 있게 하는 전략이다. 여기에는 구성원 참여와 권한 위임, 성과의 평가와 인정, 새로운 보상 제도의 수립, 경력 개발 프로그램, 직무 만족도의 평가 등이 포함된다.

③ 대표적 리더십 전략은 TQM이 정치인이나 지역 인사와 같은 외부의 제3

퓨처마킹이란?

벤치마킹처럼 과거나 현재에 잘하고 있는 것을 단순히 배우는 것이 아니라, 미래에 잘 할 수 있는 것을 준비하고 대응하여 경쟁회사를 추월하여 나가기 위한 새로운 접근법 퓨처마킹에 성공한 빌게이츠는 "어떻게 부자가 되었느냐?"는 질문에 "나는 10대 시절부터 미래에는 세계의 모든 가정에 컴퓨터가 한 대씩 설치되는 것을 상상했고, 또 반드시 그렇게 되도록 만들고야 말겠다고 확신하고 그렇게 된 것처럼 살았다. 그 생각이 이루어진 것처럼 살다보니 어느덧 갑부가 되어 있었다."라고 답했다고 한다.

자의 수용과 지지를 획득할 수 있도록 하는 전략을 말한다.

4) 업무 프로세스 재설계

(1) 업무 프로세스 재설계의 의의

해머(Michael Hammer)는 비즈니스 리엔지니어링은 시대에 맞지 않는 업무 처리 규정을 찾아내어 문제점을 발견하고, 불필요하다고 판단되는 것은 과감히 폐기한 후, 현 시대에 맞는 업무 수행을 위한 창의적인 새로운 업무 프로세서를 재설계(BPR : Business Process Reengineering))하는 것이라 했다.

해머의 말대로 리엔지니어링은 프로세스(process)의 변화에서 시작하지만 그것으로 끝나는 것이 아니라 여러 면에서 근본적인 변화가 나타나게 된다. 리엔지니어링을 함으로써 영역이 좁고 과업 중심으로 이루어졌던 업무가 다차원적으로 변한다.

과거 업무 수행에 대한 훈련을 받은 대로만 업무를 수행하던 조직구성원의 자세가 스스로 선택하고 결정을 내리는 사고를 할 수 있게 되며, 과거의 수직적 조직 형태나 기능에 따른 부서의 존재도 사라지게 된다. 관리자들은 관리 감독 형태에서 벗어나게 되고 조직구성원들은 더 이상 눈치를 보지 않고 고객을 위한 사고로 전환한다.

(2) 업무 프로세스 재설계의 성공 요건

적극적인 성과 개선을 도모하는 것이 비즈니스 리엔지니어링의 목표일지라도, 완전한 무(無에)서 시작하는 것은 오랜 시간과 많은 비용을 소모하기 쉽다.

해당 프로세스에서의 초우량 기업을 대상으로 한 벤치마킹을 통해 '혁신 목표의 설정'과 '개선 방법의 파악'이 좀더 효율적으로 이루어질 수 있다. 즉 벤치마킹은 비즈니스 리엔지니어링의 핵심적 실행 수단의 하나라고 할 수 있다.

이상과 같은 전략들은 상호 보완성을 갖고 있는 전략이므로, 어느 한 가지를 단독적으로 적용하기보다는 동시에 통합적으로 고려하는 것이 더욱 효과적이 될 수 있다.

[그림 3-1] 사무혁신 기법의 관계

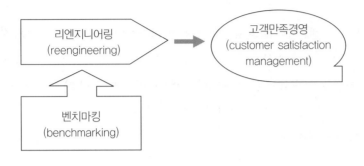

3. 사무혁신 성공 사례

1) 혁신 성공 사례 1: 화장품 메이커 K사의 과감한 결재라인 폐지

K사의 경비 전표에는 관리자에 의한 검인란이 한 개밖에 없다. 이전에는 과장, 부장, 임원 등 몇 개의 결재란이 가로로 길게 있었으나 검인 횟수를 줄임으로써 관리자가 본래의 업무에 전념할 수 있도록 구조를 개선한 것이다. 물론 검인하는 사람이 적기 때문에 전표가 관리자의 책상 위에서 지체하는 사태는 일단 발생하지 않게 되었다.

출장비 등의 경비를 청구할 경우, 사원은 각 부서에 설치되어 있는 회계 시스템의 단말에 스스로 청구액을 입력하고 프린터로 출력된 전표를 상사에게 제출한다. 이 전표에 상사 한 사람이 검인하고, 경리부로 보낸다. 경리부에서는 전표를 입수하는 대로 각 개인의 계좌에 현금을 불입하는 시스템으로 되어 있다. 이 시스템의 도입에 따라 경리 부문도 전표의 금액 등을 하나 하나 입력하는 수고를 덜고 일의 효율성도 향상되었다.

2) 혁신 성공 사례 2: 판매 회사 O사의 책상서랍 제거

전표 처리에 서툰 영업 사원들이 의외로 많다. O사에서도 고객에게서 받은 주문승낙표는 즉시 처리해 다음 공정으로 보내도록 지시하고 있으나 아무리 주의해도 개선되지 않았다. 승낙표를 우선 책상 서랍에 넣어 두고 다음 상담을 위해 외출해 버리는 영업사원이 거의 대부분이다. 그래서 소장은 강행 작전을 전개했다. 영업사원의 책상에서 서랍을 제거한 것이다. 그리고 책상 위에는 일절 물건을 놓지 않도록 했다. 서랍이 없으면, 우선 간수할 장소가 없어 모아 두지 않으므로, 그 자리에서 즉각 처리한다. 강행책이었지만 사태는 좋은 방향으로 움직였다.

3) 혁신 성공 사례 3: 자동차 제조업체 D사의 작업비상등 설치

자동자 제조업체인 D사는 생산팀에서 이루어지고 있는 효율적인 시스템을 사무업무에 활용하고자 작업비상등을 사무실에 설치하였다. 일이 몰리는 시기에는 장시간 대기 고객이 발생하기 때문에 고객의 불만이 증가된다. 이를 해결하기 위해 작업 비상등을 설치하였는데, 이는 한 팀원의 업무가 다른 팀원에 비해 늦어지면 업무 처리 속도를 고려하여 업무처리가 늦어지는 팀원에게 황색등으로 주의를 준다. 이후 고객이 불만을 제기하거나 업무 처리가 상당한 시간 이상 늦어지면 그 다음 단계인 적색등으로 경고를 하고, 팀장은 적색등 경고를 받은 팀원을 방문하여 팀원을 도와 업무를 해결한다. 이로써 고객의 불만 건수가 획기적으로 감소하였고, 업무처리 속도가 빨라져 모든 업무를 근무시간 내에 처리함으로써, 잔업과 휴일근무가 현저히 줄어들었다(이상복 · 고창영, 2008).

제4장

효율적인
문서작성과 파일링

- 제1절 문서작성과 분류
- 제2절 문서관리와 파일링

제1절 **문서작성과 분류**

1. 문서의 의의

1) 의의

문서자료의 3원칙
· 작성하지 않는다.
· 배부하지 않는다.
· 보관하지 않는다.

문서(document)란 종이에 문자나 기호를 사용하여 사람의 생각이나 사물의 상태, 관계 등을 표시하고 기록한 것이다. 회사, 관공서 등의 조직체에서 만들어지는 모든 기록은 문서라 하고,[1] 이러한 조직체의 문서를 조직체의 것으로 활용할 수 있도록 정리 · 활용하고 인계 · 보관 · 보존을 거쳐서 폐기에 이르는 일련의 제도를 문서관리(filling system)라 할 수 있다.

문서관리 제도를 정비하여 얻을 수 있는 효과는 문서의 사물화(私物化)를 방지하고, 문서의 적극적인 활용과 보관, 보존문서(집중관리) 및 활용문서(분산관리)의 조직적 관리, 불필요한 문서의 폐기로 인한 관리, 비용의 절감 등을 들 수 있다(엄재욱. 1993 : 163).

[표 4-1] 전문 분야별 관리의 대상

구 분	일반문서	서식	도면	자료	도서
문서관리	◎	○	○	○	
사무개선	◎	◎			
도면관리			◎		
자료관리				◎	○
도서관리				○	◎

일반적으로 문서관리의 대상으로 생각하는 것은 일반문서, 서식, 도면, 자

---

[1] 문서에 나타나는 기록이 반드시 문자로 표시되어야 하거나 문장 형식을 갖추어야 하는 것은 아니다. 즉, 기호나 선 또는 다른 표시가 문자 대신에 쓰이는 경우도 있다.

료까지로 한정하고 있는데, 이것을 전문 분야별로 살펴보면 앞의 [표 4-1]과 같다.

2) 문서의 필요성 및 기능

문서는 인체의 혈액처럼 사무를 수행하는 과정에서 필수적인 요소이다. 그러나 모든 사무활동이 반드시 문서를 필요로 하는 것은 아니나 일반적으로 다음과 같은 경우 문서가 필요하다.

① 내용이 복잡하여 문서가 없이는 당해 업무의 처리가 곤란할 때
② 사무처리 결과의 증빙자료로서 문서가 필요할 때
③ 사무처리의 형식상 또는 체제상 문서의 형식이 필요할 때
④ 사무처리에 대한 의사소통이 대화로는 불충분하여 문서에 의한 의사소통이 필요할 때
⑤ 사무처리의 결과를 일정 기간 동안 보존할 필요가 있을 때

한편, 문서의 주요 기능으로는 의사의 기록 · 구체화, 의사 전달과 의사 보존, 자료제공, 업무의 연결 · 조정 등을 들 수 있다(안전행정부, 2012:20).

① 사람의 의사를 구체적으로 표현하는 기능
② 자신의 의사를 타인에게 전달하는 의사전달기능
③ 문서로써 전달된 의사를 오랫동안 지속적으로 보존
④ 보관 또는 보존된 문서를 필요한 경우 참고자료나 증거자료로 제공
⑤ 조직내외의 업무처리 및 정보교환을 통한 업무의 연결 · 조정기능

2. 문서기안과 작성

1) 문서기안

문서작성의 첫단계로서 문서의 기안이란 의사를 결정하기 위해서 기안책

임자가 기안용지에 작성한 문안에 의하여 결재 받는 것으로, 정식의 문서나 안을 만들기 위해 행하는 작업 과정이다. 즉, 기안이란 발의하는 형식 또는 그 과정을 말하며, 문제 해결을 위한 구체적 처리 방안을 작성하는 것을 뜻한다.

이와 같은 기안은 ① 기안하는 사람이 단독으로 처리안을 작성하는 단독기안, ② 회의나 회람을 통해 모아진 공통 의견에 따라 처리안을 작성하는 공동 기안, ③ 문제 처리에 직접 관여하는 관계자, 직무상관 또는 의사결정자와 개별적으로 면담히여 처리안을 작성하는 면접기안, ④ 그리고 상사의 지시나 지침을 받아서 처리안을 작성하는 지시기안 등이 있다.

기안이 필요한 경우로는 다음을 들 수 있다.
- 발   신 : 문제의 처리 내용을 외부 또는 내부에 발신할 필요가 있을 때
- 내부공람 : 수신한 문서에 대해 그 내용을 설명하거나 요약하여 상사와 관련자에게 공람해야 할 필요가 있을 때
- 내부보고 : 간단한 내용의 상황보고, 결과보고, 또는 출장복명과 같은 사항으로서 상사나 상급기관에 보고할 필요가 있을 때
- 내부결재 : 어떤 일을 처리함에 있어, 문서로서 처리 방안에 대한 상사의 의사 결정을 받아야 할 때

2) 문서작성의 원칙

문서작성의 원칙
- 정확성
- 명확성
- 신속성
- 용이성
- 경제성
- 성실성

문서는 쉽고 편리하게 작성하고 전달할 수 있어야 하며, 언제, 어디서나 보관된 문서를 열람하고 사용할 수 있어야 하는 바, 문서작성 시 다음과 같은 원칙에 주의하여야 한다(허남식,2008:50-52).

(1) 문서는 정확하게 작성되어야 한다(정확성).
① 내용, 설명, 기록이 틀리지 않도록 한다.
② 필요한 내용이 누락되지 않도록 한다.

③ 문장부호를 정확하게 사용한다.[2]

④ 용어를 정확하게 사용한다.

  - '이상', '이하', '초과', '외' 등의 용어를 정확히 사용하도록 한다.[3]
  - '이전', '이후', '전', '후' 등의 용어를 정확히 사용하도록 한다.[4]

(2) 문서는 구체적으로 명확하게 작성하여야 한다(명확성).

  - 6하원칙을 적용하여 내용을 구체적으로 작성한다.
  - 구체적이며 개별적인 표현을 쓴다.
  - 적극적인 표현을 쓴다.
  - 애매한 표현이나 과장된 표현을 피한다.[5]

(3) 문서는 이해를 빨리 할 수 있도록 간략하게 작성한다(신속성).

  - 문장은 짧게 끊어서 개조식으로 쓴다.
  - 가급적 먼저 결론을 쓰고 난 다음 이유 또는 설명을 쓴다.
  - 한 문장 한 뜻의 짧은 글로 표현한다.

(4) 문서는 쉽게 작성하여야 한다(용이성).

  - 읽기 쉽고 알기 쉬운 말을 쓴다.

---

2 문장부호란 문장 각 부분 사이의 논리적 관계를 분명히 하거나 글의 정확한 의미를 전달하기 위하여 표기법의 보조
   수단으로 쓰이는 부호를 말한다. 문장부호는 문맥을 명확히 함으로써 문장을 읽는 사람으로 하여금 뜻을 정확히 파
   악하도록 한다. 문장부호의 이름과 사용법을 숙지해야 한다. 특히 주의할 사항은 쌍점(:), 줄임표(· · · · ·),붙임
   표(-), 물결표(~), 빗금(/), 가운뎃점(·) 등의 표시방법이다.

3 이상과 이하는 그 숫자를 포함하나 미만이나 초과는 그 숫자를 포함하지 않는다. 즉, "50점이하"라고 하는 경우에
   는 50점도 포함되나 "50점 미만"인 경우에는 50점이 포함되지 않는다. '외'는 표시 숫자를 포함한다. "○○○외 5
   명"하면 총 6명을 말한다. "○○○ 등 5명"하면 모두 5명을 말한다.

4 ' · · · · 이전', ' · · · · 이후', ' · · · · 이래' 등은 표시된 일시를 포함하나 '전'과 '후'는 표시된 일시를 포함하지
   않는다. 예를 들면, "1월 26일 이전까지"라고 하는 경우에는 1월 26일이 포함되나 "1월 26일 전까지"라고 하는 경
   우에는 1월26일이 포함되지 않고 1월 25일까지를 의미한다. '과' 또는 '와'와 '및'의 사용을 정확히 해야 한다. '과' 또
   는 '와'는 두 단어 사이에서 사용된다. 즉 "문장의 형식과 내용에 대하여 · · · ·"와 같은 경우에 사용된다. '및'은 '
   과'나 '와'보다는 긴 병렬적인 문자에 사용되며, 문장의 맨 뒤에서 앞뒤를 연결한다. 즉, "총무과와 행정과의 남자 및
   여성과의 여자 · · · ·"와 같은 경우이다.

5 "광복절 기념행사에 직원 2명을 참석하도록 하시기 바랍니다"라고 작성된 경우 직원 2명의 성별 및 직급, 각과에서
   2명인지 국 전체에서 2명인지, 직원 2명이 참석자인지 행사지원요원인지 등이 불분명함.

- 어구의 표현을 간략하게 한다.

- 한자 어려운 전문용어는 피한다.

- 받는 사람의 이해력과 독해력을 고려하여 쓴다.

- 다루기 쉽게 1건 1매주의로 한다.

(5) 문서는 효율성이 있게 작성하여야 한다(경제성).

- 일상 반복적인 업무는 표준 기안문을 활용한다.

- 용지의 규격 · 지질을 표준화한다.

- 서식을 통일한다.

- 문자를 부호화하여 활용한다.

(6) 문서는 성의있게 작성하여야 한다(성실성).

- 성실성은 문서를 성의있고 진실되게 작성함으로써 상대방에게 호감과 친근감을 심어 줄 수 있게 한다는 것이다.

- 문장은 과장하지 말고 진솔하게 표현한다.

- 적절한 경어를 사용한다.

- 상대방을 무시하는 표현이나 감정적 · 위압적인 과격한 표현을 쓰지 않는다.

3) 문서처리의 원칙

> **문서처리의 원칙**
> · 즉일처리의 원칙
> · 책임처리의 원칙
> · 적법성의 원칙

문서처리의 원칙으로는 즉일처리의 원칙, 책임처리의 원칙, 적법성의 원칙을 들 수 있다.

① 즉일처리의 원칙 : 문서는 내용 또는 성질에 따라 그 처리 기간이나 방법이 다를 수 있으나, 효율적인 업무 수행을 위해 그 날로 처리하는 것이 바람직하다.

② 책임처리의 원칙 : 문서는 정해진 사무분장에 따라 각자가 직무의 범위 내에서 책임을 가지고 관계 규정에 따라 신속 · 정확하게 처리해야 한다.

③ 적법성의 원칙 : 문서는 법령의 규정에 따라 일정한 형식 및 요건을 갖추어야 함은 물론 권한 있는 자에 의해 작성·처리되어야 한다.

3. 문서의 분류

1) 작성 주체(목적)에 의한 분류

(1) 공문서

공적인 목적을 위해 행정기관 또는 공무원이 직무상 권한 내에서 작성하고 처리한 문서 및 행정기관이 접수한 문서를 말하는데, 「행정업무의 효율적 운영에 관한 규정」 제3조 제1호에서는 "공문서란 행정기관에서 공무상 작성하거나 시행하는 문서와 행정기관이 접수한 모든 문서를 말한다"고 정의하고 있다. 전자문서에 대해서는 "컴퓨터 등 정보처리 능력을 가진 장치에 의하여 전자적인 형태로 작성되거나 송신·수신 또는 저장된 문서"로 규정하고 있다 (시행령 제3조 제2호).

공문서에는 일반적인 문서는 물론 도면·사진·디스크·테이프·도표·필름과 슬라이드와 전자문서 등의 특수매체 기록이 포함된다.

행정업무의 효율적 운영에 관한 규정
행정기관의 행정업무 운영에 관한 사항을 규정함으로써 행정업무의 간소화, 표준화, 과학화 및 정보화를 도모하여 행정의 효율을 높이고자 만들어진 규정

(2) 사문서

사문서라 함은 작성 명의인이 사인으로 되어 있는 권리·의무 또는 사실 증명에 관한 문서를 말한다. 다시 말하면, 개인의 사사로운 목적을 위해 작성된 문서를 말한다.

그러나 이러한 사문서 중에서도 허가, 신청 등과 같이 행정기관에 제출하여 접수가 된 것은 사문서가 아니고 공문서가 된다. 다시 말해서, 사문서란 개인의 사사로운 의사 또는 심경을 표시하는 문서를 말하며, 추천장·안내장·소개장 등을 들 수 있다.

문서형태별 분류
· 장표
· 일반문서
· 특수문서

2) 문서의 형태에 의한 분류

(1) 장표

장표란 기입을 예측하여 일정한 양식에 인쇄하여 필요한 사항을 쉽게 기입할 수 있도록 만들어진 사무문서이다. 즉 변화하지 않는 사항을 미리 인쇄해 두고 변화하는 사항을 필요에 따라 여백에 기입 또는 인자할 수 있도록 설계된 지면이다. 또한 장표는 일반문서를 표준화한 것이라 볼 수 있으므로 주로 정형적인 업무에 많이 쓰이는 문서이다. 일반적으로 기업 내에서 사무의 처리에 활용되는 장표로는 전표, 장부, 표 · 그림 등이 있다.

(2) 일반문서

일반문서는 장표처럼 양식이 일정하지 않은 사무문서이다. 주로 기업 내외의 통신 연락에 사용되며, 일반적으로 비정형 업무에 이용되기 때문에 편지의 형식으로 이루어진다.

일반문서는 왕복문서(사외 왕복문서), 연락문서(사내 왕복문서), 전보, 광고문서 등으로 구분할 수 있다.

(3) 특수문서

장표나 일반문서 등 어느 곳에도 속하지 않는 문서로 기업의 정관, 규칙, 회의록 등을 특수문서라 할 수 있다.

문서유통대상별 분류
· 사내문서
· 사외문서

3) 유통 대상에 의한 분류

(1) 사내문서

사내문서는 기업 내부에서 유통되는 문서로서 일반적으로 협조문서, 통보문서, 품의문서, 업무보고서, 회의록, 기록서, 보고서류, 청원서, 특정 부분에 작성되는 사내장표, 규칙, 규정, 그 밖의 경영자료 등의 문서를 말한다.

(2) 사외문서

사외문서는 기업 외부로 유통되는 문서로 왕복문서, 광고문서, 주문서, 견적서 등의 전표·거래 관계의 계약서 등을 말한다.

4) 문서의 가치에 따른 분류

> **문서가치별 분류**
> · 역사적 문서
> · 운영상 문서
> · 법적 문서
> · 재정상의 문서

문서는 명세기입청구서, 토지문서, 서신, 메모 등과 같이 많은 종류와 목적을 지닌다. 학교에는 많은 학생들과 관련된 문서 기록들이 남아 있다. 어떤 학생의 미술과제, 단어시험 점수, 혹은 생활기록부 등 학생 개인의 성취와 관련된 자료들이 존재한다. 물론, 이러한 자료들은 학생 개인의 상황에 따라 그 가치가 다르다. 아마도 미술 과제가 어떤 학생에게는 매우 중요한 자료이지만 어떤 학생에게는 덜 중요할지도 모른다. 그러나 역사적·합법적 관점에서 학교 생활기록부는 과거 학생들의 출결 사항이나 행태를 기록하게 되므로 좀더 사실적인 가치를 지닌다고 할 수 있다. 이와 같은 사실적인 가치를 지니는 문서들은 그 기능에 따라, 일반적으로 역사적, 운영적, 법적 그리고 재정적 문서로 구분할 수 있다(West, 2002:20).

(1) 역사적 문서
이러한 특성의 문서들은 장기적인 가치를 지니며, 조직의 역사를 말한다. 이러한 문서들은 미래의 관리상 결정을 위한 기준으로 기여하게 된다. 그리고 이러한 문서들은 정기적으로 역사적 가치들을 재평가받아야 한다.

(2) 운영상 문서
이러한 문서들은 일상의 조직 운영에 필요한 정보를 제공한다. 예로서 서신, 정관, 송장 및 보고서 등을 들 수 있다. 운영상의 문서들은 장기 혹은 단기 보존과 폐기처분 대상으로 구분된다. 사용자들은 각 문서들의 수명을 결정하기 위해 자문을 구해야만 한다.

(3) 법적 문서
이 유형의 문서는 법 또는 소송상의 목적으로 관리하게 된다. 법적 문서들은 합병문서, 주주 등록, 회의록, 자신이나 소유권 증서, 계약서, 조직 운영에 필요한 기타 법적 문서들을 포함한다. 조직의 법적 고문은 문서들의 적절한 보존 기간과 폐기처분 대상을 결정할 때 조언을 하게 된다.

(4) 재정상의 문서

이러한 문서 유형들은 운영상의 가치와 법적 가치 둘다를 지니며, 수취계정 (account receivable), 지불계정(account payable), 재정보고, 은행보고(bank statement), 종업원의 임금대장 보고, 및 예산 등과 같은 문서들을 포함한다. 모든 조직들은 이전의 기간에 대한 재정상의 문서들을 보관해야 한다. 게다가, 개인과 마찬가지로 모든 조직들은 관련 정부기관에 의해 평가를 받게 되며, 정확한 재정적 자료와 세금 자료를 제공해야만 한다. 정확한 기록을 유지하지 못하면 정부에 벌과금을 지불해야 하는 결과를 가져올 수도 있다.

5) 기업문서 분류 사례

기업문서분류
· 경영문서
· 계약문서
· 업무문서
· 일반문서

기업에서 사용되는 문서를 경영문서, 계약문서, 업무문서, 일반문서 등으로 대별하여 보면 다음과 같다(강석원,2013:100-103).

(1) 경영문서

경영문서는 기업경영에 중요한 문서로 등기관리, 생산관리, 인사관리, 감사 등의 문서로 구분할 수 있다.

[표 4-2] 경영문서의 종류

구분	종류
설립	사업자등록증, 법인설립등기, 주주명부, 이사등기, 영업허가신고
사업	경영계획서, 사업계획서, 자금계획서, 예산편성계획서
특허	발명특허, 실용신안, 디자인등록, 상표등록, 서비스표등록
인사 · 평가	근로계약서, 연봉계약서, 신원조회서, 신용조회서, 인사평가서

감사	정기감사, 특별감사, 내부감사, 외부감사, 영업감사, 시설감사, 기술감사, 제조감사, 기타
사규	취업규칙, 복무규정, 인사규정, 급여규정, 연봉규정, 영업규정, 출장규정, 구매규정, 감사규정, 이사회규정, 임원규정, 문서규정, 기타
회의	주주총회 회의록, 이사회 회의록
기밀	특허, 기술, 영업, 생산, 경영, 인사, 기타
증명 · 확인	사원증, 재직증명, 사용인감계, 은행계좌, 취급증명서, 출입증명서, 기타

(2) 계약문서

기업경영과 직결된 부문별 계약문서는 생산, 영업, 관리로 대별하여 분류할 수 있다.

[표 4-3] 계약문서의 종류

구분	종류
생산	제조 : 제품생산계약서 외주 : 외주생산계약서
영업	국내 : 판매계약서, 공급계약서, 대리점계약서 무역 : 수출입계약서, 선적계약서
관리	총무 : 임차계약서, 공사계약서, 구매계약서 인사 : 근로계약서, 연봉계약서 자금 : 차입금계약서, 외환계약서 구매 : 구매계약서, 조달계약서

(3) 업무문서

부문별 업무와 관련된 문서는 크게 생산문서, 영업문서, 관리문서로 구분할 수 있다.

[표 4-4] 업무문서의 종류

구분	종류
생산문서	생산계획서, 생산근로자명부, 생산제품, 생산시설, 기술, 품질, 규격, 인증, 생산량, 부품입고, 제품출고 등 생산 관련 서류
영업문서	영업계획서, 영업근로자명부, 영업점명부, 상품명세, 거래처명부, 영업일지, 거래명세서, 채권관리대장 등 영업 관련 서류
관리문서	– 세무신고서, 4대보험신고서, 영업신고서 – 회계장부, 임금대장, 근로자 명부 – 출퇴근기록부, 시간외근로대장, 근태관리대장 – 세금계산서, 영수증, 법인카드영수증 – 지급명세서, 품의서, 결의서, 확인서, 신청서, 협조문

(4) 일반문서

일반문서는 조직 혹은 업무의 특성과 무관하게 어느 부서에서나 공통으로 사용하는 데 편리한 문서로, 특별히 규정되어 있는 것을 제외하고 문서형식에 제한없이 자유롭게 작성할 수 있다.

[표 4-5] 일반문서의 종류

구분	종류
보고서	조사보고서, 현황보고서, 실적보고서, 출장보고서, 결산보고서, 회의보고서, 검수보고서, 업무보고서, 교육훈련보고서
제안서	업무개선제안서, 광고홍보제안서, 아이디어제안서, 제품납품제안서, 상품개발제안서
기획서	사업기획서, 상품기획서, 영업기획서, 생산기획서, 전시기획서, 개선기획서, 활성화기획서, 설치기획서, 설립기획서, 홍보기획서
조사서	시장조사서, 신제품조사서, 품질조사서, 마케팅조사서, 물류조사서, 경쟁제품조사서, 경쟁기업조사서, 거래처조사서, 동향조사서

4. 문서보관과 보존

종이문서든 전자문서든 사용빈도가 낮은 문서는 중앙보관을 하고 사용빈도가 높은 문서는 부서보관을 하고, 업무특성에 따라 특정인이 자주 사용하는 개별취급문서는 개별보관을 한다. 문서의 보관은 사용중인 공용문서와 사용이 끝나서 참고자료로 사용하기 위해 보관하거나 법정기한까지 보관하는 보존문서가 있다. 보존문서 등은 회사 즉, 중앙보관소에 보관하여 총무부에서 관리하고 부서에서 자주 사용하는 공용문서는 부서보관소에 보관·관리하며, 업무특성 상 개별사용이 필요한 업무문서는 사원 개인이 보관하고 관리한다(강석원,2013:113).

최근 문서관리의 중요성으로 문서의 사용과 보관 및 보호가 강조됨에 따라 문서보관시스템을 도입하고 있다. 예를 들면, 전자문서는 ERP 시스템을 도입하거나 문서보관 서버를 도입하여 보관하며, 중요문서와 보존문서의 전자문서는 종이문서로도 보관한다.

문서보관
공용문서는 보관 리스트를 작성하여 전사적으로 활용할 수 있도록 체계적인 관리를 하여야 함

개인	과	부	회사
전표	장부	실적서	보존문서
일지	명부	평가서	법정문서

제2절 **문서관리와 파일링**

1. 문서관리의 개요

문서관리는 생산에서 보관과 폐기까지 일정한 규칙이나 기준에 따라 문서를 작성하고 분류하여 보관 및 보존하는 일련의 흐름을 관리하는 것이 원칙이다. 이와 같은 일련의 문서관리를 효율적으로 하기 위해서는 문서 발생부터 폐기에 이르기까지 문서분류 기준 등 일련의 체계인 문서 파일링 시스템을 구축하여 활용하는 것이 필수적이다. 종이 형태의 문서뿐 아니라 광(光)파일 등 OA기기와 컴퓨터 S/W를 유기적으로 결합하여 전자문서관리 시스템을 구축하는 경우에도 이러한 파일링 시스템 기준은 그대로 적용되므로, OA

문서 발생 및 보관
FLOW: 문서 발생 → 파일링 → 보관 → 보존 → 폐기
원칙: 최소 발생 → 최대 활용 → 적정 보관 → 적량 보존 → 적시 폐기
방법: 1매 Best / 2매 Better → 문서 분류 및 보관 → 문서 보존 연한 설정 → 표준화 활용

사무환경 구축을 위해서도 우선적으로 갖춰야 하는 것이 파일링 시스템이다.

대부분의 문서는 시간이 지남에 따라 활용도가 떨어져 반 년이 지나면 전체의 10%, 1년이 지나면 1% 정도만이 활용 가치를 지니게 된다고 한다. 즉 1년이 지나면 99%의 문서가 불필요하게 되는데도 발생되는 문서를 계속 쌓아만 놓는다면 사실은 서류 보관창고로 전락될 수밖에 없다. 문서의 신속한 검색을 위해 사무실에 보관하고 있는 문서도 일정 기간이 지나면 폐기하거나 별도의 장소로 옮겨 관리하는 등의 기준이 필요할 것이다.

2. 문서파일링(Filing) 방법

문서의 분류 방법은 기업별, 부서별로 활용의 편리에 따라 다양하게 이루어져야 한다. 대부분의 조직들은 여러 정보 유형에 따라 다양한 파일링 시스템을 구축하게 되지만, 오늘날 사무실에서 일반적으로 사용되는 매뉴얼 파일링은 알파벳, 숫자, 연대, 수·문자, 주제별 그리고 지역적 구분으로 이루어진다. 매뉴얼 시스템은 문서에 부착된 기업 또는 개인 이름, 양식 번호, 날짜 또는 사례 번호, 문서의 주제, 또는 지역과 같이 문서의 무슨 측면이 파일링을 가이드 하는 가에 따라 다르다.

이처럼 파일링 시스템은 기본적인 것에서 복잡한 것까지 다양하므로 특별한 매뉴얼 파일링 제도를 선택하기 위한 결정은 어떻게 조직이 정보에 접근할 것인가에 따라 이루어져야 한다(West, 2002: 62-72).

1) 가나다 혹은 알파벳 순 파일링(alphabetic filing)

이 방법은 가장 보편화된 방법이다. 우리나라의 가나다 순 혹은 영어의 알파벳 순에 따른 파일링은 모든 문서들이 사전적 순서로 정리되며, 개인의 이름, 회사의 이름 또는 주제명에 따라 파일링된다. 이 유형은 각 가나다 문자나 알파벳 문자에 대한 제1 가이드(primary guide)를 지닌다. 제1 가이드의 문자에 해당하는 각 폴더들은 제1 가이드 뒤에 파일링한다. 또한, 각 가나다별 혹은 알파벳 문자별로 일반문서 폴더(general record folder)들을 만든다. 이 폴더는 각 폴더에 포함되지 않는 기타 문서들을 파일링하게 된다.

[그림 4-1] 가나다 순 혹은 알파벳 순에 의한 파일링

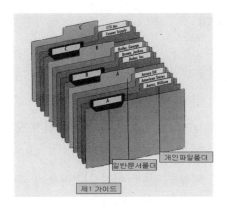

2) 번호순 파일링(numeric filling)

전화회사와 같이 많은 조직들은 부여된 번호를 중심으로 파일링하며, 문서들은 연속적인 번호를 부여받게 된다. 명세기입청구서, 거래증명서, 구매청구서들이 미리 번호순으로 인쇄되고 이 번호순에 따라 파일링되는 문서들의 예이다. 번호순으로 파일링하는 또 다른 이유는 기밀성 때문일 것이다. 기밀문서는 어떤 정보를 보호하기 위해 이름 대신 번호로 정리할 수 있다. 그러므

[그림 4-2] 번호순 파일링

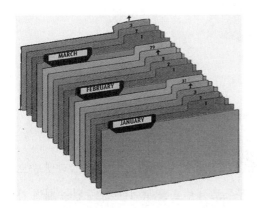

로 번호순 파일링은 검색시 좀 더 어려움이 있을 수 있다. 번호순 파일링을 사용하는 많은 조직들이 보관과 검색을 용이하게 하기 위해 알파벳 인덱스를 동시에 사용하기도 한다.

3) 연대순 파일링(chronological filing)

일부 조직의 경우, 문서의 내용보다 언제 이 문서가 필요로 되었는지가 너 중요하다. 문서가 필요로 된 날짜에 근거하여 문서를 정리할 때 연대순 파일링이 가장 적절하다. 연대순 파일은 월별 가이드를 만들고, 문서들은 날짜 순으로 각 월별 가이드의 뒤에 둔다.

연대순 정리는 기억을 상기시켜 주는 역할을 한다. 어떤 사무보조자 혹은 사무관리자는 과제나 임무를 상기시켜 주는 장치로서 티클러 파일(tickler file)을 사용할 것이다. 티클러 파일은 1부터 31일까지를 번호화한 가이드와 월별 가이드 카드를 지닌 파일 상자이다.

[그림 4-3] 연대순 파일링

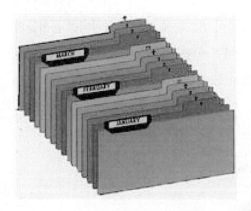

4) 수 · 문자 파일링(alphanumeric filing)

이 파일링 방법은 알파벳과 번호를 조합하여 사용한다. 주제별 알파벳 순으로 정리하고, 각 주된 주제별 하위 분류로서 번호를 부여한다. 주된 주제별 가이드 뒤에 번호를 부여받은 하위 분류 가이드를 배치한다.

[그림 4-4] 수 · 문자 파일링

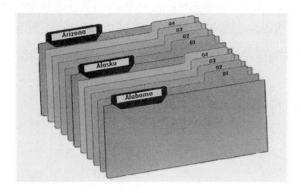

5) 주제별 파일링(subject filing)

주제별 파일링은 개인이나 기업의 이름 대신 토픽이나 카테고리에 의해 정리된 문서들을 말한다. 이 파일링은 사전 또는 백과사전적인 순서를 사용한다. 사전적 정리는 가부터 하까지 혹은 A부터 Z까지 간단한 보관 방법이다. 백과사전적 정리는 주된 토픽의 첫 문자 뒤에 가나다 순 혹은 알파벳 순으로 파일링된 하위 분류를 지닌 주된 토픽별로 문서를 정렬하는 방법이다.

[그림 4-5] 주제별 파일링

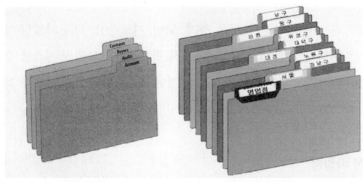

사전식 파일링　　　　　　　　백과 사전식 파일링

6) 지역적 파일링(geographic fillin)

만일 조직이 국가 내 혹은 세계적으로 비즈니스를 한다면, 지역적 파일링을 하는 것이 좋다. 지역적 파일링은 알파벳에 의해 문서들이 나타내는 소재지별로 정리된다. 판매회사나 메일 주문회사들이 이러한 분류 방법을 사용하는 예가 될 것이다. 한국의 경우, 지역적 파일링은 우선 서울, 경기, 강원 등으로 제1가이드를 만들면 이에 대한 하위 분류로서 시나 구가 될 것이다.

[그림 4-6] 지역적 파일링

3. 파일링 시스템의 종류

파일링 시스템의 종류
· 수직적 파일링
· 수평적 파일링
· 오픈선반식 파일링
· 박스 파일링
· 기계식선반 파일링

작업상 필요한 서류(일반문서, 장표, 통계, 도면, 지도 등)는 모두 파일링 시스템의 대상이지만 중요한 대상은 일반문서라 할 수 있다. 파일링 시스템 종류를 선택할 때, 성질에 맞는 방법을 따르는 것이 필요하지만 크게 다음과 같이 구분할 수 있다(West, 2002:93-96).

1) 수직적 파일링

수직적 파일링(vertical filing)은 서류를 홀더에 넣고 라벨을 위쪽으로 하여 캐비넷 서랍에 나란히 세워 놓는 방법이다. 일반적으로 말하는 파일링 시스템은 이 방법을 말한다. 서류를 세워서 정리하는 것보다 취급하기 편하고 찾기 쉬우며, 검색 수납이 편리하다.

2) 수평적 파일링

수평적 파일링(lateral filing) 방식은 사무실 공간이 제한된 길고 좁은 공간에 적합하다. 수평적 파일링 캐비닛은 가로 즉, 측면 접근이 가능하며, 수평적 파일링이나 선반 파일링 시스템보다 비용이 다소 비싸기는 하지만, 대부분의 수평적 캐비닛들은 걸이식 파일(hanging 또는 suspension file)들을 사용하지 않아도 되므로 이에 대한 부가적 비용은 지출하지 않아도 된다

3) 오픈 선반식 파일링

오픈 파일링 시스템은 문이 있는 캐비닛 대신 선반에 문서들을 오픈하여 보관하게 된다. 폴더들은 행(row)으로 정렬되고, 쉽게 보고 검색할 수 있도록 측면에 탭을 이용하여 표시한다. 오픈 파일링 방식은 가장 저렴하고 공간을 적게 차지한다. 다만 이 방식은 문서에의 접근 통제가 곤란하고, 화재나 물로 인한 손상으로부터 폴더들을 보호하지 못하는 단점을 지닌다. 이 시스템은 색상을 활용하여 구분하는 방식이 적합하다.

3) 박스 파일링

서류를 파일 박스에 넣어 캐비닛 또는 책장에 정리하는 보관 방법으로 수직 방법 또는 오픈 방법의 겸용 형태라고 할 수 있다. 장점만을 이용하여 만든 것이기 때문에 가장 효율적이라고 할 수 있다. 이 시스템에서는 보관에서 보존, 폐기까지의 작업이 편리하다.

[그림 4-11] 박스 형태

경영 관리	◀ 타이틀, 대분류명
경영 계획	◀ 중분류명
	◀ 문서명
보관-2013.12.31	◀ 보관 기간, 기한
폐기-2014.02.28	◀ 폐기 년월
부서:이벤트 기획팀	◀ 담당 부서
담당 # # #	◀ 관리 담당

5) 기계식 선반 파일링

기계화된 선반 파일링은 자동이므로 기존의 파일링 방식들과 다르다. 운영
자들은 손으로 검색하는 것이 아니라 자동적으로 검색한다. 수평적 혹은 수직
적 선반제작이 가능하며, 검색을 위한 섹터별 버튼을 설치하게 된다.

기계식 선반(mechanized shelves) 방식은 비기계화된 시설에 비해 경비가
많이 소요되고, 공간이 많이 필요로 하므로 사전에 신중하게 고려한 후 설치
여부를 결정해야 한다.

제5장

사내문서와 사외문서

- 제1절 사내문서
- 제2절 사외문서
- 제3절 장표

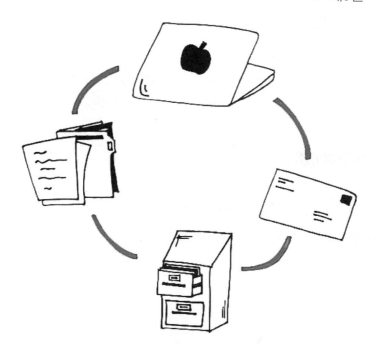

사내문서의 분류
· 명령문서
· 보고문서
· 연락문서
· 기록문서

제1절　사내문서

1. 사내문서의 의의

사내문서란 상업문서로서 동일 회사 내에서 부서(부, 과) 간의 연락 및 통지 등에 쓰이는 문서이다.

사내문서를 목적별로 분류하면 다음과 같다.

① 명령(지시)문서 : 명령서, 지시서, 계획서, 통지서, 기획서, 상신서 등

② 보고문서 : 일보, 출장보고서, 조사보고서, 일계표 등

③ 연락문서 : 업무연락서, 조회문서, 의뢰문서, 회답문서, 통지서 등

④ 기록문서 : 의사록, 사원카드, 인사기록, 장표류 등

2. 사내문서의 구성

사내문서는 두문(頭文), 본문(本文), 결문(結文)으로 구성되어 있으며, 그 서식은 [그림 5-1]과 같다.

1) 두문(머리말)

문서의 상단에 수신자와 발신자명, 문서번호, 발신 연월일 등을 기록한다. 이 때 수신자와 발신자는 직명을 사용해도 된다.

[그림 5-1] 사내문서의 서식

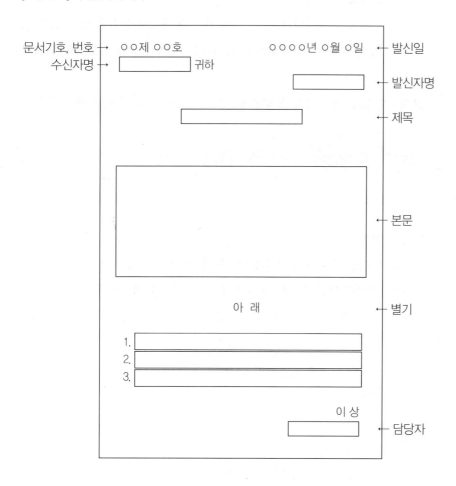

① **문서번호**

문서번호는 그 문서 고유의 번호로서, 다른 문서와 구별되는 표시가 된다.
문서의 왼쪽 상단에 표시한다.

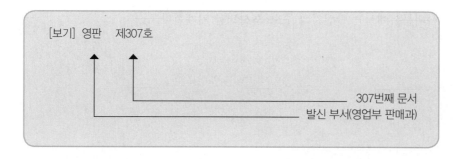

② 발신 연월일

발신하는 날짜를 기입한다. 발신 연월일은 문서번호와 같은 행의 반대쪽, 즉 문서 상단 오른쪽에 쓰되 날짜를 표시하는 마지막 글자가 오른쪽 한계선과 만나도록 한다.

연, 월, 일의 글자를 생략할 경우에는 마침표(.)를 찍어서 나타낸다.

> [보기]   2014년 8월 30일   →   2014. 8. 30

③ 수신자명

문서를 받아볼 상대방을 기입한다. 사내문서인 경우는 직명과 성명만 기입하지만, 사외문서인 경우는 상대방 회사의 주소와 회사명을 기입한다. 문서에 따라서는 주소를 생략할 수도 있고 수신자의 직명만 쓰고 성명은 생략할 수 있다.

수신자를 높여 부르기 위해서는 단체 및 회사 앞으로는 "○○ 귀중"이라고 쓰고 개인에게는 "○○○ 귀하"라고 한다.

> [보기] 대림건설 귀중
>
>   인사팀 홍길동 귀하

④ 발신자명

발신자명에는 그 문서 내용에 대해 책임을 지는 발신자의 성명을 기재한다. 사외문서에서는 발신자의 주소, 회사명을 기재한다.

[그림 5-2] 사내문서의 예

발신(작성) 연월일 → 2014년 1월 31일 ↵

총무부장 이순신 귀하 ↵   수신자명

발신(작성)자명 영업추진부 홍길동

월간 판매보고서 ↵

1. 판매 개요 ↵

우리 회사의 4분기 판매 실적은 매우 양호하였습니다. 이는 모든 사원이 일치 단결한 결과라고 믿습니다. ↵

숫자적으로 나타낸다면 작년도에 비하여 7.5% 상승하였습니다. 아래의 표를 참고하기 바랍니다. ↵

		3 분 기	4 분 기
매출고	본 점	15,682,056	12,334,720
	EIT점	8,536,419	9,348,841
	기 타	10,512,113	8,516,950
합 계		34,730,588	30,200,511

2. 다음 분기의 예상 ↵

다음 분기는 타회사와의 과다 경쟁이 예상되나 우리 회사의 제품이 양호하여 큰 문제는 없을 것으로 사료됩니다. ↵
↵
3. 판매전략의 사안 ↵

본점과 지점의 정보 교환이 신속히 이루어져야 하겠습니다. 그리하여 소비자의 동향을 정확히 파악 측정하여 소비자가 원하는 제품을 만들어 나가야 합니다. ↵
↵

끝맺음말 ── 이　상 ↵

2) 본문(주문)

① 제 목

제목은 본문의 내용을 간략하게 한마디로 간추린 것이므로 그 문서의 내용을 한눈에 파악할 수 있게 한다. 제목은 문서 1행의 길이를 넘지 않아야 하며, 제목을 타이핑할 때는 확대 문자, 음영 문자 등을 사용하여 다른 글자체보다 돋보이게 하는 것이 좋다.

제목을 표시하는 글자에는 "……대하여", "……관한 건" 등을 사용해도 된다.

> [보기]   영업실적 보고에 대하여
>   해외연수자 모집에 관한 건
>   건강진단에 관한 건

② 주 문

문서의 주된 내용을 기록하되 간결하고도 정확하게 표현해야 한다.

한편, 본문의 내용을 보기 좋고 알기 쉽게 표현하기 위해 "별기"란을 사용하기도 한다. "별기"란은 "다음", "아래" 등으로 나타내며, 주문의 내용을 함축적으로 담고 있어야 한다.

> [보기] - 다 음 -
>   - 아 래 -

3) 결 문

문서의 아래 여백에 담당자명을 기록한다. 통신문서의 발신인은 그 문서의 내용을 실제로 처리한 담당자와 일치하지 않는 것이 보통이다. 예를 들어, 발신인은 총무부장이지만 실제 내용을 담당할 사람은 총무부 관계 과장인 경우 등이다. 이 때, 문서 발신자와 수신자 간의 사무 연락상 편의를 도모하기 위해 담당자를 기록한다.

제2절 사외문서

1. 사외문서의 의의

사외문서는 본래 목적한 바의 의사 전달도 중요하지만 그 회사의 평가와도 직결된다. 따라서 일정한 형식 속에서도 항상 성의가 담겨 있고 느낌이 좋은 문서로 요약해야 한다. 사외문서의 종류로는 주문서, 청구서, 조회서, 의뢰서, 사과문 등을 들 수 있다.

사외문서는 다음과 같은 특성을 갖는다.

- · 글의 구성을 확실히 한다.
- · 알기 쉽도록 구체적으로 정확하게 표현한다.
- · 성의와 배려가 담겨 있도록 한다.
- · 문서를 요약한다.

2. 사외문서의 구성

사외문서는 사내문서보다 일정한 서식을 더 요구한다. 즉, 사외문서는 일정한 형식, 문서번호, 문서의 내용을 나타내는 제목, 발신인 등을 반드시 기입하고 있어야 한다. 사외문서는 기본적으로 다음과 같은 양식으로 구성된다. 두문에는 문서번호, 발신 연월일, 수신자명, 발신자명 등의 항목이 있고, 본문은 제목, 전문, 주문, 말문으로 구분한다.

[그림 5-3] 사외문서 서식

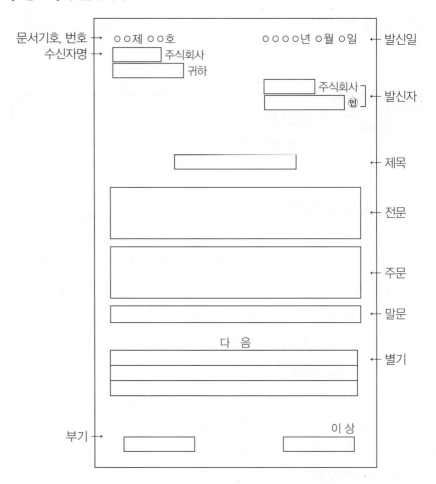

1) 제목

　제목은 본문의 내용을 간략하게 간추린 것이다. 제목의 끝에는 문서에서 뜻하는 바를 한마디로 줄인 결구를 덧붙이는데 조회 · 보고 · 독촉 · 개최 · 안내 · 소개등이 사용된다. 결구 뒤에 "……에 관한 건," "……에 대하여" 등을 첨가해도 된다.

[보기]　판매 실적 보고
　　　　건강진단 안내
　　　　전사원 교육 개최

[보기]　판매 실적 보고에 관한 건
　　　　건강진단 안내에 대하여
　　　　전사원 교육 개최 건

2) 전문

전문이란 용건을 말하기 전에 하는 간단한 인사말이다. 일반적으로 계절 인사와 더불어 상대방에 대한 축하의 말을 쓰고, 평소의 깊은 관심과 도움을 준 데 대한 감사의 표현을 기록한다.

[보기]   초여름이 성큼 다가왔습니다.   귀사의 번영을 축하드리오며
             계절 인사   상대방 축하

평소 저희 회사에 대한 깊은 관심과 협조를 감사드립니다.
             감사의 표시

그러나 전문은 본문에서 반드시 필요한 것은 아니며, "계절 인사" "상대방 축하" "감사 표시" 중 한 가지만 사용해도 된다.

[보기]   삼가 귀사의 번영을 축하드립니다.
            평소 도움에 감사드립니다.

3) 주문

주문은 문서의 핵심에 해당된다. 주문은 전하고자 하는 내용을 간결하고 명확하게 나타낸다. 주문을 시작할 때는 전문이 끝난 후, 행을 바꾸어 "다름이 아니오라," "알리고자 하는 바는" 등의 두어를 쓰면서 시작한다. 그러나 반드시 두어를 써야 하는 것은 아니다.

[보기]   다름이 아니오라, 금번 저희 회사에서는 ······
            알리고자 하는 바는, 저희 회사의 이전을 다음과 같이 ······

4) 말문

말문은 주문을 끝내는 부분으로서 전문과 다르게 맺는 인사말을 쓴다.

> [보기] 이상. 어김이 없도록 조치하여 주시기 부탁드립니다.
>   이로 인하여 귀사에 피해가 되지 않도록 만전을 기하겠습니다.
>   귀사의 계속적인 발전과 번영을 기원합니다.

5) 부기[첨기, 첨문]

부기는 본문 내용을 보충하기 위해 쓰는 부분으로 추신, 첨부물, 담당자의 직위 및 성명으로 구분한다.

① 추신

본문에서 빠뜨린 것을 보충하거나, 발신자가 본문 내용 중의 일부를 다시 강조하기 위해 기록하는 부분으로 추신은 본문이 끝나는 곳에서 2~3행 띄어서 쓴다.

> [보기] 추신 : 귀사의 사업 내용도 함께 보내 주십시오.
>   단 회의 참가비는 본사에서 제공하겠음.

② 첨부물

첨부물은 통신문에 동봉하여 보내는 문서가 있을 경우, 그 문서의 명칭과 수량을 기입한다. 첨부물의 내용이 많은 경우는 순서대로 첨부물 번호를 매긴다. 그리고 "끝" 자를 써서 첨부물이 더 이상 없음을 나타낸다.

> [보기] 첨부물   1. 상세 설명서 1부
>   2. 약도   1부 끝.

[그림 5-4] 사외문서의 예

발신 연월일 → 2014년 1월 25일 ↵

→ ☐ 대림주식회사 ↵ ← 수신자명
1차 공백 영업부장 귀하 ↵
↵   발신(작성)자명 → 주식회사 미래 ↵
↵   영업부 이순신 ↵
↵

2014년도 회의 안내 ↵
↵

↵

　　　두어
　　　　↓
전문 ⌈　삼가 귀사(貴社)의 번영을 진심으로 축하드립니다. 또한 저희 회사를
　　└ 물심양면으로 도와 주신 은혜에 깊이 감사드립니다. ↵
　　⌈ 금번 저희 회사에서는 세계여행(世界旅行)을 놓고 여러 번 회의(會議)　　　본문
　　　를 거듭한 결과 아래의 두 안(案)이 나왔습니다. 검토하시고 어느 안이
전문　좋은지 연락해 주십시오. ↵
　　　　바쁘실 때 불편을 드려 송구스럽기 이를 데 없습니다. 널리 양해하여
　　└ 주시길 바랍니다. ↵

↵

　　　　　　　　　아　　래 ↵
↵

　　⌈ 1. 제 1 안 ↵
　　│　교　　통　　대한항공 ↵
　　│　출발시간　　3월 5일 아침 9시 ↵
　　│　여　　비　　1인당 200만 원 ↵
　　│　장　　소　　미국 샌프란시스코 ↵
　　│
　　│ 2. 제 2 안 ↵
　　│　교　　통　　아시아나항공 ↵　　　　　　　　　별기
　　│　출발시간　　5월 7일 아침 10시 ↵
　　│　여　　비　　1인당 250만 원 ↵
　　│　장　　소　　소련 레닌그라드 ↵
　　│
　　│　*주의　　제1안과 제2안 모두 항공사에서 작성한 예상표이므로
　　└　　　　　　실제로는 다소 차이가 있음.
　↵

　　　　　　　　　　　　　　　이　상 ↵

③ 담당자의 직위 및 성명

발신자와 담당자는 일치하지 않는 것이 보통이다. 예를 들면, 발신자는 총무부장이지만 실제로 문서를 담당하는 자는 인사과장일 수 있는데, 이 때는 문서의 사무처리를 편리하게 하기 위해 담당자명을 기록한다.

> [보기] 담당자: 총무과 인사과장 홍길동

④ 이상

이상은 주문과 부기가 끝난 다음 오른쪽 끝에 쓰며, 문서의 내용이 끝났음을 나타낸다.

제3절　장표

1. 장표의 의의

각종 자료나 정보를 한눈에 알아볼 수 있도록 기록한 장부 · 전표 · 카드 및 일정한 형식을 갖춘 서식을 장표라 한다. 장표는 일정한 서식을 갖추고 있으며, 어느 곳에 어떤 사항을 기입할 것인가 하는 것이 미리 지정되어 있는 사무용지이므로 모든 문서 처리의 기본 용구가 된다.

특히, 장표는 반복적으로 일이 이루어지는 문서사무에서 일정한 서식을 제공하므로 한층 사무 능률을 높일 수 있다. 이와 같은 기능을 제시하면 다음과 같다.

① 문서사무 처리의 절차와 방법을 조직체가 바라는 일정한 방향으로 이끈다.

② 장표는 문서사무의 진행이 지체되었을 때, 이를 경고하여 진행을 촉진

시킨다.

③ 장표는 여러 가지의 자료나 정보를 정확하게 기입하여 관련 부서로 전달해 준다.

④ 장표는 기입된 자료나 내용의 분류 · 집계 · 계산 · 대금 등이 용이하게 한다.

⑤ 장표는 기입된 자료나 정보를 의사 결정의 정보로 활용하게 하는 정보 보존의 기능을 가진다. 특히 일람표, 대차대조표, 손익계산서 등의 서류는 일정한 서식의 장표를 이용하므로 전기 보고서와의 대조나 검토를 용이하게 한다.

2. 장표의 종류

장표에는 원장과 전표를 비롯해서 각종 카드, 보고 서식, 통계 서식, 도표 등이 있다.

장표의 종류
· 장부형식의 장표
· 전표형식의 장표
· 통계자료형식의 장표
· 카드형식의 장표
· 서류형식의 장표

1) 장부 형식의 장표

사무원장이나 보조원장 등과 같이 항상 고정된 위치에서 사용되는 고정성 장표가 여기에 속한다. 각종의 회계원장을 비롯하여 일정한 형식을 갖춘 인사관리 대장, 물품발송대장 등이 있다. 이러한 장부 형식의 장표는 기록의 확보, 기록 내용의 표시와 통제 등에 주로 사용한다.

2) 전표 형식의 장표

붉은색 계통의 입금 전표, 파란색 계통의 출금전표 등과 같이 사무 작업의 진행과 함께 움직이면서 기록되는 이동성 장표를 말한다. 전표는 서식이 간단 · 명확하고, 기록을 빠르고 쉽게 할 수 있도록 설계해야 하며, 크기 · 부피 · 무게 · 규격 등이 이동하는 데 적합해야 한다.

3) 통계 자료 형식의 장표

정산표, 대차대조표, 손익계산서, 상품재고장, 일계표, 월계표 등과 같이 전표나 장부상에 기록된 사항을 일정한 기준에 따라 집계해서 작성한다. 일반적으로, 표는 사무담당자가 작성하여 점차 상층 관리자 계층으로 이동된다. 최고관리자는 이 표를 기초로 하여 경영의 기본 방향을 결정하게 되므로 표는 항상 일정한 서식으로 작성하여 과기의 사항과 대조하기에 편리하도록 해야 한다.

4) 카드 형식의 장표

이는 장부와 원장을 카드화한 것이다. 장부를 카드화한 것으로는 각종의 원장 카드, 인사기록 카드 등이 있다. 요즈음에는 사무자동화에 따라 광학문자판독카드(Optical Character Reader card: OCR card) 등도 널리 쓰인다.

오늘날 문서 사무는 컴퓨터의 광범위한 보급에 따라 문서의 장표화, 장표의 카드화가 급속하게 진행되고 있다.

5) 서식류 형식의 장표

각종 주문서, 계산서, 지출결의서, 출장여비 지출결의서, 기안용지, 메모지, 협조전, 전언통신문 등 각 조직체의 필요성에 따라 각종 서식이 활용된다.

3. 장표의 설계

원라이팅 시스템
(one writing system)
사무관리에 있어서 일의 사무절차를 수행하는데 필요한 전표를 일괄해서 동시에 발행하는 방식

한번의 기입으로 관련되는 여러 장의 장표가 동시에 기입되는 다음과 같은 원 라이팅 시스템(one writing system)을 채택하도록 한다.

[그림 4-15] 장표의 원라이팅 시스템

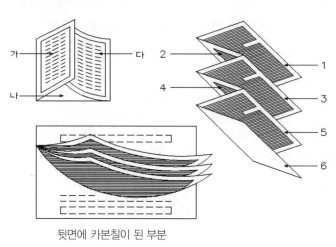

뒷면이 카본칠이
되어 있음(가.다.1,2,3,4,5)

뒷면에 카본칠이 된 부분

장표의 설계 요령을 요약하면 [그림 4-16]과 같다.

[그림 4-16] 장표의 설계 요령

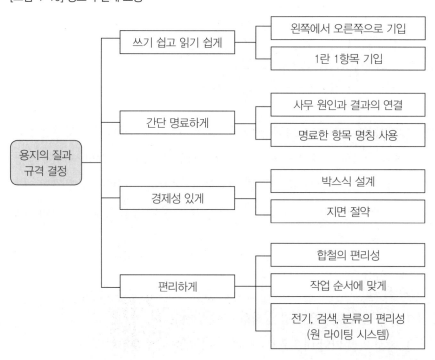

4) 장표의 기입

(1) 기입 방법

① 작성 자료를 확인하여 기입할 때 틀리지 않도록 주의한다.

② 연월일은 효력 발생 시점과 유효 기간 확인하는 기준이므로 빠뜨리지 않도록 한다.

③ 글씨는 알아보기 쉽게 쓴다.

④ 숫자는 아라비아 숫자로 쓰되 단위 표시에 유의하고 세 자리마다 자리 표시를 한다.

⑤ 글자는 밑부분이 양식의 아래 구획선에 닿도록 쓴다. 글자의 크기는 내용에 따라 다르지만, 난의 2/3 정도의 크기가 적당하며, 잘못 썼을 때 수정할 수 있는 여백이 남겨져서 좋다.

⑥ 기입이 끝나고 여백에는 나중에 임의로 추가 기입할 수 없도록 보기와 같이 빗금을 긋거나 '이하 여백'이라는 표시를 한다. 여백 표시를 분명히 해야 할 중요 서식인 경우는 빗금의 중앙 또는 여백 표시 끝부분에 담당자가 날인한다.

모조지	10	10,000
갱 지	8	9,000
		(인)

모조지	10	10,000
갱 지	8	9,000
		이하 여백(인)

⑦ 잘못 쓴 부분을 수정했을 때에는 이를 인정하는 담당자의 도장을 찍는다. 수정한 부분이 중요한 사항일 때에는 장표의 난 밖의 여백에 정정, 삭제 또는 첨가한 글자 수를 기입하고, 이것을 인정하는 담당자의 인증을 찍는다. 그러나 전표의 경우에는 새 용지로 다시 작성하는 것이 관례이다.

(2) 점 검

기입이 끝나면 다음과 같은 사항을 점검한다.

① 작성 자료 기입 내용을 대조하여 누락 또는 오기 사항이 없는지 확인한다.

② 문자나 숫자의 기입이 명료하지 않거나 잘못 읽을 염려가 있는지 검토
   한다.
③ 기타 기입 방법에 잘못이 없는지 재확인한다.

(3) 날 인

점검한 결과 완전한 것이라고 생각되면 장표의 작성 내용에 책임진다는 뜻
으로 날인한다.
① 내부 문서: 담당자의 날인
② 대외적인 서식: 조직체의 기관인 또는 대표자의 직인

제6장

공문서 작성과 기록물 관리

- 제1절 공문서의 의의
- 제2절 공문서의 구성과 작성
- 제3절 공문서의 시행과 관리
- 제4절 공문서의 등록과 기록물 관리

제1절　공문서의 의의

1. 공문서의 의의

공문서란 행정기관 내부 또는 상호간이나 대외적으로 공무상 작성 또는 시행되는 문서 및 행정기관이 접수한 모든 문서를 의미하며, 도면·사진·디스크·테이프·필름 및 슬라이드·전자문서 등의 특수매체 기록을 포함한다.

공문서의 종류
· 법규문서
· 지시문서
· 공고문서
· 비치문서
· 민원문서
· 일반문서

2. 공문서의 종류

(1) 법규문서

법규 사항을 규정하는 문서이다. 국회가 제정하는 헌법, 법률, 중앙관서에서 발의하여 제정하는 대통령령, 총리령, 부령, 그리고 지방자치단체가 제정하는 조례 및 규칙 등에 관한 문서를 말한다.

(2) 지시문서

지시문서
행정법에서는 지시문서를
행정규칙 또는 행정명령이
란 용어로 사용함.

행정기관이 그 하급기관 또는 소속 공무원에 대해 훈령, 지시, 예규 및 일일 명령 등 일정한 사항을 지시하는 문서를 말한다.

[표 5-1] 지시문서의 구분

종 류	내 용
훈 령	상급기관이 하급기관에 대해 장기간에 걸쳐 그 권한의 행사를 일반적으로 지시하기 위해 발하는 명령 (조문 형식과 시행문 형식, 누년 일련번호 사용)
지 시	상급기관이 직권 또는 하급기관의 문의에 의해 하급기관에 개별적·구체적으로 발하는 명령(조문 형식과 시행문 형식, 연도 표시 일련번호 사용)
예 규	행정사무의 통일을 기하기 위해 반복적 행정사무의 처리 기준을 제시하는 법규문서외의 문서(조문 형식 및 시행문 형식, 누년 일련번호 사용)
일일명령	당직, 출장, 시간외 근무·휴가 등 일일업무에 관한 명령 (시행문 및 회보 형식, 연도별 일련번호 사용)

(3) 공고문서

행정기관이 일정한 사항을 일반에게 알리기 위한 문서로서 고시, 공고 등이 있다.

① **고시** : 법령이 정하는 바에 따라 일정한 사항을 일반에게 알리는 문서로서 일단 고시된 사항은 개정이나 폐지가 없는 한 효력이 계속된다. 관영요금의 결정고시, 지가고시 등이 있다.

② **공고** : 일정한 사항을 일반에게 알리는 문서로서 그 내용의 효력이 단기적이거나 일시적인 것을 말한다. 입찰공고, 시험 시행공고 등을 말한다.

(4) 비치문서

비치대장, 비치카드 등 행정기관이 일정한 사항을 기록하여 행정기관 내부에 비치해 두고 업무에 활용하는 문서를 말한다.

(5) 민원문서

민원인이 행정기관에 대해 허가, 인가, 기타 처분 등 특정한 행위를 요구하는 문서 및 그에 대한 처리문서를 말한다.

(6) 일반문서

이상의 문서에 포함되지 않는 모든 문서를 말하는 것으로, 회보 및 보고서 등을 들 수 있다.

① 회보 : 행정기관의 장이 소속 공무원 또는 하급기관에 연락 업무, 통보 등 일정한 사항을 알리기 위한 경우에 사용하는 문서로서 행정기관 단위로 회보 사항을 일괄 수록하여 문서과 등에서 발행한다.

② 보고서 : 특정한 사안에 관한 현황 또는 연구, 검토 결과 등을 보고하거나 건의하고자 할 때 작성하는 문서를 말한다.

[표 5-2] 문서별 작성 형식과 문서번호

일련번호표기
① **누 년 일련번호**
연도 구분과 관계없이 해마다 누적되는 일련번호
② **연도별 일련번호**
연도별로 구분하여 매년 새로 시작되는 일련번호이나 연도표시가 없는 번호
③ **연도 표시 일련번호**
연도 표시와 매년 새로 시작되는 일련번호
붙임표(-)로 이은 번호

내 용	구 분	작 성 형 식	문서번호
법규문서		조문 형식	누년 일련번호 예) 법률 제 1234호
지시문서	훈 령	조문 형식 또는 시행문 형식	누년 일련번호 예) 훈령 제5호, 예규 제5호
	예 규		
	지 시	시행문 형식	연도 표시 일련번호 예)지시 제2014-5호
	일일명령	시행문 형식 또는 회보 형식	연도별 일련번호 예)일일명령 제5호
공고문서	고 시		연도 표시 일련번호 예)고시 제2014-5호
	공 고		

민원문서		시행문 또는 서식형식	생산등록번호 또는 접수등록번호 사용 예)행정제도과-123
일반문서	일반문서		
	회보	회보 형식	연도별 일련번호 예)회보 제5호
	보고서	기안문 형식	생산등록번호 예)행정제도과-123

자료 : 안전행정부, 행정업무운영편람, 2012.

3. 공문서의 효력 발생

공문서의 효력
· 표백주의
· 발송주의
· 요지주의
· 도달주의

문서는 최종 결재권자가 결재해야만 조직체로서의 의사가 결정되어 내부적으로는 성립이 되었다고 할 수 있으나 상대방 없는 내부결재를 제외하고서는 시행문이라는 서면을 통해 결정된 의사가 상대방에게 전달되어야만 대외적으로 효력을 발생한다. 효력 발생 시점에 대해서는 다음과 같은 견해가 있다(안전행정부, 2012:26-28).

(1) 표백주의(表白主義)

시행문서를 작성 완료한 때에 효력이 발생하는 것으로 본다. 표백주의는 내부결재문서와 같이 상대방이 없는 경우에는 합당하나 상대방이 있는 경우에는 그 상대방이 해당문서의 작성에 관해 전혀 알지 못하는 데도 효력이 발생하므로, 도달 전의 분실 또는 도달 지연의 불이익을 상대방이 감수해야 하는 부당함이 발생한다.

(2) 발송주의(發送主義)

문서를 발송한 시점에서 효력이 발생하는 것으로 본다. 이 견해는 신속한 거래에 적합하며, 특히 다수의 자에게 동일한 통지를 해야 할 경우에 획일적으로 효력을 발생하게 할 수 있다는 장점이 있으나 문서의 효력발생 시기가 발신자의 의사에 좌우되고 상대방이 아직 알지 못하는 상황에서 효력이 발생한다는 단점이 있다. 즉, 표백주의와 같이 도달 전에 분실 또는 도달 지연으로 인한 불이익을 상대방이 감수해야 하는 부당함이 발생한다.

(3) 요지주의(了知主義)

문서가 상대방에 전달되어 상대방이 문서의 내용을 안 시점부터 효력이 발생하는 것으로 본다. 이 견해는 상대방의 부주의나 고의 등으로 문서의 내용을 알지 못하는 경우까지 그 불이익의 책임을 발신자 측에서 져야 하므로 부당함이 발생한다.

우리나라는 도달주의 채택

문서가 수신자에게 도달됨으로서 그 효력을 발생하되, 전자문서는 수신자가 관리하거나 지정한 전자적 시스템 등에 입력됨으로써 그 효력을 발생한다고 규정하고 있어 도달주의를 원칙으로 하고 있음(행정업무의 효율적 운영에 관한 규정 제6조 제3항).

(4) 도달주의(到達主義)

문서는 다른 법령에 특별한 규정이 있는 경우를 제외하고는 수신자에게 도달됨으로써 그 효력을 발생한다는 견해로서 수신주의라고도 한다. 여기에서 도달이라 함은 문서가 상대방의 지배범위 내에 들어가 사회통념상 그 문서의 내용을 알 수 있는 상태가 되었다고 인정되는 것을 의미한다. 이는 쌍방의 이익을 가장 잘 조화시키는 견해라 할 수 있으며, 우리나라는 도달주의를 택하고 있다.

5일의 기간이란?

5일의 경과기간은 일반인에게 그 내용을 알리는데 필요한 최소한의 주지기간으로 볼 수 있기 때문에 공고문서에 효력발생시기를 명시하는 때에는 최소한 5일이상의 주지기간을 주어야 한다.

다만, 공고문서의 경우에는 다른 법령 및 공고문서에 특별한 규정이 있는 경우를 제외하고는 그 고시 또는 공고가 있은 후 5일이 경과한 날로부터 효력을 발생한다.

제2절 공문서의 구성과 작성

1. 공문서의 구성

1) 공문서의 구성

공문서의 구성은 두문, 본문, 결문으로 구성되어 있으며, 각 항목별 작성방법은 다음과 같다(행정업무의 효율적 운영에 관한 규정 시행규칙 제4조제1항 및 제9조제1항).

[그림 5-5] 공문서의 구성

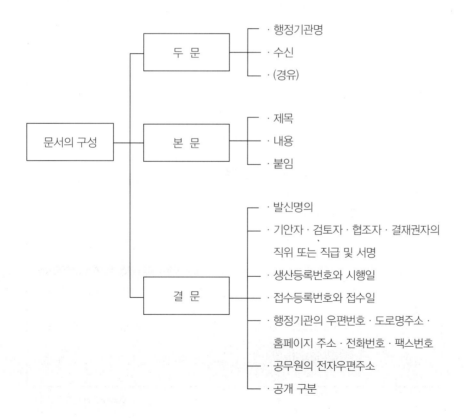

[그림 5-6] 일반기안문(시행문 겸용) 통합 서식

■ 행정업무의 효율적 운영에 관한 규정 시행규칙 [별지 제1호서식]

기안문과시행문의 통합
2004년 1월부터 기안문과 시행문이 하나의 서식으로 통합되어 별도 시행문을 작성하지 않음

행 정 기 관 명 (발 신 기 관 명)

수신   (   )
(경유)
제목

붙임

발 신 명 의 | 직인 |

기안자 직위(직급) 서명   검토자 직위(직급) 서명   결재권자 직위(직급) 서명
협조자
시행   처리과명-연도별 일련번호(시행일)   접수   처리과명-연도별 일련번호(접수일)우
우   도로명주소   / 홈페이지 주소
전화 ( )   팩스번호 ( )   / 공무원의 전자우편주소 / 공개구분

210mm×297mm(백상지 80g/㎡)

2) 두문

두문에는 행정기관명, 경유, 수신자 항목이 포함된다.

① 행정기관명 : 문서를 기안한 부서가 속한 행정기관명을 기재하게 된다.

② 수신자(   ) : 수신자명 또는 수신자기호를 먼저 쓰고, 이어서 괄호 안에
   는 처리할 자(보조기관 또는 보좌기관을 말한다)의 직위를 쓰되, 처리할
   자의 직위가 분명하지 아니한 경우에는 ○○업무담당 과장 등으로 쓰며,
   수신자가 많아 본문의 내용을 기재할 난이 줄어들어 본문의 내용을
   첫 장에서 파악하기 곤란한 경우는 두문의 수신자란에 "수신자 참조"라
   고 쓰고, 결문의 발신명의 밑의 왼쪽 기본선에 맞추어 수신자란을 설치
   하여 수신자명 또는 수신자기호를 표시한다. 수신자가 없는 내부결재
   문서는 수신자란에 "내부결재"라고 표시하며, "수신자"는 받는 자로 대
   신해도 무관하다.

> 예) 수신 : 안전행정부장관(공공정책과장)
>   수신 : 방송통신위원회위원장(정보공개업무담당과장)

민원회신문서에는 수신자란에 먼저 민원인의 성명을 쓰고(예: 홍길동
귀하), 이어서 (   ) 안에는 우편번호와 도로명 주소를 쓰되, 전자문서 시
스템에서 우편번호는 검색이 용이하도록 한다.

> 예) 수신자 : 홍길동 귀하(우110–760 서울특별시 종로구 세종대로 209)

③ (경유) : 경유문서인 경우에 (경유)란에 "이 문서는 경유기관의 장은
   ○○○(또는 제1차 경유기관의 장은 ○○○, 제2차 경유기관의 장은
   ○○○)이고, 최종 수신기관의 장은 ○○○입니다."라고 표시하고, 경
   유기관의 장은 제목란에 "경유문서의 이송"이라고 표시하여 순차적으
   로 이송해야 한다.

동일 행정 기관명
다른 행정기관과 명칭이 동일한 경우에는 바로 위 상급기관 명칭을 함께 표시하도록 함
예) 중구: 서울특별시 중구, 부산광역시 중구
남면 : 인제군 남면, 연기군 남면

경유 기관
경유기관이 없는 경우에는 아무것도 적지 않고 빈칸으로 둠

3) 본문

본문에는 제목, 내용, 붙임 항목이 포함된다. 제목은 문서의 내용을 쉽게 알 수 있도록 간단하고 명료하게 표시하고, 내용은 문서로써 표현하고자 하는 뜻을 쉬운 말로 간략하게 작성하되, 회보를 제외하고는 성질을 달리하는 내용을 같은 문서로 작성할 수 없다.

본문 구성 요소 중 제목, 내용은 반드시 기술하여야 하나, 붙임은 존재할 경우에만 기술한다. 붙임물이 두 가지 이상인 경우에는 항목을 구분하여 표시한다.

> 예) ───── 하시기 바랍니다.
> 붙임×1.*ㅇㅇㅇ계획서 1부.
> 　　　 2.*ㅇㅇㅇ서류 1부.×끝

4) 결문

결문에는 발신 명의, 기안자 · 검토자 · 협조자 · 결재권자의 직위 또는 직급 및 서명, 생산등록번호와 시행일자, 접수등록번호와 접수일자, 행정기관의 우편번호 · 도로명 주소 · 홈페이지 주소 · 전화번호 · 팩스번호, 공무원의 공식 전자우편 주소, 문서의 공개 구분 항목이 포함된다.

① 발신 명의: 합의제 행정기관 또는 행정기관의 장의 명의를 기재하고, 보조기관 또는 보좌기관 상호간에 발신하는 문서는 그 보조기관 또는 보조기관의 명의를 기재한다.

② 기안자 · 검토자 · 협조자 · 결재권자의 직위/직급 및 서명 : 직위가 있는 경우에는 직위를 온전하게 쓰고, 직위가 없는 경우에는 직급을 온전하게 쓴다. 다만, 기관장과 부기관장의 직위는 간략하게 쓴다. 이 경우, "기안자 · 검토자 및 결재권자"의 용어는 표시하지 아니하고, 기안자 · 검토자

및 결재권자의 직위/직급을 쓰고 서명한다. 협조자(직위/직급)의 서명
은 "협조자"의 용어를 표시한 다음, 이어서 직위/직급을 쓰고 서명한다.
"서명"이라 함은 기안자 · 검토자 · 협조자 · 결재권자 또는 발신명의인
이 공문서(전자문서를 제외한다)상에 자필로 자기의 성명을 다른 사람
이 알아볼 수 있도록 한글로 표시하는 것을 말한다. 기안자, 검토자, 협
조자, 결재권자 또는 발신명의인의 실명을 곧바로 알 수 있도록 하여 행
정업무 실명제의 정착 및 강화를 위해 "다른 사람이 알아볼 수 있도록"
서명하도록 하고 있다.

③ 생산등록번호(시행일) 및 접수등록번호(접수일) : 「공공기록물 관리에 관
한 법률 시행령」 제20조에 따른 생산등록번호 또는 접수등록번호를 업
무관리시스템이나 전자문서시스템에 의하여 전자적으로 표시한다. 문
서에 생산 또는 접수번호를 표시하는 때에는 같은 법률 시행령규칙 제5
조 제3항에 따라 처리과명과 연도별 일련번호를 붙임표(-)로 이어 쓰되,
처리과명이 없는 행정기관은 행정기관명을 표시하되, 10자가 넘는 경우
에는 10자 이내의 행정기관명의 약칭을 표시한다.

일련번호는 연도별 일련번호를 기재하며, 시행일자와 접수일자란에는
연월일을 각각 온점(.)을 찍어 숫자로 기재한다. 다만, 민원문서인 경우
로서 필요한 경우에는 시행일자와 접수일자란에 시 · 분까지 기재한다.

> 행정능률과–21 / 2014. 1. 22.
> └─────┬─────┘
> └── 연도별 등록 일련번호
> └── 처리과명

④ 우 도로명주소 : 우편번호를 기재한 다음, 행정기관이 위치한 도로명 및
건물번호 다음에 괄호하여 주소를 기재하고, 사무실이 위치한 층수와 호
수를 괄호 안에 기재한다.

> 우110–034 서울특별시 종로구 효자로 39(창성동 117) (2층 208호)

⑤ **홈페이지 주소** : 행정기관의 홈페이지 주소를 기재한다.

⑥ **전화 ( ) 전송 ( )** : 전화번호와 팩스번호를 각각 기재하되, ( ) 안에는 지역번호를 기재한다. 기관 내부문서의 경우는 구내 전화번호를 기재한다.

⑦ **공무원의 전자우편 주소** : 행정기관에서 공무원에게 부여한 전자우편 주소를 기재한다.

www.mogaha.go.kr

⑧ **공개 구분** : 공개 · 부분공개 · 비공개로 구분하여 표시한다. 부분공개 · 비공개인 경우에는 「공공기관의 기록물관리에 관한 법률 시행규칙」 제18조에 따라 '부분공개( )' 또는 '비공개( )'로 표시하고 「공공기관의 정보공개에 관한 법률」 제9조 제1항 각 호의 해당 호 수를 괄호안에 표시한다(안전행정부,2012:48).

⑨ **관인 생략 등 표시** : 발신 명의의 오른쪽에 관인 생략 또는 서명 생략을 표시한다.

2. 공문서의 작성

1) 용지의 규격 표준화

A4
국제적으로 널리 통용되고 있을 뿐 아니라 국내의 대다수 조직에서 문서의 기본규격으로 사용

　용지의 규격 표준화는 문서, 서식 등에 사용되는 용지의 크기를 통일한다는 것으로 규격을 표준화함으로써 문서의 작성 · 처리 · 편철 · 보관 · 보존 등뿐만 아니라 프린터 · 복사기 · 팩스 등 각종 사무자동화기기의 활용을 용이하게 할 수 있다.

　① 문서 작성에 쓰이는 용지 기본 규격은 도면, 증표류 기타 특별한 형식의

문서를 제외하고는 A4용지(가로 210mm, 세로 297mm)로 한다.

② 용지의 색깔은 흰색으로 하고 글자는 검은색 또는 푸른색으로 하되 수정이나 특별한 사항을 표기할 때는 다른 색을 사용할 수 있다.

③ 용지의 여백은 위 3cm, 아래 1.5cm, 좌측 2cm, 우측 1.5cm을 원칙으로 한다. 다만, 문서의 편철 위치나 용도에 따라 각 여백을 달리할 수 있다.

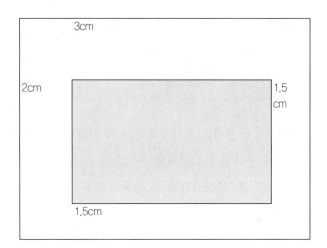

공문서 기본규격 변경 연혁
1961년 16절지
(190 mm x 268mm)
1965년 18절지
(180mm x 260mm)
1966년 B5
(182mm x 257mm)
1969년 16절지
(190mm x 268mm)
1991년 A4
(210mm x 297mm)

2) 문서의 표기

① **용어** : 문서는 「국어기본법」 제3조 제3호에 따른 어문 규범에 맞게 한글로 작성하되, 쉽고 간명하게 표현하고 뜻을 정확하게 전달하기 위해 필요한 경우에는 괄호 안에 한자, 그 밖의 외국어를 넣어 사용할 수 있으며, 특별한 경우를 제외하고는 가로쓰기를 한다.

어문규범이란
한글맞춤법, 표준어규정, 표준발음법, 외래어 표기법, 국어의 로마자 표기법 등 올바른 국어사용법에 대해 문화체육관광부장관이 정하는 규범

② **숫자** : 아라비아 숫자를 사용한다.

③ **서기 및 날짜** : 서기 연호를 쓰되, "서기"는 표시하지 않는다. 날짜는 숫자로 표기하되, 년, 월, 일이라는 글자 대신 온점(.)을 찍어 표시한다.

2014년 1월 24일 → 2014. 1. 24.

④ 시간 : 24시각제에 따라 숫자로 하되 시, 분의 글자는 생략하고 그 사이에 쌍점(:)을 찍어 표기한다.

> 오후 6시 30분 → 18 : 30

⑤ 금액 : 아라비아 숫자로 기술하되 변조를 방지하기 위해 다시 한글로 기술하여 괄호로 묶는다.

> 금 12,345원(금 일만이천삼백사십오원)

⑥ 바코드 등 표시 : 문서에는 시각장애인 등의 편의도모를 위해 음성정보 또는 영상정보 등이 수록되거나 연계한 바코드 등을 표기할 수 있다. 이 경우 바코드는 문서상단의 "행정기관명" 표시줄의 오른쪽 끝에 2cm x 2cm 범위내에서 표기한다.

3) 항목의 구분

문서의 내용을 둘 이상의 항목으로 구분할 필요가 있을 때는 [표 5-3]과 같은 구분에 의해 표시한다. 필요한 경우에는 △, ○, −, · 등과 같은 특수한 기호로 표시할 수 있다. 첫째항목의 기호는 제목의 첫글자와 같은 위치에서 시작한다. 둘째항목부터는 상위 항목위치에서 오른쪽으로 2타씩 옮겨 시작한다. 항목기호와 그 항목의 내용사이에는 1타를 띄운다. 하나의 항목만 있는 경우에는 항목기호를 부여하지 않는다.

[표 5-3] 항목의 구분

순 서	예	순 서	예
첫째 항목	1. 2. 3. …	다섯째 항목	(1), (2), (3) …
둘째 항목	가. 나. 다. …	여섯째 항목	(가), (나), (다) …
셋째 항목	1), 2), 3) …	일곱째 항목	① ② ③ …
넷째 항목	가), 나), 다) …	여덟째 항목	㉮ ㉯ ㉰ …

4) 공문서의 "끝" 표시

① 공문서의 본문이 끝나면 1 자(2칸) 띄우고 "끝" 표시를 하며, 붙임물이 있
을 때에는 붙임 표시를 한 다음에 한 자 띄우고 "끝"을 표시한다.

붙임물 여부	예
붙임물이 없을 경우	… 시행하시기 바랍니다.×끝.
붙임물이 있을 경우	…첨부와 같이 시행하시기 바랍니다. 첨부 1. 사업계획서 1부 2. 승인서류 1부.×끝.

② 본문이 내용이나 붙임의 표시문이 오른쪽 한계선에 닿은 때는 다음 줄의
왼쪽 기본선에서 한 자 띄우고 "끝" 표시를 한다.

……	
	… 바랍니다.
×끝.	

③ 연명부 등의 서식을 작성할 경우에는 칸 밖의 오른쪽 아래에 "끝" 표시
를 하고 만일 칸 중간에서 기재 사항이 끝나는 경우에는 기재 사항 마지
막 자 다음 줄에 "이하 빈칸" 표시를 한다.

· 칸 중간에서 기재 사항이 끝난 경우

응시번호	성명	주민등록번호	주 소
13	홍길동	550223–1020813	경기도 안양시 동안구 임곡로 29
		이하 빈칸	

· 칸을 모두 사용한 경우

구분 ＼ 도	서울	부산	경기
합격 인원	30,000명	12,000명	20,000명

×끝.

5) 문서의 면(페이지) 표기

면표기
1, 2, 3, 4 또는 4-1, 4-2, 4-3, 4-4로 표시

전자문서의 쪽번호는 중앙하단에 일련번호를 표시하되, 문서의 순서 또는 연결관계를 명백히 할 필요가 있는 경우에는 중요문서에는 해당문서의 전체 쪽수와 그 쪽의 일련번호를 붙임표(-)로 이어 표시한다(영 제19조/ 규칙 제18조).양면을 사용한 경우에는 양면 모두 순서대로 쪽수를 부여한다.

붙임물이 있는 경우 역시 계속 이어서 면 표시를 하게 된다. 1999. 12. 31까지는 본문과 붙임의 면 표시를 각각 달리했으나, 2000. 1.1부터 본문과 붙임은 하나의 문건으로 보고 계속 이어서 면 표시를 한다.

기록물철의 면 표시는 편철 순서대로 맨 아래부터 위로 일련번호로 부여하되 표지와 색인목록은 제외하고 본문(붙임 포함)부터 면 표시를 시작한다. 동일 기록물철을 2권 이상으로 나누어 편철할 때에는 2권 이하의 철 단위 면 표시는 전권의 마지막 쪽수 다음부터 시작한다. 이 경우에도 표지와 색인목록은 면 표시를 제외한다.

6) 문서에 로고 · 상징 · 마크 또는 홍보문구 등 표시

기안문 및 시행문에는 가능한 한 행정기관의 로고 · 상징 · 마크 또는 홍보문구 등을 표시하여 행정기관의 이미지를 높일 수 있도록 한다. 로고(상징)는 문서상단의 '행정기관명' 표시줄의 왼쪽 끝에 2cm x 2cm 범위내에서 표시하고 홍보문구는 바로 위에 표시한다.

3.0. 정보의 개방과 공유로 일자리는 늘고 생활은 편리해집니다.

안 전 행 정 부

7) 발의자 및 보고자의 표시

정책실명제를 실현하기 위하여 1998. 7. 1 「사무관리규정」을 개정하여 기안문에 발의자와 보고자를 표시하도록 규정하였다. 기호는 기안문의 해당 직위나 직급 앞 또는 위에 표시한다.

3. 공문서의 기안

1) 공문서의 기안

기안이란 행정기관의 의사를 결정하기 위해 문안을 작성하는 것으로, 문서 기안은 전자문서로 함을 원칙으로 하며, 업무의 성격 기타 특별한 사정이 있는 경우에는 종이문서로 기안할 수 있다. 일반적으로 기안에는 기안문 서식을 사용하는 일반기안, 간이기안, 일괄기안(전자문서에 한함), 공동기안과 서식을 사용하지 아니하는 수정기안, 서식에 의한 처리 등이 있다.

기안자는 기안문에 대한 형식 · 내용을 최종적으로 확인한 후 결재권자의 결재를 받기 전에 보조기관 또는 보좌기관의 검토를 받아야 한다. 전자문서인 경우 결재 후에는 수정이 불가능하므로 결재 전에 형식 · 내용 등을 반드시 확인해야 한다.

- 발의자란 기안하도록 지시하거나 스스로 기안한 사람
- 발의자 표시기호 : ★
- 보고자란 결재권자에게 직접 보고하는자
- 보고자 기호 : ⊙
- 발의자와 보고자가 일인 경우 : ★⊙함께 표시

2) 공문서의 수정

수신한 문서 그 자체에 간단한 수정을 하거나 필요한 사항을 추가하여 기안하는 경우, 수신한 문서의 내용을 알아볼 수 있도록 수정하는 글자의 중앙에 가로로 선을 긋고 그 위의 여백에 수신한 문서와 다른 색의 글자로 수정 또는 기입한다.

2004년 1월 1일부터는 기안문과 시행문이 하나의 서식으로 통합되어 기안문을 복사한 후 관인을 찍어 그대로 시행되므로, 접수된 시행문을 수정기안하는 경우 발신한 행정기관의 결재정보 및 관인 정보와 수신한 행정기관의 공람정보, 결재정보 및 관인 정보 등이 혼합되어 공문서를 해독하는 데 혼동을 줄 우려가 있으므로 가능한 한 수신한 시행문 자체를 수정 기안하는 것보다 별도로 기안문을 작성하여 시행하도록 하는 것이 바람직하다.

4. 공문서의 결재

1) 공문서 결재의 의의

결재(전자서명에 의한 결재 포함)란 해당 사안에 대하여 행정기관의 의사를 결정할 권한이 있는 자가 의사결정하는 행위를 말한다. 즉, 결재란 기관의 의사를 결정할 권한이 있는 자가 기관의 의사를 결정하는 표시로서, 보조기관의 공람을 거쳐 결재권자가 최종적으로 기관의 의사를 확정하는 행위이다. 따라서 각급 보조기관의 결재 없이도 결재권자의 결재가 있으면 기안문은 확정되는 것이다.

2) 결재의 종류

결재의 종류에는 좁은 의미의 결재, 전결, 대결이 있다. 1984년 이전에는 후결이 있었으나, 선 행정행위(대결)와 후 행정행위(후결) 간의 법적 안정성 문제가 제기되어 1984년 11월 23일 후결 제도를 폐지하고 후열로 명칭을 변경했다가 1991년 9월 1일 후열 제도도 폐지하고 사후보고로 명칭을 변경했다. 따라서, 대결한 문서 중 그 내용이 중요한 문서에 대해서는 결재권자가 사후에 보고(구두보고, 메모보고)해야 하며, 이 경우 원 결재권자가 보고를 받았다는 뜻으로 서명을 할 필요가 없다.

> **후결과 후열**
> 후결—결재권자 서명, 문서 수정가능
> 후열—결재권자 서명, 문서 열람만 가능(수정불가)

(1) 결재

좁은 의미의 결재란 법령에 따라 소관 사항에 대한 행정기관의 의사를 결정할 권한을 가진자가 직접 그 의사를 결정하는 행위를 말한다.

(2) 전결

전결(專決)이란 행정기관의 장으로부터 업무의 내용에 따라 결재권을 위임받은 위임사항에 관해 장을 대신하여 결재하는 제도를 말한다. 이러한 전결은 보조기관이 기관장을 대신하여 결재한다는 점에서 대결과 동일하나 장의 부재에 관계없이 평상시에 행한다는 점이 다르다.

(3) 대결

대결(代決)은 결재권자가 휴가, 출장, 기타의 사유로 상당 기간 부재중이거나 긴급한 문서의 경우에 결재권자의 사정에 의해 결재를 받을 수 없는 경우에 그 직무를 대리하는 자가 행하는 결재를 말한다. 이 경우 내용이 중요한 문서에 대해서는 결재권자에게 사후에 보고하여야 한다.

> **결재의 표시**
> 기존의 방식대로 기관장의 직위 및 결재란을 설치할 경우에 결재권자(전결권자, 대결권자)가 누구냐에 따라 결재란의 서명란에 기관장의 성명이 계속 바뀜에 따라 일반 국민이나 공무원들이 기관장이 바뀐 것으로 혼동을 줄 우려가 있어 기관장의 직위 및 결재란을 설치하지 않고 실제로 전결(대결)한 자의 직위(직급)를 쓰고, 서명을 하도록 한 것임.

3) 결재의 표시

결재권이 위임된 사항을 전결하는 경우에는 행정기관의 장의 결재란을 설치하지 아니하고 전결하는 자의 서명란에 "전결" 표시를 한 후 서명한다. 위임전결 사항을 대결하는 경우에는 행정기관의 장의 결재란을 설치하지 아니하고 전결하는 자의 서명란에 "전결" 표시를 한 후 대결하는 자의 서명란에 "대결" 표시를 하고 서명해야 하며, 위임 사항이 아닌 사항을 대결하는 경우에는 행정기관의 장의 결재란을 설치하지 아니하고 대결하는 자의 서명란에 "대결" 표시를 하고 서명해야 한다.

기존에는 직위가 있는 자가 전결(대결)한 경우에 전결(대결)의 표시와 서명이 분리되었으나, 앞으로는 전결(대결)의 표시를 서명란에 함께 표시함으로써 실제로 전결(대결)한 자가 누구인지를 확실히 알 수 있고, 정책실명제의 실현에도 도움이 될 것이다.

(1) 결재의 표시

결재권자(행정기관의 장)가 결재하는 경우에 결재의 표시 방법은 다음의 예와 같이 행정기관의 장의 직위를 간략히 표시하고 서명한다.

[보기] 장관이 결재하는 경우의 결재의 표시 방법

안전행정부장관

행정사무관 **김수민** 행정능률과장 **박서진** 행정관리국장 **신기문** 차관 **이철용** 장관 **홍 길 동**
협조자 행정제도과장 **강진국**

(2) 전결/대결의 표시

기존에는 직위가 있는 자가 전결 또는 대결할 경우에 전결/대결의 표시와 서명이 분리되었으나, 앞으로는 전결/대결의 표시를 서명란에 함께 표시함으로써 실제로 전결/대결한 자가 누구인지를 확실히 알 수 있고, 정책실명제의 실현에도 도움이 되도록 하였다.

[보기 1] 국장이 전결하는 경우의 표시

안전행정부장관

행정사무관 김수민　행정능률과장 박서진　행정관리국장 **전결** 신기문
협조자 행정제도과장 강진국

[보기 2] 기관장 부재 중 직근 하급자가 대결하는 경우의 표시

안전행정부장관

행정사무관 김수민　조직정책과장 박서진　행정관리국장 신기문　차관 **대결** 이철용
협조자 조직관리과장 김한석

[보기 3] 전결 사항을 결재할 자(전결권자)가 부재 중인 경우의 표시

　다음은 국장 부재 중 그 직무대리가 과장인 경우이다. 즉, 과장이 국장 전결
사항인 문서를 대결하는 경우이다.

안전행정부장관

행정사무관 김수민　행정능률과장 **대결** 박서진　행정관리국장 **전결**
협조자 행정제도과장 강진국

차관 전결 사항인 문서를 직무대리인 국장이 대결하는 경우이다.

안전행정부장관

행정사무관 김수민   행정능률과장 **박서진**   행정관리국장 **대결** 신기문   차관 **전결**
협조자 행정제도과장 **강진국**

과장 전결 사항인 문서를 그 직무를 대리하는 자(보조기관 또는 보좌기관이
아닌 자)가 대결하는 경우이다.

안전행정부장관

행정주사 서경식   행정사무관 **대결** 김수민   행정능률과장 **전결**
협조자

제3절 공문서의 시행과 관리

1. 문서 시행의 의의

문서 시행이란 내부적으로 성립한 행정기관의 의사를 외부로 표시하는 단
계로서 문서의 효력을 발생하게 하는 절차를 말한다. 문서를 시행하기 위해
서는 일반적으로 시행문의 작성, 관인날인 또는 서명, 문서발신 등의 절차를
거치며, 문서시행 방법으로는 발신, 홈페이지 게시, 관보게재, 고시 · 공고, 교
부 등이 있다.

2. 시행문의 작성

2004년 1월 1일부터 기안문과 시행문이 하나의 서식으로 통합됨으로써 별도의 시행문을 작성하지 않는다. 다만, 결재가 끝난 이후에 종이문서의 경우에는 기안문을 복사하여 관인을 찍으면 시행문이 되고, 전자문서의 경우에는 전자문서 시스템에서 전자이미지 관인을 찍으면 시행문이 된다. 다만, 수신자의 개인정보보호 등을 위하여 필요한 경우에는 수신자별로 시행문을 작성·시행하여야 한다.

3. 관인 날인 및 인영 인쇄 사용

1) 관인 날인 방법

행정기관의 장의 명의로 발신하는 문서의 시행문, 게시판 등에 고시 또는 공고하는 문서, 임용장·상장 및 각종 증명서에 속하는 문서에는 관인(전자이미지 관인 포함)을 찍거나 행정기관의 장이 서명(전자문자 서명 및 행정전자 서명 제외)한다.

전신·전신타자 또는 전화로 발신하는 문서나 관보·신문 등에 게재하는 문서에는 관인 또는 서명을 생략한다. 관인 생략 또는 서명 생략의 표시 위치는 발신 명의의 오른쪽이며, 관인 생략 또는 서명 생략의 결정은 기안자가 한다. 이 경우, 관인날인 생략은 대외문서에 한하며, 서명날인 생략은 대내문서에 한한다.

[보기] 관인 생략 표시

안 전 행 정 부 장 관   관 인 생 략

관인이란
정부기관에서 발행하는 인증이 필요한 문서 등에 찍는 도장으로 직인과 청인을 총칭함

행정기관의 장이 직접 결재한 문서는 관인 날인 대신 행정기관의 장이 시행문과 상장 등에 직접 서명하여 시행·교부할 수 있다.

서명방식
· 전자이미지서명
기안자·검토자·협조자·결재권자 또는 발신명의인이 전자문서상에 전자적인 이미지 형태로 된 자기의 성명을 표시하는 것
· 전자문자서명
기안자·검토자·협조자·결재권자 또는 발신명의인이 전자문서상에 자동 생성된 자기의 성명을 전자적인 문자 형태로 표시하는 것

2) 관인 인영의 인쇄 사용

관인을 찍어야 할 문서로서 다수의 수신자에게 동시에 발신 또는 교부하는 문서는 관인 날인에 갈음하여 관인의 인영을 그 문서에 인쇄하여 사용할 수 있다. 관인의 인영을 인쇄하여 사용하고자 할 때에는 처리과의 장은 당해 기관의 장의 승인을 얻기 전에 당해 관인을 관리하는 부서의 장과 협의해야 한다. 이 경우, 문서의 크기나 용도에 따라 인영의 크기를 적절하게 축소 인쇄하여 사용할 수 있다.

4. 문서의 발송

1) 문서의 발신 원칙

문서는 처리과에서 발송해야 하며, 처리과의 문서수발 업무를 담당하는 자[1]는 발송할 문서와 기록물등록대장의 기재 사항을 확인한 후 발송해야 한다.

문서는 정보통신망을 이용하여 발신함을 원칙으로 하나, 업무의 성격상 혹은 기타 특별한 사정이 있는 경우에는 인편·우편·팩스·전신·전신타자·전화 등으로 발신할 수 있다. 특히 내용이 중요한 문서는 인편·등기우편 기타 발송 사실을 증명할 수 있는 특수한 방법으로 발송 해야한다.

전자문서는 행정기관의 홈페이지 또는 공무원의 공식 전자우편 주소를 이용하여 행정기관 외의 자에게 발송할 수 있다. 전자문서 중 정보통신망을 이용하여 발송할 수 없는 문서는 이를 출력하여 발송할 수 있다.

---

1 문서과의 지원을 받아 문서를 발송하는 경우에는 문서과의 문서수발 업무를 담당하는 자를 말한다

5. 문서의 접수 및 처리

1) 문서의 접수

(1) 처리과

처리과는 처리과에서 직접 접수한 문서와 문서과에서 받은 문서를 기록물 등록대장에 등재하고, 접수문서의 문서접수란에 접수일시(문서과에서 받은 문서는 문서과에서 기재) 및 접수등록번호를 기재한 후, 처리과의 문서수발 사무를 담당하는 자는 전자문서 시스템상에서 처리담당자에게 인계(배부)하고, 처리담당자는 접수된 문서에 대한 공람 여부 및 공람할 자의 범위 등을 정한다. 처리과가 원격지에 분산되어 있는 경우에는 따로 접수할 수 있다.

접수처리

접수	—
	( )

· 접수란의 크기는 기관에 따라 적절하게 조정하여 사용
· 접수란의 첫째줄에는 접수등록번호를 적되 처리과명과 연도별 일련번호를 붙임표(–)로 이어 기재 (예: 행정제도과–23)
· 접수란의 둘째 줄 괄호 안에는 접수일을 기재. 다만 민원문서 등 필요한 경우에는 시·분까지 기재(예: 2014. 1. 15 또는 2014. 1. 15 14:25)

(2) 문서과

문서과에서 받은 문서는 접수일자를 전자적으로 표시하거나 적고 지체없이 처리과에 배부하여 접수하게 하여야 한다. 이 경우 접수등록번호는 처리과에서 전자적으로 표시하거나 적는다. 접수란이 없거나 전자적으로 표시할 수 없는 문서인 경우에는 두문의 오른쪽 여백에 접수인(규칙별표2)를 찍고 접수일시와 접수등록번호를 적는다.

(3) 행정기관외의 자로부터 정보통신망으로 받은 문서

일반적인 접수절차를 거쳐 업무관리시스템 또는 전자문서시스템상에서 처리하되 발신자의 주소와 성명 등이 불분명하거나 담당 업무와 관련이 없는 사항인 경우는 접수하지 아니할 수 있다.

(4) 2개 이상의 보조기관 및 보좌기관에 관련된 문서

문서과는 그 관련성의 정도가 가장 높다고 판단되는 보조기관 또는 보좌기관에 보낸다. 처리과에서 직접 접수한 경우에도 처리 방법은 같다. 이 경우, 문서를 접수한 관련성이 가장 높은 처리과는 당해 문서를 복사하여 관련 보조(보좌)기관에 처리과의 장(처리과가 소속된 보조/보좌기관 포함)의 명의로 이송해야 한다.

(5) 당직근무자가 받은 문서

일반적인 접수절차를 거쳐 접수할 수 있도록 다음 근무시간 시작 후 지체없이 문서과에 인계해야 한다.

(6) 감열기록방식의 팩스(FAX)로 수신한 문서

감열 기록 방식의 팩스(FAX)에 의해 수신한 문서 중 보존기간이 3년 이상인 문서는 복사하여 접수해야 한다. 이 경우, 감열기록방식의 팩스로 수신한 문서는 폐기한다.

감열기록방식이란
감열기록방식은 특수처리된 열감응 용지의 표면을 가열하면 변색되는 점을 활용하여 문자 · 도형을 기록하는 방법으로 일반적으로 롤형 용지를 사용함. 감열지에 기록된 내용은 용지에 따라 1~5년 정도 밖에 보존되지 않기 때문에 감열지로 된 문서는 보존기간에 상관없이 백상지로 복사하여 접수함

2) 문서의 반송 및 이송

① 행정기관의 장은 접수한 문서가 형식상의 흠이 있을 때에는 그 문서의 생산등록번호 · 시행일자 · 제목과 반송 사유를 명시하여 발신 행정기관의 장에게 반송할 수 있다.
② 처리과는 문서과로부터 그 소관에 속하지 아니하는 문서를 인계받은 경우 지체없이 문서과에 반송해야 하며, 문서과는 당해 문서를 즉시 재배부하되, 문서과의 장이 지정하는 처리과로 보낸다.
③ 처리과에서 직접 접수한 문서가 그 소관에 속하지 아니하는 경우에는 이를 지체없이 문서과에 보내어 해당 처리과에 배부하도록 요청해야 한다.
④ 행정기관의 장은 접수한 문서가 다른 기관의 소관 사항인 경우에는 이를 지체없이 소관기관의 장에게 이송해야 한다.

반송과 이송
반송: 발신한 기관으로 되돌려 보내는 것
이송: 발신기관이 아니라 소관기관으로 송부하는 것

3) 문서의 보존 방법

(1) 마이크로필름 시스템(microfilm system)

보존하는 문서를 필름으로 축소 촬영해서 보존하며, 필요에 따라 원문서로 바꾸어 이용하는 제도이다. 대량의 문서를 보존해야 하는 정부기관이나 대기

업에서 주로 사용한다.

(2) 광디스크 시스템(optical disk system)

광디스크는 최근에 개발된 것으로 접근 속도는 디스켓과 비슷하지만 다량의 칩에 방대한 용량의 정보를 고밀도의 소형장치에 저장시킬 수 있는 저장장치이다. 이 장치는 레이저 광선(laser beam)을 이용하며, 그 매체는 광디스크이다. 광디스크의 종류는 다음과 같다.

① OROM(optical read-only memory): 사용자가 읽어 낼 수는 있으나 써 넣을 수 없는 읽기 전용매체이다. 요즈음의 스프레드시트, 그래픽, 워드프로세서와 같은 응용 패키지는 이러한 OROM에 기록된다.

② WORM(write-once read-memory): 한번은 쓰여질 수 있으나 그 다음은 고쳐 수정할 수 없는 읽기 전용 매체이다.

③ CD-ROM(compact disk read-only memory): 오디오의 디스크 컴팩트와 똑같은 것으로 광디스크 설계에 장점이 있으며, 다음과 같은 특징을 지닌다.

· 보존되어 있는 문서의 편집과 교정이 가능하다.

· 인쇄가 필요할 경우 빠른 속도로 인쇄할 수 있다.

· 마이크로필름보다 기록 밀도가 높다.

제4절 공문서의 등록과 기록물 관리

1. 공문서의 등록

1) 등록 대상문서 및 항목

해당 부서에서 기안하여 결재를 받은 문서와 기안문형식 외의 방법으로 작성하여 결재권자의 결재를 받은 문서 혹은 접수한 문서는 문서등록대상이 된다. 공문서 등록항목은 등록구분, 제목, 단위업무명(기록물철), 기안자(업무담당자), 결재권자, 생산(접수)등록번호, 생산(접수)등록일자, 수신자(발신자), 공개구분 등이다.

2) 문서등록요령

시스템상 등록번호
처리과 기관코드와 연도별 등록일련번호 구성

1311334 – 135
처리과기관   연도별
코드   일련번호

문서상 등록번호
처리과명과 연도별 등록일련번호 구성

행정제도과 – 135

행정기관이 생산(접수)한 문서는 해당 문서에 대한 결재(접수)가 끝난 즉시 결재(접수)일자 순에 따라 반드시 각 처리과별로 업무관리시스템 또는 전자문서시스템에 의하여 문서(기록물) 등록대장에 등록하고 생산(접수)등록번호를 부여하여야 한다. 문서등록번호는 처리과별로 문서(기록물)등록대장에 생산문서·접수문서를 통합하여 등록된 순서에 따라 연도별 일련번호를 부여하여 관리한다.

내부결재문서는 문서(기록물) 등록대장의 수신자란에 내부결재라고 표시한다. 전자적으로 문서등록표시를 할 수 없는 결재문서는 문서의 표지 왼쪽 상단에 문서등록(생산등록번호)의 표시를 한 후 등록한다.

2. 기록물 분류 · 관리

1) 기록물 분류

행정기관이 생산(접수)한 문서는 해당 문서에 대한 결재(접수)가 끝난 즉시 결재(접수)일자 순에 따라 반드시 각 처리과별로 정부기능분류체계(BRM)에 기반한 기록관리기준표를 작성 · 운영하여 관리되고 있다(국가기록원, 2012).

공공기관의 기록물
공공기관의 기록물은 국가기록원에서 공식적으로 관리한다. 기록물 관리가 중요한 이유는 무엇일가?

[표5-4] 기록물분류기준표 처리 절차

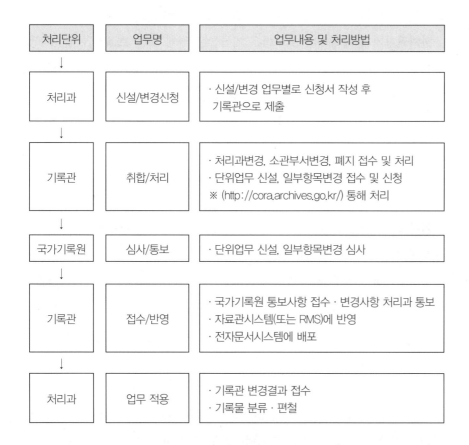

처리단위	업무명	업무내용 및 처리방법
처리과	신설/변경신청	· 신설/변경 업무별로 신청서 작성 후 기록관으로 제출
기록관	취합/처리	· 처리과변경, 소관부서변경, 폐지 접수 및 처리 · 단위업무 신설, 일부항목변경 접수 및 신청 ※ (http://cora.archives.go.kr/) 통해 처리
국가기록원	심사/통보	· 단위업무 신설, 일부항목변경 심사
기록관	접수/반영	· 국가기록원 통보사항 접수 · 변경사항 처리과 통보 · 자료관시스템(또는 RMS)에 반영 · 전자문서시스템에 배포
처리과	업무 적용	· 기록관 변경결과 접수 · 기록물 분류 · 편철

2) 기록물의 등록범위

공공기관이 기록물을 생산 또는 접수할 때에는 그 기관이 전자기록생산시스템으로 생산 또는 접수하여 등록번호를 부여하고, 이를 그 기록물에 표기하여야 하며, 등록정보를 전자적으로 관리해야 한다(행정안전부·국가기록원 2012). 등록정보관리는 문서형태의 기록물뿐만 아니라 도서, 대장, 카드, 도면, 기관장의 메모·일정·접견기록, 시청각기록물, 회의록, 조사·연구 또는 검토서,공공기관의 주요행사·사업에 관한 시청각기록물, 공공기관이 업무와 관련하여 발간한 간행물, 연간주요업무계획, 중장기업무계획, 형상기록물(행정박물) 등 모든 형태의 기록정보자료가 포함되며, 이를 전자기록생산시스템을 통해 등록번호를 부여하고 관리하여야 한다.

결재권자가 결재하거나 보고받은 기록물은 결재 또는 보고가 끝난 후 생산등록번호가 부여되며, 기록물의 본문과 첨부물의 규격차이가 심하거나 다른 형태의 기록매체로 구성된 경우 본문과 첨부물을 분리하여 등록·관리해야 한다.

전자기록생산시스템
공공기록물 관리에 관한 법률 시행령 제34조(전자기록생산시스템의 등록정보관계)참조

3) 기록물의 등록번호 표기

기록물 등록번호를 표시하기 위해서는 생산등록번호와 접수등록번호가 부여되어야 한다(국가기록원, 2012).

생산등록번호 혹은 문서번호가 부여된 경우 문서관리카드는 관리정보의 문서번호란에 생산등록번호를 표기하며, 생산등록번호란 또는 문서번호란이 없는 문서·카드류·도면류는 당해 기록물의 좌측 상단 여백에 생산등록번호를 표기한다.

등록번호 표기
사진 또는 필름류의 기록물은 사진 뒷면이나, 당해 사진·필름 등을 넣은 봉투 또는 당해 사진·필름 등을 부착한 종이의 좌측 상단의 여백에, 테이프·디스크·디스켓류는 당해 기록물과 그 보존용기에, 기록물의 재질 또는 규격상 기록물 자체에 생산등록번호를 표기하기 어려운 경우 당해 기록물을 넣은 봉투 또는 보존용기에 생산등록번호를 표기한다.

시행문 서식 또는 접수인에 의해 접수된 기록물 외의 접수기록물은 우측 상단의 여백에 접수등록번호를 표기하며, 생산등록번호 또는 접수등록번호를 그 기록물에 표기시 처리과 기관코드는 처리과명으로 표기한다. 전자기록물의 경우 당해 등록번호를 등록정보로 관리하는 것으로 등록번호 표기를 대체한다.

[시행규칙 별표 1]

등록번호의 표시방법 (제5조 관련)

1. 생산등록번호

가. 문서 · 카드류 · 도면류 등 보통 규격 이상의 기록물

등록번호	
등록일자	
처 리 과	

↑ 2.5 cm ↓

← 5cm →

나. 사진 · 필름 · 테이프 · 디스켓 등 소형규격의 기록물

등록	(등록번호)
	(등록일자)

↑ 1.5 cm ↓

← 3.5cm →

2. 접수등록번호

가. 문서 · 카드류 · 도면류 등 보통규격 이상의 기록물

접수번호	
접수일시	
처 리 과	

↑ 2.5 cm ↓

← 5cm →

나. 사진 · 필름 · 테이프 · 디스켓 등 소형규격의 기록물

접수	(접수번호)
	(접수일시)

↑ 1.5 cm ↓

← 3.5cm →

---

4) 기록물 편철

기록물 편철은 직접적 연관성을 지닌 기록물들을 순서대로 함께 묶어 관리함으로써, 기록관리 및 정보의 단위를 구성하여 검색 및 활용 편의를 도모하고 기록물별로 적절한 보존방법을 택할 수 있어 물리적 보호를 수행하는 기록관리행위이다. 공공기관은 업무수행 과정이 반영되도록 단위과제(단위업

단위과제
정부기능 분류체계상 최하단위(정책분야 −정책영역−대기능−소기능−단위과제) 업무레벨

무)별로 1개 이상의 단위과제카드 또는 기록물철을 만들어 해당 기록물을 편철해야 한다.

[그림] 기록물 편철용품

진행용 파일　　보존용표지　　편철용클립　　보존상자

　기록물의 편철은 등록과 동시에 실시하며, 업무진행 중이거나, 활용중인 것은 진행문서파일에 발생순 또는 논리적 순서로 끼워 관리한다. 일반적으로 전자문서는 시스템에서 자동으로 편철되므로 별도의 물리적인 편철 행위가 불필요하지만 종이문서는 기록물 편철 방법에 따라 편철·확정해야 한다.

　문건별 면표시는 중앙하단에, 철단위 면표시는 우측하단에 표시하고 기록물철 단위 면표시는 최초에는 연필로 했다가 기록물 정리가 끝나면 잉크 또는 넘버링기로 확정 표시한다. 처리완결 후에는 기록물 정리기간에(매년 2월말까지) 진행문서 파일에 분리하여 기록물철 표지 및 색인목록을 전산으로 출력하여 보존용표지를 씌워 관리한다.

[그림] 기록물 편철 절차

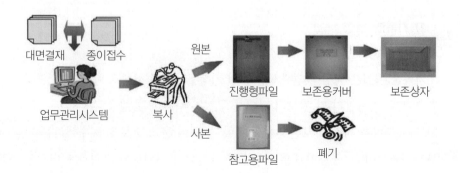

대면결재　종이접수　　원본　　진행형파일　보존용커버　보존상자
업무관리시스템　복사　　사본　　참고용파일　폐기

　종이문서 외에 카드류, 도면류, 사진류, 오디오류의 편철은 기록물의 특성
과 크기에 따라 편철한다.

[그림] 기록물 유형별 편철방법

　　카드류 편철방법　　　　도면류 편철방법　　　　사진류 편철방법

　　　　　　　　　　오디오류 편철방법

제7장

쾌적한 사무환경 관리

- 제1절 사무환경의 의의와 요소
- 제2절 사무실의 배치

사무환경 개선 10계명

① 사무환경 개선에는 투자가 따르기 때문에 어느 정도 수준의 환경을 만들 것인지 확실한 목표를 정하고, 계획을 철저히 세워야 한다.

② 어떤 사무 가구를 쓸 것인지 선택하는 일이 '성공의 절반'이다.

③ 사무실 레이아웃(공간 배치)은 일의 특성에 따라 달리해야 한다.

④ 최근 컴퓨터 화면을 보면서 하는 일이 늘어나면서 직원들의 시력 보호를 위한 조명 대책은 사무환경에서 빼놓을 수 없는 요소로 꼽힌다.

⑤ 빈 공간에 놓인 대형 화분도 사무실 분위기를 살아나게 하지만 서류함이나 공조 시스템 위 빈 공간을 꽃병이나 작은 화분으로 마감하면 실내 분위기가 더욱 고급스러워진다.

⑥ 프린터, 팩시밀리, 복사기 등 사무기기를 책상 위에 놓는 것보다 통합 OA실을 만들어 한 곳에 모으면 소음을 차단할 뿐만 아니라 경비도 절감할 수 있다.

⑦ 여성의 사회 진출이 높아지면서 여성 전용 휴게실 등 여성만을 위한 공간을 별도로 마련하는 기업이 늘고 있다.

⑧ 사무실은 직원들의 지식 창출 공간이다. 안락하고 편안하면서도 각종 정보를 손쉽게 접할 수 있는 '지식 기반'을 충분히 갖춰야 한다.

⑨ 휴식 공간은 단순히 직원들이 쉬는 공간이 아니다. 반짝이는 아이디어는 책상 앞에 앉아 있을 때보다 편하게 쉴 때 떠오르는 수가 많다.

⑩ 휴게실과 마찬가지로 화장실도 아이디어의 샘이다. 위생적이고 청결해야 함은 물론 스쳐가는 생각을 메모할 수 있는 장치를 마련하는 것이 좋다.

제1절　사무환경의 의의와 요소

1. 사무환경의 의의

　사무환경 평가와 관련한 평가 요소로는 여러 가지 요소를 들 수 있다. 사무실의 개념이 과거와는 달리 인간 중심형의 사무실 개념으로 바뀌면서 사무실에서 근무하는 근로자들의 만족감을 제고할 수 있는 요소들이 강조되고 있다. 물리적인 요소들도 물론 중요하지만 인간의 심리적인 측면, 즉 쾌적성, 사고성, 매력성 등을 부여함으로써 개인들의 만족감을 증진시키고 결과적으로 생산성 향상에까지 영향을 미치게 되는 것이다.

　기본적으로 만족할 수 있는 사무실이 되기 위해서는 우선 일하기 쉬워야 하며, 심리적으로 마음이 가야 한다. 일하기 쉽다는 것은 아이디어 발상이 가능하고 효율적인 업무 수행이 가능해야 하는 것이며, 아이디어 발상을 위해서는 주변이 산만하지 않고 집중이 가능하고 개인의 공간이 확보되어야 한다. 한편, 효율적인 업무 수행을 위해서는 동선이 짧고 복잡하지 않은 회의, 업무 수행이 수월한 공간 및 필요한 OA 기기의 확보 등이 이루어져야 한다.

　또한, 심리적으로 편안함을 느낄 수 있어야 만족할 수 있는 사무실이 될 것이다. 정신적으로나 신체적으로 불쾌감이 없어야 하며, 청결 유지, 체계적인 문서관리, 원만한 인간관계 등이 잘 이루어져야 정신적으로 쾌적성을 느끼게 된다. 신체적으로는 적정한 온도 · 습도 유지, 적절한 조명 환경, 의자 · 책상 · 수납 가구 사용 용이, 넓은 통로 등에 의해 영향을 받게 된다. 이 밖에도 자랑할 만한 것이 사무실 내에 존재해야 만족감이 고조되게 된다. 즉, 사무실 분위기가 활기차고 즐거워야 하며, 창의적인 업무 수행이 가능해야 하고, 사회에의 공헌이 가능해야 만족감을 더욱 상승시킬 수 있는 것이다.

[그림 7-1] 사무환경 평가 요소와 만족감의 관계

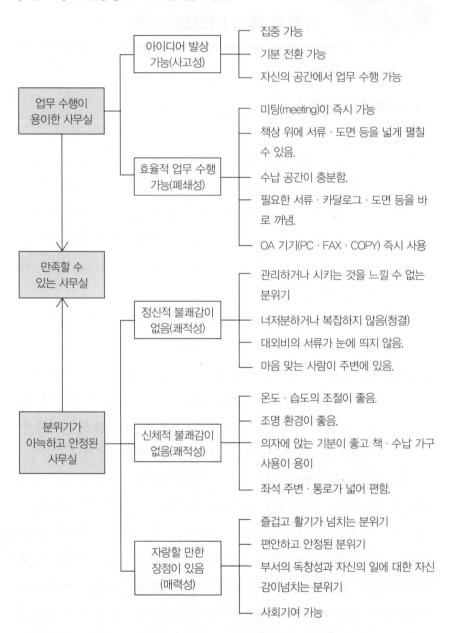

자료 : (社)日本建築學會(1994), 快適なオフィス環境が ほしい口居住環境評價の方法, 彰國社.

2. 사무환경 요소

사무환경요소
· 빛(조명)
· 열온도
· 소음
· 공기
· 색채
· 공간

사무환경에 영향을 미치는 일반적인 요소로는 다음을 들 수 있다.

1) 빛(조명) 환경

(1) 개 요

사무실 내에서의 작업 및 활동상의 안전을 위해서는 우선적으로 해당 작업면 및 활동 공간에서 적당한 밝기가 확보되어야 한다. 즉 작업을 위한 적절한 밝기는 최소한의 필요 조건이라 할 수 있다.

그러나 더 나아가 쾌적한 사무환경을 위한 빛 환경을 구축하기 위해서는 일정한 밝기의 양적 확보의 수준에 그치지 않고, 작업자의 시각적 능력을 저해하지 않으며, 빛환경의 질적 향상을 위한 제반 요인들에 관한 고려가 이루어져야 한다.

균제도
실내의 조도 검토 위치의 최소 조도와 최대 조도 혹은 평균 조도의 비.

우선, 사무실과 같이 많은 사람들이 동시에 비슷한 형태의 작업을 수행하는 공간에서는 각각의 작업면에서 가능한 한 균일한 수준의 조도가 확보되는 것이 바람직하다. 이러한 조도의 균일한 정도를 나타내는 지표로서 균제도를 이용하고 있다.

실루엣(silhouette) 현상
창문에 비친 사람의 그림자 또는 불빛에 비친 물체의 그림자

대부분의 사무실 공간은 측창 채광에 의존하며 이로 인해 창을 등지고 있는 사람이나 물체를 창과 반대 방향에서 보게 되면 시대상(視對象)에 실루엣(silhouette) 현상이 발생하거나 고휘도의 창에 의한 글레어(glare) 현상으로 인해 시각적 불쾌감을 유발할 수 있다. 이러한 실루엣 현상이나 글레어 현상 등은 작업자의 시각적 능력을 저해하는 요인으로 작용한다. 또한 빛의 입사 방향에 따라 시대상의 입체감이 달리 표현되는 모델링, 광원의 광색, 광원의 연색성 등이 빛 환경의 쾌적성을 좌우하는 요인이라 할 수 있다.

글레어(glare) 현상(눈부심)
눈이 순응하고 있는 휘도에 대하여 높은 휘도의 빛이 비칠 때 일어나는 불쾌현상

(2) 조건

조명의 단위는 럭스(LUX)를 사용하는데, 촉광의 광도를 가진 광원으로부터 1m 거리에 있는 1m²의 표면을 밝히는 광도를 럭스라 한다. 보통 사무실

조명의 단위
단위: LUX(럭스)
사무실 조명 기준:
300~400LUX

등에는 300~400럭스를 기준으로 하고 있으며 조명 방법에는 자연 조명과 인공 조명이 있다.

자연 조명은 눈의 피로를 적게 하므로 충분히 활용할 필요가 있다. 자연 조명을 활용하려면 창문의 크기, 위치를 조정해야 하며, 커튼 등으로 채광량을 조절한다. 창문에서 7 ~ 8m 떨어진 곳은 자연 조명이 충분하지 못하므로 인공 조명이 필요하다. 인공 조명을 사용할 때에는 광원의 수를 가능한 한 밝게 하고 햇빛에 가까운 색을 선택하도록 하며, 광신이 고루 퍼져 그림자가 생기지 않도록 하고 반사면을 많이 두도록 하는 것이 좋다.

인공 조명의 방법에는 직접 조명, 간접 조명, 반간접 조명이 있다.

① **직접 조명**: 천장으로 가는 광선을 가능한 적게 하여 광선이 아래쪽만을 비추게 함으로써 광선을 가장 효율적으로 사용하나 눈을 피로하게 하기 쉽다.

② **간접 조명**: 광선을 벽이나 천장을 향하게 하여 벽이나 천장의 반사광을 이용하는 방법이다.

③ **반간접 조명**: 직접 조명과 간접 조명을 절충한 방식으로 사무실 조명으로서 눈의 피로를 주지 않는 가장 효과적인 방법이다.

직장에 있으면 눈이 피로...

회사 안에서도 선글라스를 쓰고 있는 외국인을 가끔 볼 수 있다. 물론 멋을 부리기 위한 소도구가 아니라. 눈부심으로부터 눈을 보호하기 위한 수단이다.

그들의 파란 눈동자와 비교해 보면 우리들 동양인의 검은 눈동자는 눈부심에 강하기 때문에 아무리 밝아도 무심하게 되기 쉽다. 사무실 조명의 밝음에 대해서도 밝으면 밝을수록 좋다고 잘못된 생각을 하고 있기 때문에 눈을 지키기는커녕. 오히려 눈을 피로하게 만드는 경우가 있다.

예를 들어, 천정의 조명. 노출되어 있는 형광등을 사용하고 있지만 그런 방식의 조명이 바로 눈을 피로하게 만드는 커다란 원인이 된다. 또한 어떤 작업을 하느냐에 따라서 밝기의 기준은 달라진다. 직장에서 쾌적하고 효율성 높은 작업을 하기 위해서는 채광, 조명의 조건이 적절할 것. 또한 그에 대한 설계관리를 바르게 하는 것이 중요한 포인트가 된다.

최근에는 개인의 집무에 필요한 조명을 아주 가까운 거리에서 공급하는 조명 방식으로 태스크앰비언트 조명(TAL: Task Ambient Lighting) 방식이 보급되고 있다. 이는 스탠드나 독서실의 조명같이 자신의 작업공간을 집중적으로 비추어 주는 것으로 개인의 업무에 필요한 조명을 아주 가까운 곳에서 공급하는 방식이다.

그러나 사무자동화가 보편화됨에 따라 컴퓨터를 사용해 업무를 수행하는 VDT(Visual Display Terminal) 작업이 사무의 주종을 이루게 되어 일반 사무 작업과는 다른 조명환경이 필요하다. 우선 VDT 작업환경에서는 조명 수준의 결정 방법이 달라진다. VDT 작업자는 어두운 화면과 밝은 작업물을 번갈아 보게 된다. 이는 광도 대비가 매우 크다는 것을 의미하며 적정 대비 수준인 1 대 10 정도를 유지하기 위해 작업물의 조도는 낮게 유지되어야 한다. 하지만 작업물의 조도가 밝아야 읽기 등의 작업이 수월하므로 이를 알맞게 절충하는 것이 필요하다.

VDT
인체에 해를 미치는 대표적 전자파 공해

2) 열환경

(1) 개 요

사무실 내의 열환경은 재실자의 쾌적감은 물론이고 건강과 작업의 능률 및 생산성에 큰 영향을 주고 있다. 이러한 열환경을 구성하고 그 쾌적성을 좌우하는 요소로서는 온도 , 습도, 기류, 복사 온도, 재실자의 착의량 및 활동량이 있다. 실내의 온도의 분포가 다른 경우, 특히 상부와 하부의 온도차가 크면 열환경의 쾌적성을 크게 손상시킨다.

(2) 조 건

사무실에서 일하는 사람에게 가장 큰 영향을 주는 요인 중의 하나는 온도와 습도이다. 특히 워크스테이션 등 OA 기기의 도입으로 인해 온도가 올라감을 고려하여 온도를 조절해야 한다. 보통 집무에 알맞은 온도는 20 ~ 24℃ 전후이며, 단말 기기가 발생시키는 열로 실내 온도가 높아지거나 29℃가 넘으면 능률이 저하되게 된다.

[표 7-1] 적당한 감각 온도

계절	기온	습도	기류	감각 온도
하	25°	50~60%	0.4~0.5m	21.1~22.8°
춘추	22~23°	50~60%	0.3~0.4m	19.4~20.1°
동	18~20°	50~60%	0.2~0.3m	17.8~18.3°

3) 음환경

암소음[暗騒音, background noise] 이란

기계 공장의 프레스 소음을 측정할 때, 그 프레스를 정지시켜도 프레스 이외의 기계에서의 소음이 있기 때문에 프레스 소음은 0이 될 수 없으며, 프레스의 작동을 정지시켰을 때의 소음을 암소음이라고 함.

소음의 척도

소음의 척도 : 데시벨(dB)
음향의 일반적인 단위 : 폰 (Phone)

(1) 개 요

사무실의 음(音)환경의 쾌적성에 영향을 주는 요인으로는 작업을 하는 데 방해가 되는 소음과 진동, 음성 및 실내 방송음의 명료도 등이 있다. 예를 들어 작업중의 소음, 소음원이 명확하지 않은 작업에 수반되어 발생되는 암소음, 실내음의 잔향 시간, 음성 및 방송음의 명료도, 진동의 유무 등이 있다.

(2) 소음의 정도

소음이란 주어진 작업과는 관련이 없는 청각적 자극을 의미한다. 소음은 불쾌감을 주고 작업상 방해 요인이며 심할 경우에는 혈압 상승과 긴장으로 인해 스트레스가 쌓이고 작업 능률을 현저하게 저하시킨다. 소음이 인체에 미치는 영향 중 가장 중요한 것은 청력 손실이다. 연속적인 소음에 지속적으로 노출될 경우 발생하는 청력 손실은 우선 일시적인 것으로 시작해 수 시간 혹은 며칠 후에는 보통 회복된다. 그러나 노출이 계속됨에 따라 회복량은 점점 줄어 영구 손실이 남게 된다.

최근 OA 기기의 증가로 인해 소음의 문제가 많이 발생하고 있어 사무실 내의 소음을 최대한으로 방지하는 음향 조절이 필요하다. 즉 벽이나 바닥은 소음을 고려해 설계되고 자재도 이를 고려해 선택할 필요가 있다. 벽은 소음을 막아 주는 차음성 자재를 사용하고 바닥이나 천장은 소음을 흡수하는 흡음성 자재를 사용하도록 한다.

복사기, 프린터 등 소음을 발생시키는 사무자동화 기기는 칸막이 혹은 적절한 차음 장치를 설치해 소음 발생을 줄이고 가급적이면 소음이 덜 나는 사무기기를 구입하도록 한다.

[표 7-2] 소음 허용도

실 명	허용도	실 명	허용도
일반 사무실	55~60dB	컴퓨터실	75dB 이하
현관/엘리베이터	60~65	사원 식당	60~65
홀	60~65	중역실	40~50
복도	60~65	회의실(대)	50~55
전화교환실	65~70	회의실(소)	50dB 이하

직장의 소음 어떻게 없앨까...

집중을 요구하는 일을 할 때, 매우 거슬리는 것이 직장의 소음이다. 컴퓨터와 PC 프린터가 내는 소리 때문에 괴로워하는 사람이 많다.

소음을 없애기 위해서는 우선 소음 발생원을 흡음성이 있는 파티션으로 가공하거나, 차단성이 있는 칸막이로 둘러싸는 방법이 있다. 또한, 소음박스나 방음 커버를 사용하는 것만으로도 상당한 효과는 있다.

또한, 발생원을 멀리 보내기 위한 레이아웃의 변경을 고려할 수 있다. 응접실과 회의실을 될 수 있는 한 떨어진 장소에 설치하는 등의 연구를 해보자.

4) 공기환경

공기환경은 실내환경의 쾌적성보다는 기본적으로 재실자의 안전과 건강 확보라는 측면에서 의미가 크다. 최근의 사무실 건축은 기밀성이 향상되어 실내의 공기가 오염될 가능성이 높아지고 있다.

공기의 오염은 인체의 건강을 손상하고 때로는 생명을 위협하는 경우도 있다. 따라서 실내의 충분한 산소 농도와 공기의 청정도가 유지되어야 한다.

레이저프린터의 공기오염
레이저프린터는 잉크대신 토너라는 탄소가루를 이용하므로 미세물질이 분출되어 사무실의 공기를 오염시킴

공기환경에 관계되는 요인으로는 인간의 활동과 연소, 흡연 등에 의해 발생되는 이산화탄소를 비롯하여 일산화탄소, 분진 등이 있으며, 건축 재료 및 OA 기기로부터 발생되는 오존, 라돈 등이 있다. 이러한 요소들은 실내의 환기량과 실외 공기에 포함되어 있는 일산화탄소, 이산화탄소, 분진 등 공기의 상태에 따라서도 영향을 받는다.

5) 색채환경

색채 조절이란 색채의 특성을 활용하여 사무 작업 능률을 높이려는 것을 말한다. 색채는 사무환경을 장식해 주는 역할만 하는 것이 아니라 작업에 임하는 마음가짐에 큰 영향을 끼친다. 특히, 색채 조절에 의한 효과는 사무실 분위기를 밝고 쾌적하게 해 주며, 눈의 피로를 줄여 준다.

사무실의 벽이나 천장, 바닥 등의 색채를 조절할 때 주의해야 할 사항은 다음과 같다.

① 색채는 온도 감각을 지니고 있다. 붉은 색은 따뜻한 느낌을 주고 청색은 차가운 느낌을 준다.

② 차이가 큰 색은 오래 바라볼 때 피로감을 준다.

③ 색채는 무게 감각을 지니고 있다. 안정적인 사무실 분위기를 만들려면 무거운 느낌을 주는 어두운 색깔은 아래쪽에 칠하고 가벼운 느낌을 주는 밝은 색은 위쪽에 칠한다.

④ 색채는 운동성을 지니고 있다. 색깔은 보는 감각에 따라서 움직이는 것 같은 느낌을 주는데 밝은 색은 활동적이고 팽창감을 느끼게 하며, 붉은 색은 친근감을 느끼게 하고 또 청색 계통의 색깔은 침체감과 소외감을 느끼게 한다.

⑤ 색채는 대조적인 색깔과 비교될 때 더 잘 나타나 보인다.

[표 7-3] 색의 심리 작용

색이름	감각	색채 감정 (추상적)	자극의 정도	침착하는 정도	진정시키는 정도
빨 간 색	난색	열정, 희열, 애정, 활동, 혁명, 용기, 열심, 활기, 성심, 역치, 야망, 통속, 초조, 권력	대	소	소
오렌지색	난색	쾌락, 환희, 적극, 원기, 약동, 온정	대	소	소
노 란 색	난색	희망, 광명, 향상, 유쾌, 성실, 발전, 명쾌	대	소	소
녹 색	중성	안식, 위안, 평화, 건전, 착실, 지성, 친애, 이상, 순정	대	소	대
청 색	한색	침착, 소극, 침정, 명상	소	중	중
남 색	중성	진실, 우미, 고귀, 불안, 신비, 영원, 경솔	소~중	대	대

[표 7-4] 적합한 색채

일반 사무실	천장	백색, 크림색, 연한 녹색
	벽	황색, 황록색, 녹색, 청색
	문 또는 벽 아랫부분	다색, 짙은 녹색
	북쪽 사무실	난색 계통
	남북쪽 사무실	한색 계통
회의실	강한 색채를 띤 밝은 중간색	
접대실	보색을 피하고 중간색	
복 도	사무실보다 밝은 연한 색 계통	

6) 공간환경

사무실 내의 환경은 건축 공간을 구성하는 천장, 벽, 바닥, 창 등과 공간 내에 설치하는 기기류 및 가구 등의 상태에 의해서도 좌우된다. 즉 사무 공간에서의 작업자가 생활과 행동을 할 때 쾌적성은 이러한 건축 공간을 구성하고 공간 내에 위치하는 기기 및 가구류 등의 위치, 크기, 수량 등의 영향을 받는다고 할 수 있다.

그러나 이러한 요소들은 그 범위와 사무환경의 쾌적성에 미치는 영향의 정도를 수치화·정량화를 명확히 하는 데 어려움이 있으며, 이들에 대한 재실자의 취향 및 만족도의 개인차가 크다는 문제점을 갖고 있다.

건축 공간에 관계되는 요소들이 사무환경에 미치는 영향을 평가하기 위해서는 이들이 작업자의 심리적 쾌적감에 영향을 주는 요소와 작업의 기능 및 용이성에 영향을 주는 요소로 나누어 생각해 볼 수 있다.

먼저 작업자의 심리적 쾌적감에 영향을 주는 요소로서는 공간의 개방감 및 넓이, 실내 장식, 재질감, 프라이버시, 정리 정돈 상태 등이 있다. 또한 작업의 기능 및 용이성에 영향을 주는 요소로서는 개인당 점유 면적, 가구의 기능 조절성, 가구의 배치, 장비의 충족, 수납성 등이 있다.

제2절 사무실의 배치

1. 사무실의 개념 변천

종래의 사무실(office) 구성 요소로는 의자, 책상, OA 기기와 파일링(filing) 정도가 전부였지만 최근에는 쾌적함이나 디자인, 색조의 총체적인 조화 등 소프트적인 요소에 대한 관심이 높아지고 있다. 사실 OA화는 단순히 사무실 업무의 효율화뿐 아니라 기업의 경영 전략상으로도 중요한 문제가 되어 OA화가 추진될수록 자연과의 접촉이나 인간성 회복 등의 문제가 발생했다. OA화는 소음과 배선 등으로 사무직 종사자의 건강이나 사무실 자체의 환경에 바람직한 영향을 주지 않았다.

이처럼 정보화와 사무자동화 등으로 인해 점차 변화해 가는 사무실에 대한 개념을 시기별로 정리해 보면 다음과 같다(민영백, 1997: 22-24).

1) 과거의 사무실 개념: 경제적이고 쾌적한 사무공간

사무실의 궁극적 목적은 인간의 지성적 행동을 돕기 위해 가장 적합한 환경을 만들어 내는 일이다. 그러나 이제까지 사무실이라는 말은 일반적으로 단순히 업무를 보는 장소라는 의미로서 사용되어 왔다. 사무를 보는 사람들을 위한 기능이나 요구에 대한 충분한 조사와 분석 없이 주어진 공간 안에 직급별로 책상을 배치해 놓은 것에 불과했다. 그러나 근래에 경영 사상이 변하고 건설 기술이 진보하고 OA가 진전되면서 사무실의 기능 자체가 급격히 변화되었다. 사무 공간 내에서 행해질 업무를 파악하고 건물과 인간과의 관계를 분석함은 물론 기계나 설비, 가구 등 인간을 둘러싼 요소를 유기적으로 관련시켜 경제적이고 쾌적한 사무공간을 설계하는 기술이 요구되고 있다.

그러나 현실적으로 국내에서는 사무환경 개선에 대한 투자가 크게 이루어지지 못했으며 대다수의 경영주들은 사무환경 개선의 필요성과 효율성에 대한 인식조차 제대로 하지 못하고 있는 실정이었다. 기능적이고 합리적으로 계획된 사무공간이 얼마나 큰 생산성의 향상을 가져오는지에 대한 확신이 없었기 때문에 대부분의 경우 환경 개선보다는 보수의 차원에서 리노베이션(renovation)이 이루어져 온 실정이다.

리노베이션(renovation)
기존 건축물을 헐지 않고 개/보수하는 것으로 주로 내부구조를 의미하는 리모델링보다 비교적 대규모 개/보수를 말함

2) 현대의 사무실 개념: 인간 중심의 종합적 · 예술적 사무환경

19세기 후반 제2차 산업혁명 이후 사회 조건이 현격히 변화하면서 업무만이 아닌 생활을 위한 공간에 대한 요구가 생겨나게 되고 인텔리전트 빌딩(intelligent building)이라는 인간의 오감을 만족시키는 건물이 등장함으로써 사무공간의 유형에 일대 변혁이 생기게 되었다. 또 사무 공간에 대한 새로운 인식으로 사무공간을 단순한 작업장이나 명령의 상하 연결의 장이 아닌 많은 사람들의 복잡한 상호 작용이 이루어지는 복합체 혹은 유기체로서 인식

인텔리전트빌딩(intelligent building)
최첨단 전자시설로 관리 운영되는 빌딩으로 지능 빌딩. 브레인 빌딩이라고도 함

하는 경향이 생겨나게 되었다. 즉, 사무공간을 단순히 작업공간이라는 물리적 관점에서 보는 것이 아니라 그 안에서 생활하고 활동하는 인간의 관점에서 검토하여 인간·가구·건물이 함께 호흡하는 인간적인 공간을 요구하기 시작한 것이다.

이로써 집단작업의 심리에 대한 연구가 등장했고 새로운 유형의 사무공간 계획이 제시되었는데, 이는 1958년 독일의 부로 랜트샤프트(Buro Landschaft)가 유럽을 중심으로 시작했으며, 이것이 미국에서 오피스 랜드스케이핑(Office Landscaping)과 오픈 플래닝(Open Planning)으로 발전되었다. 이러한 기법은 함부르크의 퀵보너 팀(Quickborner Team)이 개발했는데 그들의 연구에 따르면 사무공간 계획은 커뮤니케이션의 패턴을 기반으로 해야 하며, 디자인상의 다른 요건들(외관, 지위나 권위의 상징, 인습적 형식 등)은 오히려 부수적인 문제에 지나지 않는다는 것이다. 또한 사무실 공간에서 가장 기본이 되어야 할 것은 무엇보다 인간공학적 요소라는 것이다. 즉 아무리 사무기기가 발전한다 해도 고도의 지적 사무공간에 어울리는 인간 중심의 종합적 예술적인 사무환경이 요구되는 것이다. 작업공간의 인간화라는 관점으로 구체화되는 사무환경의 개선은 무엇보다도 개인의 존엄성을 인정하고 사무의 쾌감을 얻을 수 있도록 계획하는 것이다.

> **랜드스케이프**
> 칸막이 벽을 사용하지 않고 프라이버시의 확보와 커뮤니케이션의 용이성을 조화시킨 사무실 레이아웃

3) 미래의 사무실 개념: 통일성과 변화성을 지닌 공간

정보화 사회에서의 사무 개념은 막대한 정보를 생산, 저장, 관리하는 총괄적인 개념보다는 창조적인 사무를 위한 환경으로서의 개념을 지닌다. 새롭게 발전된 사회구조는 새로운 인간의 욕구를 낳고 새로운 욕구는 새로운 방법에 의해 새로운 라이프 스타일을 만드는 식의 변증법적 논리가 사무환경 전반에도 적용되었다.

미래의 사무실은 단순히 업무만을 위한 공간으로서의 기능은 점차 감소하고 각 기업의 헤드쿼터(headquarters)로서의 기능을 하는 회합의 장소로서 컨트롤러(controller)들을 위한 공간으로서의 기능을 수행하게 될 것이다.

미래의 사무실은 그 안에서 업무를 보는 사람들의 사고와 창조를 돕고 환

경을 중시하며 인간 중심적인 공간이 되어야 한다. 디자이너는 더욱 다원화되는 사무 기능을 충족시킴과 동시에 시각적으로는 정돈되고 편안한 환경을 제공해야 한다. 따라서 개성을 존중하면서 전체가 부드럽게 조화되는 통일성, 다양한 업무 형태의 변화를 신속히 수용할 수 있는 변화성을 가진 공간이 요구된다.

2. 사무공간 배치시 고려 사항

1) 사무공간 배치의 의의

조직의 사무 영역은 부정적으로든 긍정적으로든 조직의 생산성에 중요하게 영향을 미치게 되므로 효율적인 사무실을 설계하는 것은 비용효과성 관점에서 매우 중요하다. 그러므로 공간배치 계획은 시설(equipment), 작업의 흐름(flow of work), 조직구성원들 간의 상호관계성을 고려하여 분석이 기획 과정에서부터 철저하게 이루어져야 한다.

즉, 사무실 레이아웃은 조직구성원들이 그들의 직무로부터 얼마나 많은 만족감을 이끌어 내는가에 영향을 미칠 뿐만 아니라 공간이 효과적이고 효율적인 방식으로 활용되고 있는지를 결정한다. 효율적인 레이아웃은 다음과 같은 중요한 이점을 가져온다.

① 효율적인 배치와 공간 활용을 제공한다.
② 조직구성원들을 위한 즐거운 작업환경을 구축한다.
③ 고객들에게 긍정적 이미지를 제공해 준다.
④ 효율적인 작업 흐름을 촉진한다.
⑤ 효율적인 생산적 사무공간을 제공한다.
⑥ 미래의 공간 확장 수요에 대응할 수 있다.
⑦ 조직구성원들의 관리와 감독이 용이하다.

부적절한 공간기획은 조직구성원들의 생산성 감소, 장기결근(absenteeism)이나 전직의 증가, 그리고 조직구성원들의 건강 감퇴와 윤리(moral) 의식 결여라는 결과를 초래하기도 한다. 부적절한 공간기획으로 인해 발생되는 상황들로는 다음과 같은 점을 들 수 있다.

① 확신할 수 없는 미래 성장(growth)
② 부적절한 보관시설과 공간
③ 사용자들의 요구에 부응하지 못하는 사무 가구
④ 어줍고 방해가 되는 업무 흐름 패턴
⑤ 비효율적인 전달·수송 체계(traffic pattern)

2) 기획시 고려 사항

> **기획시 고려사항**
> · 과업(task)
> · 업무흐름(work flow)
> · 조직도
> · 미래의 인적자원예측
> · 커뮤니케이션 네트워크
> · 부문별 조직
> · 개인사무실과 공용
>   사무실
> · 공간조건
> · 특별구역
> · 안전장치

사무실 레이아웃의 사전기획은 사무관리자들이 중요하게 수행해 온 업무 분야 중의 하나이다. 기획 단계에서는 주로 조직 수요의 특성을 평가 조사하게 된다. 평가조사 과정을 거쳐 수집된 정보들을 이용하여 도면을 작성하고 최종적으로 실질적인 레이아웃을 한다.

사전기획 단계에서는 과업, 업무 흐름, 조직도(organization chart), 향후 필요하게 될 조직구성원 예측, 커뮤니케이션 네크워크, 부문별 조직, 개인 또는 일반(공용) 사무실, 그리고 공간 요건 등 많은 요인들을 고려해야 한다.

(1) 과업(tasks)

협력적으로 일하는 조직구성원들이 협력적으로 일하지 않는 경우보다 사무실에 대한 요구가 좀더 다양하다. 아마도 조직구성원들의 과업을 근거로 한 인간공학적 사무실을 제공하는 기술들이 날로 증가하기 때문에 조직구성원들의 생산성은 좀더 확보될 수 있을 것이다.

(2) 업무 흐름(work flow)

업무 흐름이란 수직적(상사와 부하직원 간), 수평적(같은 책임 수준의 조직구성원들 간) 정보 이동을 말한다. 이와 같은 업무 흐름에 대한 명확한 분석은 효과적인 레이아웃을 설계하는 데서 매우 유용하다. 효율적인 업무 흐름을 위해서는 조직구성원이 사무실을 번거롭게 왔다 갔다 하는 것을 제거하고 정보의 직선 흐름을 촉진하는 형태로 배치해야 한다.

(3) 조직도(organization chart)

업무 흐름과 밀접하게 관련된 것은 조직도의 분석이다. 업무 흐름이 본래 수직적일 때 조직도는 분명 권위에 의한 조직 라인을 의미한다. 조직도는 또한 유사한 계층제의 조직구성원들 간 직무 관계를 규정한다.

(4) 미래의 인적자원 예측

향후 필요하게 될 공간을 예측하기 위해서는 미래의 인력에 대한 정확한 예측이 중요하다. 많은 조직구성원들의 증가가 필요하게 될 신상품이나 서비스 개발이 있을 것인지 혹은 기업의 매년 성장률이나 조직구성원들의 매년 증가율이 어느 정도 될 것인지 그리고 사무실 운영상 새로운 인력은 얼마나 더 필요로 될 것인지 등 변화가능성을 고려해야만 조직의 미래 수요에 적절하게 대처할 수 있다.

(5) 커뮤니케이션 네트워크

개인 간 혹은 부서 간의 전화, 이메일, 그리고 직접 대면(face-to-face contact)의 특성 분석 역시 필수적이다. 특히 업무 흐름, 조직도 그리고 케뮤니케이션 네트워크상 어떤 특정 개인이나 부문의 상호 접촉이 광범하고 빈번한 것으로 분석되는 경우에는 관련 개인과 부서들을 근접하게 배치해야 한다.

(6) 부문별 조직(departmental organization)

부문의 위치를 결정할 때는 부문들 간의 업무 흐름을 고려해야 한다. 회계(accounting)나 데이터 처리(data processing)와 같은 업무를 수행하는 부문들은 밀접하게 관련성이 있으므로 근접하게 배치해야 한다. 마찬가지로, 구매나 인사와 같이 대중 접촉이 빈번한 부문들은 건물의 입구나 리셉션 구역 근처에 배치해야 한다.

팩스 송수신, 프린트, 복사 등으로 인해 소음이 많이 발생하는 업무는 서로 근접하게 배치해도 무관하나 조용한 환경이 필요한 업무 분야와는 가능한 멀리 위치시켜야 한다. 중앙기록(central record)이나 중앙워드프로세싱(central word processing)과 같이 모든 부문에 영향을 미치는 분야들은 편리성과 접근성을 고려하여 가능한 한 중앙에 위치시켜야 한다. 사장 또는 임원들과 같이 대중 접촉이 거의 이루어지지 않는 개인이나 부문은 매우 조용하고 동떨어진 곳에 배치하도록 한다.

(7) 개인(private) 사무실과 공용(general) 사무실

과거에 개인 사무실들이 주로 신분과 체면 때문에 사용되기도 했으나, 오늘날은 기밀 자료가 많거나 집중해야 하는 직무를 지닌 사람들에게 개인 사무실을 주기도 한다. 그러나 개인 사무실은 일반 사무실보다 비용이 비싸고, 조직구성원에 대한 감독과 레이아웃 변경이 곤란하며, 냉난방이나 조명 등의 활용성이 떨어지고 커뮤니케이션이 원활하지 못하기 때문 종종 기피하게 된다.

(8) 공간 조건(space requirement)

기구나 시설 사용이 필요한 업무를 담당하는 조직구성원은 사용하지 않는 경우보다 더 넓은 공간이 필요할 것이다. 이뿐만 아니라, 가구의 형태, 구조적 기둥의 위치, 창문, 그리고 조직구성원 개개인의 직무 책임 특성 등에 따라 공간 배치는 영향을 받게 될 것이다.

(9) 특별구역(specialized area)

① 리셉션 영역: 리셉션 영역은 조직의 첫인상에 영향을 미치게 된다. 좋은 첫인상은 회사의 홍보에 긍정적으로 영향을 미치므로 고객들이 회사 방문시 가정 먼저 대하게 되는 리셉션 분야에 대한 이미지를 좋게 함으로써 장기적으로 조직의 이윤을 증대시키는 결과를 가져오게 될 것이다. 한번에 수용할 수 있는 최대 인원이 대략 리셉션 구역의 규모를 결정하게 된다. 개인당 약 2.8m2(0.84평) 내지 3.2m2(0.98평)이 할당된다. 그러므로, 만일 한 번에 수용하고자 하는 최대 인원이 10명이라면, 약 28m2(8.4평) 내지 32m2(9.8평)의 공간이 필요하게 된다.

② 회의실(conference room): 사무공간의 비용이 증가하고 있기 때문에 많은 조직들이 화려한 회의실보다는 다목적 회의실을 대안으로 활용하고 있다. 이러한 다목적 회의실은 전형적으로 2개 또는 3개 이상의 작은 룸으로 나뉠 수 있는 붙박이 방음 칸막이(built-in soundproof divider)로 설계된다. 규모가 큰 회의실은 종종 천장에 마이크를 설치한다. 또한 회의를 하는 동안 직접 자료를 주고받을 수 있는 컴퓨터 네트워크나 칠판, 프로젝터 스크린, 기록 장치 등도 설치한다.

③ 컴퓨터실(computer room) : 컴퓨터실을 기획하는 경우, 기본적으로 고려해야 하는 점은 건물의 불연성 구역에 배치해야 한다는 것이다. 컴퓨터실의 벽, 마루 그리고 천정의 재질은 불연성 재질이어야 하며, 화재 진화 장치는 컴퓨터 장치에 큰 손상을 주게 되는 물보다는 가스 증기(gas-vapor)로 설치해야 한다. 또한, 컴퓨터 장치의 작동 성능은 온도나 습도 유지와 관계가 깊으므로 일정한 온도나 습도를 유지해야 한다. 컴퓨터실의 적절한 온도는 섭씨 23.6도, 습도는 50% 정도이다.

④ 메일룸(mailroom) : 커뮤니케이션 센터로서 메일룸은 조직 내외부 정보의 효율적인 이동에 중요한 영향을 미친다. 적정한 레이아웃을 통해 메일룸의 효율성을 증가시킬 수 있는데, 메일룸은 가급적 건물 안내센터 근처 혹은 가능한 한 중앙에 배치해야 한다.

⑤ 프린트 및 복사실 : 프린트 및 복사실은 다수의 사용자들이 용이하게 접근할 수 있는 곳에 배치해야 한다. 또한, 프린트하거나 복사하는 과정에서 좋지 않은 가스를 내보거나 열을 생성하기 때문에 프린트 및 복사실은 환기를 자주 시켜야 한다.

(10) 안전장치

사무실 레이아웃과 설계는 우선 조직구성원들의 이동이 용이하도록 해야 한다. 즉, 조직구성원들이 작업 영역을 통과하여 단거리로 이동하기보다는 복도를 통해 쉽고 안전하게 이동할 수 있도록 해야 하며, 복도나 통로에 장비나 가구를 두어 이동에 장애가 되어서는 안 된다.

3. 사무실 기준 면적 및 책상 배치

1) 사무실 기준 면적

사무실의 주체인 사무원은 사무실의 공간 배치에 최우선 고려되어야 하며, 중요한 것은 사무원 한 사람당의 기준 면적이다. 사무원 한 사람당 기준 면적은 직위나 작업 성격에 따라 차이는 있으나 일반 평사무원의 경우 5㎡ 정도가 기준 면적이다([표 7-5] 참조).

[표 7-5] 사무실 기준 면적

구　　분	기준 면적(㎡)	비　고
경영자실(사장실 이상)	27㎡(8.2평)	응접 세트 포함
중간관리자(부, 과장)	9㎡(2.7평)	
일반 사무원	5~7㎡(1.5~2평)	책상 포함
회의실(1인당)	2㎡(0.6평)	

2) 책상의 배치 및 간격

책상과 책상과의 간격은 [표 7-6]과 같은 기준으로 설정한다. 다음의 수치를 고려하여 앞 책상과 뒤 책상 사이의 간격을 정한다.

[표 7-6] 통로와 책상과의 간격

구　분	간　격
사람의 앞뒤쪽	35~40cm
사람의 좌우쪽	50~55cm
의자의 폭	45cm

좁은 통로(3인 통로)	150cm
보통 통로(2인 통로)	100cm

사무작업의 성격과 사무실의 면적 그리고 사무작업의 커뮤니케이션 등으로 통행하는 경우를 고려하여 [그림 7-2]와 같은 기본형이 성립된다.

[그림 7-2] 책상 간격의 기준치

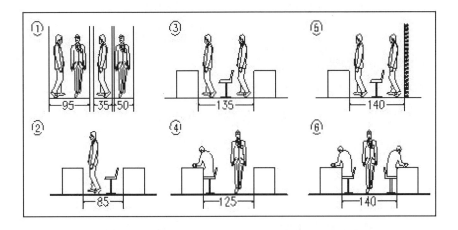

3) 책상 배치

(1) 일반 책상 배치

가. 책상 배치 기준
① 집무 공간으로부터 각 개인의 시선 방향은 주통로 또는 입구에 향해서는 안 된다. 부득이 피할 수 없는 경우는 패널, 플랜트 박스 등 시선을 보호할 수 있는 것을 배치한다.
② 창문으로부터 6m 이내의 지역에서는 좌측 채광으로 하고 입사광을 시선 위에 놓아서는 안 된다.

③ 타인과 등을 맞대고 늘어설 때는 최저 70cm, 통로를 확보할 때는 90cm 의 간격이 필요하다. 서로 대면하는 배치는 좋지 않다. 마주 보아야 할 때는 한쪽을 측면으로 옮긴다.

④ 중역실·회의실은 VDC 등의 소음원으로부터 4.5m 떼어 놓는다.

⑤ 통로의 폭은 주통로 2m 이상 부통로(부과의 경계) 1m 이상, 부분간 통로 70cm 이상으로 한다.

⑥ 관계 있는 부문은 커뮤니케이션을 원활하게 하기 위해 관리자의 시야 범위인 10m 이내(10m가 주의력의 한계)에 배치한다.

⑦ 타인과의 커뮤니케이션이 적고 극도로 집중을 필요로 하는 일은 패널, 플랜트 박스 등으로 막아 주어야 한다.

나. 책상 배치 형태

일반 사무실 책상 배치는 독립된 기능을 지닌 단일 품목들을 목적에 따라 배열, 조립한 형태이다. 그 형태로는 ① 대향식 배열, ② 동향식 배열, ③ 좌우 대향식 배열, ④ 상호 연결 협력 방식 배열, ⑤ U자형 배치 등이 있다.

[그림 7-3] 책상 배치 형태

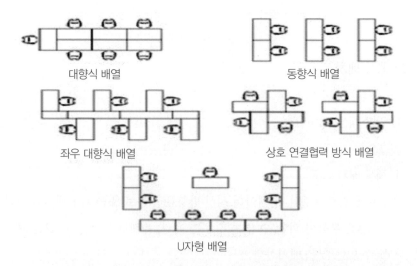

대향식 배열　　　　　동향식 배열

좌우 대향식 배열　　　상호 연결협력 방식 배열

U자형 배열

① **대향식 배열**: 한국에서 가장 많은 대향식 배열은 점유 스페이스가 적고,

커뮤니케이션은 촉진되지만 정신 집중 작업에는 어려움이 있다.

② **자유 방향식 배열**: 자유 방향식 배열은 일반적으로 풍경화(landscape) 방식으로 불리는데, 서독의 퀵보너 팀이라는 컨설턴트 회사가 개발하고 제창한 레이아웃이다. 자유롭고 불규칙한 배치이기는 하지만 사실상 다음과 같은 요인들을 치밀하게 고려하여 개발된 배치 형태이다.

· 오피스에서 일하는 사람

· 내방자를 위한 통로

· 같은 부문 내 및 다른 부문에 대한 커뮤니케이션의 흐름

· 일의 흐름

· 시각 방해 여부

· 소음 발생원에 대한 대책

③ **동향식 배열**: 동향식 배열은 사무 작업의 이동이 직선적으로 흐르도록 책상을 같은 방향으로 배열한 것이다. 이 배열 방식은 감독자가 직원의 작업을 감독하기 쉽다. 일반적으로 감독자는 부하 직원의 위쪽에 앉도록 하며 사무 작업의 증감에 따라 재배치가 쉽게 이루어지게 한다.

④ **상호연결 협력 방식 배열**: 최근에는 사무기기의 급속한 발전으로 사무실 작업자 책상에는 하나 이상의 컴퓨터나 단말기, 혹은 워드프로세서를 갖추고 있다. 이 때 작업자의 능률 향상을 고려해서 책상 배치를 해야 하는데, 이의 배열 방식에는 ① 육각형 연결 테이블 형태, ② 코너 연결 세트 방법, ③ +자형 연결 세트 방법, ④ 직선 연결 세트 방법 등이 있다.

[표 7-7] 상호 연결 협력 배치 방식의 장단점

형 태	장 점	단 점
육각형 연결 테이블	· 워크스테이션으로 가장 이상적이다. · 사용자에게 작업 만족을 준다.	· 점유 면적을 많이 차지한다. · 기기의 효율성이 낮다.
코너 연결 세트	· 사용자는 일반 작업 업무와 사무기기 업무를 병행할 수 있다.	· 기기의 효율성이 낮다. · 육각형 연결 테이블보다 기기사용이 불편하다.

+자형 연결 세트	· 사무기기의 점유율이 낮아서 공간 활용이 좋다. · 가끔씩 기기를 사용할 때 이용한다.	· 기기 사용이 불편하다.
직선 연결 세트	· 점유 면적을 적게 차지한다. · 사무기기만 늘 다루는 전문인을 둘 때 좋다.	· 한 사람이 일반 업무와 사무 기기 업무를 동시에 하기에 부적합하다.

[그림 7-4] OA 기기에 의한 책상 배치 형태

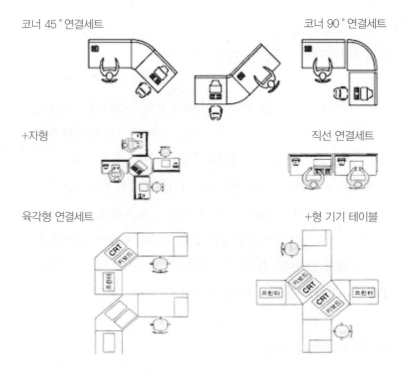

코너 45° 연결세트 코너 90° 연결세트

+자형 직선 연결세트

육각형 연결세트 +형 기기 테이블

(2) 워크스테이션의 배치

오피스 업무를 처리하는 최소 단위의 공간은 개인의 워크스테이션이다. 워크스테이션은 구성 요소인 책상 또는 테이블·의자·패널(panel)·수납 집기 등의 가구, 컴퓨터나 VDU(visual display unit) 등의 기기 그리고 여유 있는 공간을 통합하는 것이다.[1]([그림 7-5] 참조).

　최근 사무실에서 많이 사용되고 있는 워크스테이션의 배치시 주의 사항은 다음과 같다.

　① 사용자의 점유(개인 사용과 공동 사용)에 따라 배치한다.

　② 인체의 조건에 맞추어 배치한다(눈과 팔의 각도, 몸의 크기 등)

　③ 사무실의 환경을 고려하여 배치한다(소음, 채광, 온습도 등)

　사실 워크스테이션을 배치함으로써 소음이나 시선의 저해는 패널 등을 사용하여 경감은 가능하지만 커뮤니케이션 등의 저해를 가져오기 때문에 사용상 주의해야 한다.

[그림 7-5] 워크스테이션의 배치

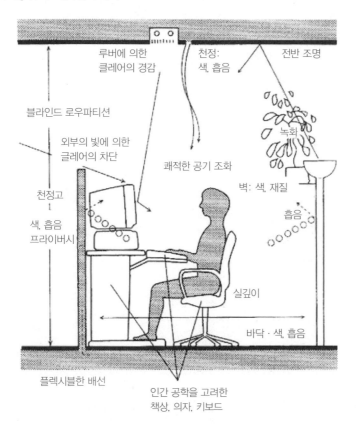

1　OA 기기의 도입으로 보급이 확산된 시스템 가구는 아직 선진국의 기존 OA 가구를 모방하는 단계에 그치고 있어서 인체 공학적인 배려가 미흡한 실정이다.

제8장

사무자동화와 스마트워크

- 제1절 사무자동화(Office Automation)
- 제2절 스마트워크(smart work)

제1절   사무자동화의 의의

1. 사무자동화의 의의

1) 사무자동화의 의의

사무자동화
사무개선 활동 및 이에 수반되는 기계화 등을 통해 사무기능 확충 강화

사무자동화(Office Automation: OA)는 사무개선 활동 및 이에 수반되는 기계화 등의 방법을 통해 사무의 기능을 확충·강화함으로써 사무 생산성을 향상시키고자 하는 것이다. 사무 생산성을 향상시킬 목적으로 전자 장비를 사용하여 사무처리 과정을 자동화하는 사무자동화는 단순 반복 업무 처리의 개선뿐만 아니라 질 높은 경영전략 수립, 경영환경 변화에의 신속한 대응, 의사결정 지원과 같은 차원 높은 경영 지원을 포함하고 있다.

사무자동화의 도입은 주로 워드프로세서 담당자에 국한되었으나 다양한 기능을 구비한 OA 기기의 도입으로 사무직 근로자들뿐만 아니라 기술 요원, 전문직 근로자, 관리자, 최고경영자에게로 관심이 옮겨가고 있다.

OA의 영향은 고도의 컴퓨터 기술을 바탕으로 통합된 업무 처리를 할 수 있는 미래의 사무실을 구성하게 된다. 따라서 미래의 사무실은 워드프로세싱(wordprocessing), 데이터 프로세싱(data processing), 데이터 관리, 그래픽, 텔레커뮤니케이션(telecommunication)과 같은 복잡한 기술을 통합한 형태가 될 것이며, 이의 목적은 문서 처리의 개선뿐만 아니라 조직의 의사결정을 지원할 수 있는 통합적 정보 지원 시스템화일 것이다.

2) 사무자동화 추진 배경

좀더 효율적이며 활동적인 성과와 생산성 향상추구라는 사무 기능의 효율성 추구에서 자동화가 필연적으로 이루어지게 된 배경 외에 OA가 요구되는 이유는 다음과 같다(전용진, 1999: 48-49).

첫째, 경제적 측면이다. 공장에서의 생산성은 상당히 향상된 데 비해 사무실의 생산성 향상은 극히 저조한 실정이었다. 따라서 사무근로자의 생산성을 크게 향상시키지 않을 수 없게 되었다.

둘째, 경영환경적 측면이다. 현대는 정보화 사회라고 일컬을 만큼 정보량이 급증하고 있다. 시시각각으로 막대한 정보가 산출되고 있으며, 이러한 대량의 정보를 수집·분석·활용·보관하려면 그 처리의 신속성·정확성·처리비용 절감·적절한 정보 표현 양식 때문에 OA는 필수불가결하다.

셋째, 기술적 측면이다. 최근 OA 기기와 통신 장비의 급속한 발전, 소프트웨어 기술의 개발, 자료의 데이터베이스화로 OA의 종합 시스템화를 적극적으로 요구하고 있어 경영의 과학화가 더욱 촉진되고 있다.

[표 8-1] OA 추진 배경

OA 추진 배경		
◇ 경제적 측면 　– 생산성 향상 　– 비용 절감 　– 효율성 추구	◇ 환경적 측면 　– 정보량 급증 　– 신속성 　– 정확성	◇ 기술적 측면 　– 통신 기술 　– 데이터베이스 　– 소프트웨어

2. 사무자동화 기기

사무기기라 함은 사무의 신속·정확을 기하고 사무 원가를 낮추기 위해 사무처리 시스템에 사용할 수 있는 모든 기기 및 장치를 말한다. 즉 사무기기를 통해 단순한 인력의 절약이라는 직접적인 효과 이외에 작업의 좀더 정확한 실시, 사무품질 수준의 향상, 인력으로 할 수 없었던 분야의 처리 등 그 효과가 아주 다양하며, 사무자동화 시스템을 설계하는 데 주요한 원인이 되기도 한다.

사무기기는 전자 기술의 발달로 점점 고급화되고 있기 때문에 단기능 기기에서 복합화 기능으로 하나의 사무기기 시스템이 여러 가지 기능을 담당할 수 있는 다기능 기기로 발전되어 가고 있다.

사무실에서 발생하는 업무를 대별하면 ① 문서 · 도형의 작성, ② 데이터 처리, ③ 통신 전송, ④ 보존 · 검색이 있는데, OA 기술은 이러한 업무를 인간이 편리하고 신속하게 처리하여 사무 생산성 향상을 이루도록 하는 기술이다.

사무실에서 업무를 처리하는 사무자동화 기기를 분류해 보면 [표 8-2]와 같다.

[표 8-2] 업무에 따른 사무기기의 분류

사무의 종류	사무자동화 기기
① 문서 · 도형의 작성	① 워드프로세서(WP), 워크스테이션
② 데이터 처리	② 개인용 컴퓨터, 사무용 컴퓨터, 복사기
③ 통신 전송	③ FAX, LAN, VAN, ISDN, 원격지 회의, 전자우편
④ 자료의 검색 · 보존	④ 마이크로필름 시스템, 광디스크 시스템

3. 사무자동화 시스템

1) 문서 작성 시스템

문서작성시스템
· 텍스트 중심의 문서작성
· 데이터 중심의 문서작성
· 설계도 중심의 문서작성
· 화상 중심의 문서작성
· 전자탁상출판

워드프로세서나 퍼스널 컴퓨터 등에 의하는 문서 작성 시스템은 점점 사용이 편리해지고 그 기능도 향상되고 있다. 문서의 내용은 문장(텍스트) 중심, 설계도 중심, 화상 중심인 것으로 대별되며, 목적에 따라 여러 가지 틀이 준비되고 있다.

(1) 텍스트 중심의 문서 작성

정서(淨書)
초(草)잡았던 글을 깨끗이 베껴 쓰는 것을 의미함

일반 문서 작성에는 워드 프로세서가 널리 사용된다. 초기에는 정서(淨書)의 목적으로 이용되는 경우가 많고, 그 도입 효과가 의문시되고 있었으나 워드 프로세서의 조작에 익숙해짐에 따라 직접 문서를 작성하는 데 이용되고 있다.

(2) 데이터 중심의 문서 작성

컴퓨터에 따라 많은 데이터가 수집되고 많은 데이터를 자신의 목적에 맞추어서 추출하고 표나 그래프 형식으로 가공하여 보기 쉬운 문서를 작성하는 데 퍼스널 컴퓨터가 이용되고 있다. 데이터를 가공하기 위해 초기 무렵에 BASIC 등의 언어를 이용하여 프로그램을 작성하는 일도 있었으나, 작표 패키지(Multiplan, Lotus 1-2-3 등)나 그래픽 패키지 등 시판의 프로그램을 이용하는 경우가 많다.

(3) 설계도 중심의 문서 작성

설계 부문에서의 문서 작성은 사양서와 도면이 중심적 대상이다. 특히 CAD 시스템이 널리 도입되고 있어, 이 시스템과 연동하는 형식으로 문서 작성 작업의 기계화를 생각할 필요가 있다. 사양서는 워드프로세서, 도면은 CAD 시스템이 엔지니어링 워크스테이션 중심의 형태로 이행함에 따라 엔지니어링 워크스테이션상의 문서 작성 패키지를 이용하여 CAD 데이터를 유용하는 것도 가능하도록 하고 있다.

(4) 화상 중심의 문서 작성

이미지 편집 시스템이나 화상 입력은 TB 카메라나 이미지 리더가 이용되고, 팩시밀리와 같이 흑백의 2치(二値) 데이터를 취급하는 보급기에서 4096색의 컬러, 256계조의 농담, 480dpi 해상도까지 가능한 고급기까지 여러 가지 타입이 있다.

(5) 전자 탁상 출판

신문사 등 일부 출판사에서 사용되고 있던 전자출판 시스템(범용 컴퓨터와 미니 컴퓨터를 중심으로 구성)과 유사한 기능을 가지는 전자 탁상 출판 시스템이 출현하여 일반 오피스에 널리 이용되게 되었다. 이 시스템은 퍼스컴 베

BASIC(Beginner's All Purpose Symbolic Instruction Code)
다트머스대학에서 개발한 간단히 습득하고, 사용할 수 있는 초보자용 프로그래밍 언어 BASIC은 개인용 컴퓨터나 시분할 시스템(Time Sharing System: TSS)에 채용되고 있다. 과학기술 계산 처리, 사무처리 등 거의 대부분의 분야에서 사용됨.

CAD(Computer Aided Design)
컴퓨터에 의한 도형 처리의 유효한 적용 업무의 하나로 설계자가 도형 정보를 매체로하여 대화 형식으로 컴퓨터를 사용하면서 설계를 수행해 나가는 방식.

TB(테라바이트:Terabyte)
기억용량을 나타내는 정보량의 단위
10^{12}를 의미하는 SI접두어인 테라와 컴퓨터 데이터의 표시단위인 바이트가 합쳐진 자료량

이스로 구성되어 매우 싼 값으로 되어 있으나 기능적으로는 큰 차이가 없고 텍스트·데이터·도형·화상을 자유자재로 편집 레이아웃하여 인쇄소에 의뢰한 것과 동등한 고품위 인쇄 문서를 출력할 수가 있다. 단, 대량으로 보게 하는 경우에는 성능상 한계가 있다.

2) 전자 파일 시스템

방대한 서류를 전자적 방식으로 바꿔 놓음으로써 보관 스페이스의 삭감, 필요한 자료를 찾아내는 시간의 단축 , 대량의 자료 정리 등을 목표로 한 전자 파일 시스템이 이용되고 있다.

좁은 의미의 전자 파일 시스템은 광디스크를 보관 매체로 한 시스템으로 문서를 이미지 데이터로 보관하는 방식이 이용되고 있다.

넓은 의미의 전자 파일 시스템은 범용 컴퓨터의 자기 디스크를 보관 매체로 한 시스템이나 미니 컴퓨터 제어의 마이크로 컴퓨터를 보관 매체로 한 시스템도 포함된다.

3) 전자우편 시스템

전자우편시스템
· 음성메일 시스템
· 팩시밀리교환 시스템
· 텔렉스교환 시스템
· 전자전표 시스템

전화나 우송에 의한 종래의 정보 전달 수단을 개선하는 방법으로 문서를 전자적으로 축적 교환하는 전자우편 시스템이 있다. 광의로는 다음 시스템을 포함하여 총칭하는 경우도 있다.

(1) 음성메일 시스템

전화를 그대로 이용한 시스템으로 음성의 축적 교환을 가능하게 함으로써 상대가 부재 또는 대화중에도 전달할 수 있다.

(2) 팩시밀리 교환 시스템

팩시밀리를 이용한 시스템으로 이미지 데이터 축적 교환을 가능하게 하고 있으며 동보(복수의 상대에게 같은 내용을 보냄), 친전(특정한 상대밖에 받을 수 없음)등의 방법으로 보낼 수 있다.

(3) 텔렉스 교환 시스템

텔렉스를 이용한 시스템으로 메시지의 축적 교환을 가능하게 하고 있으며, 국제통신 등에 널리 이용된다. 이 시스템을 발전시켜 퍼스컴과 단말로부터 메시지의 송수신을 가능하게 한 전자우편 시스템이 출현했다고 할 수 있다.

(4) 전자 전표 시스템

전표의 작성 · 송부 · 승인 및 처리를 일괄하여 전자적으로 행하는 시스템으로 비전표 시스템이라고도 부른다. 이것은 종래의 데이터 처리의 범주이기도 하지만 수공업으로 행해지고 있었던 전처리(예: 입력용 전표의 작성)나 후처리(예: 출력 장표에 의한 이차 장표의 작성)까지 포함하여 상세히 기계화한 것이다.

4) 전자회의 시스템

전자회의 시스템은 전자적 보조 수단을 이용한 회의 지원 시스템으로 로컬 회의 시스템(디시전 룸이라고도 부른다)과 원격회의 시스템(텔레컨퍼런스라고도 부른다)으로 대별된다.

로컬 회의 시스템은 1개소의 회의실을 대상으로 회의 자료의 검색 · 표시를 전산화한 시스템으로 필요에 따라 다양한 매체가 이용된다. 전자흑판도 중심적인 구성 기기이다. 원격회의 시스템은 2개소 이상의 회의실을 통신 회선으로 접속하여 동시에 회의를 진행할 수 있도록 한 시스템이다. 원격회의 시스템은 다시 전화 회의 시스템과 TV회의 시스템으로 나눌 수 있다.

5) 전자비서 시스템

전자비서 시스템은 마치 하나하나가 비서를 두고 있는 것과 같이 보조적 작업을 기계화한 시스템이다. 보조적 작업이라 해도 천차만별이지만 비교적 공

전자비서시스템
· 회의실예약
· 전자전화장
· 스케줄관리
· 명함관리
· 내방객응대
· 회의설정

통성이 높은 다음의 기능을 패키지화한 것이다.

(1) 회의실 예약

분산되어 있는 회의실에 대해 어디서든지 예약을 할 수 있고, 빈 상황도 확인 할 수 있다.

(2) 전자 전화장

빈번히 행해지는 조직 변경·배치 전환에 대해 최신의 상태가 유지되며 소속이나 서명도 검색할 수 있다.

(3) 스케줄 관리

자신의 예정뿐 아니라 상사나 부하는 물론 회합을 원하는 상대의 예정을 알 수 있다.

(4) 명함관리

개인 재산에 머무르고 있던 명함을 공용화할 수 있고 과거에 누가, 누구와, 언제, 어떤 목적으로 만나고 있었는지를 알 수가 있다.

(5) 내방객 응대

내방객 의뢰에 대해 응대자의 스케줄, 응접실의 빈 상황을 즉시 조사하여 조종할 수 있으므로 당일의 내방객 예정도 한눈에 볼 수 있다.

(6) 회의 설정

회의 멤버 및 개최 희망일을 지정하면 자동적으로 스케줄을 조사하여 가능 개최일을 알 수 있으며, 예약 및 개최 통지를 자동적으로 보낼 수가 있다.

6) 의사 결정 지원 시스템

의사 결정에 필요한 정보를 데이터베이스로부터 검색하여 필요한 분석을

행하고 보기 쉬운 형태로 편집하여 출력하는 조작을 매우 간단히 행할 수 있게 한 시스템이다. '엔드유저 지원 시스템(end-user support system)'이라고도 부른다.

MIS와 목표는 같으나 다음과 같은 점이 크게 개선되고 있다.

① 조작이 메뉴나 그림 문자(기능을 시각적으로 표현한 것으로 아이콘이라 부름)에 의해 통일화되어 초심자에게 어울리게 되어 있다.

② 기능이 모듈화되어 조합·처리 대상·처리 내용·처리 순서 등 쉽게 지정할 수 있다.

③ 처리 결과를 한자·컬러 그래픽 기능으로 보기 쉽게 편집할 수 있다.

MIS(Management Infor-mation System):경영정보시스템
기업과 관계된 내/외부의 모든 정보를 컴퓨터로 정보화 처리하여 필요로 하는 정보를 언제 어디서나 신속하게 사용할 수 있는 시스템

7) ID 관리 시스템

사무자동화(OA)의 진전에 따라 개인을 지정할 필요성이 증대되고 있다. 그러므로 전기 카드 또는 IC 카드를 사원증(identification: ID)으로 이용함으로써 안전성 확보가 가능하도록 되어 있다. 예를 들면, 오피스에의 입출문 관리, 근태관리, 식당의 지불, 사내 연금의 환불, 단말 조작의 패스워드 등 응용 범위는 넓다.

8) 통합 사무자동화 시스템

최근 사무는 자동화시스템에 의해 다양한 영역으로 확대되고 있다. 특히 정보화시대에 따라 데이터관리가 필요하며, 이를 위해서는 자료의 집중화를 통해 중복된 자료를 최소화시킴으로써 다양한 응용분야를 효과적으로 지원할 수 있도록 체계적으로 구성된 자료의 집합인 데이터베이스 시스템(Database System)이 필요하다. 또한 그룹 내 의사소통이 중요해지면서 작업 그룹을 지원하는 시스템이 중요해지고 있는데, 이는 공동 작업이나 공동 목표에 참여하는 다양한 작업 그룹을 지원하는 응용시스템인 그룹웨어 시스템(Group-ware System)을 통해 활용할 수 있다.

제2절 스마트워크(Smart Work)

1. 스마트워크(smart work)의 의의

텔레워크는 pc통신이나 팩스 등을 활용하여 자택이나 휴양지 등 사무실에서 떨어진 장소에서 업무를 수행하는 것으로 u-Work(2005)와 모바일 오피스(2010)를 들 수 있다. u-Work(2005)는 유비쿼터스 환경하에서 근로자가 시간과 장소의 제약에서 벗어나 정보통신기술을 활용하여 효율적으로 업무를 수행할 수 있는 자유로운 근로 형태를 말하며, 모바일 오피스(2010)는 모바일 기기를 이용하여 사내 네트워크에 접속함으로써 회사에 들어올 필요 없이 외부에서 업무처리가 가능한 오피스를 말한다. 이러한 방식들이 진화되어 스마트워트 환경을 구축하고 있다. 스마트워크(Smart Work)는 시간과 장소의 제한 없이 일할 수 있는 업무환경 전반을 말하며, 사용자는 휴대용 단말기 또는 노트북을 이용하여 언제 어디서나 회사 네트워크에 접속하여 필요한 정보를 주고 받으면서 일할 수 있는 유연한 근무방식이다(한국정보화진흥원, 2010). 근무 시간과 공간의 제약 없이 일에 필요한 사람, 정보, 지식, 시스템을 네트워크로 연결하여 다양한 정보자원을 공유하고 협업할 수 있어 창의적이고 새로운 가치를 창출할 수 있는 근무방식을 의미한다(이각범, 2010; 이혜정, 2010; 정철호 · 문영주,2011).

이와 같은 스마트워크를 구축하기 위해서는 다음과 같은 기술적 요소들이 전제되어야 한다.

환경	기술적 요소	
일을 하기 위한 통합 업무 환경	Unified Communication	E-mail phone(VoIP) 문서협업 IM 파일공유 회의(Web conference, 음성회의) 전자결재 Voice Mail
타인과 공동 업무 수행	SNS & 협업	Face book Web2.0
일을 할 수 있을 정도의 QoS(Quality of Service)	Network support	QoS Contents distribution Cloud computing
기업 기밀 유지 가능	보안&관리	도메인분리 분실단말 accounting/charging 컨텐츠 보안
이동중 근무 가능	Mobile support	Mobile office 서비스이동성
스마트한 작업 환경	단말, BPM, UI/UX 기술	
새로운 이윤 창출	스마트워크 마켓	
실제와 같은 업무 환경	Telepresence & 실감 /몰입 기술	

자료 : 박주영(2011). "미래지향적 업무수행을 위한 스마트워크 기술".

> **QOS**
> 인터넷이나 네트워크 상에서 전송률 및 에러율과 관련된 서비스 품질을 가리키는 말이다.

2. 스마트워크와 업무 변화

1) 업무방식의 변화

스마트워크 구축을 위해서는 우선 조직 내 업무를 분석하여 스마트워크 구축 시 예상되는 효과와 구현 난이도를 평가하여 적용대상 업무를 선정해야 한다. 스마트워크 시스템 구현을 위해 업무처리의 복잡성을 검토 한 후 용도에 맞는 시스템 개발방식을 선정해야 하며, 플랫폼과 방식 선정시에는 시장 상황과 기술 트렌드 관점에서 분석해야 한다. 또한 조직의 업무를 모바일화 하는데 최적의 운영체계와 기기 선정 작업을 진행해야 한다(임규관,2011).

스마트워크를 도입하게 되면 다음과 같은 업무방식의 커다란 변화를 기대할 수 있다(이투데이, 2010. 7. 20).

① 현장중심의 신속한 업무처리(현장에서): 서류위주의 탁상업무가 현장중심의 업무로 변화됨으로써 업무처리속도와 생산성 향상

② 원격 · 실시간 협업을 통한 신속한 의사결정(직장에서): 한정된 사무실내의 폐쇄적인 의사결정 구조가 전세계 전문가들과의 원격 · 실시간 협업구조로 변화됨으로써 신속한 의사결정과 문제해결 가능

③ 일과 삶의 조화(가정에서): 재택근무 등 근무형태의 유연화로 고령, 육아나 장애로 인해 취업을 제한받던 취업소외계층의 취업기회 확대

그러나 이러한 스마트워크에 대해 국가와 기업의 관심 정도에 비해 실제 도입시에는 신중한 입장을 보이고 있다. 이는 스마트워크 도입에는 공감하지만 아직 스마트워크에 대한 부정적인 인식이 강하기 때문이다. 먼저, 실무자의 입장에서는 담당업무가 스마트워크에 부적합하다는 인식과 조직 내 소외감 및 고립감 유발, 인사고과나 구조조정 시 불이익 등의 우려가 높다. 반면, 관리자의 입장에서는 관리통제의 어려움이나 업무 생산성의 저하, 소속감 저하 등에 대한 우려가 높아 스마트워크의 정착이 빠르게 이루어지지 않고 있다(정철호 · 문영주,2011).

스마트워크로 인한 업무 방식변화
· 현장 중심의 신속한 업무처리
· 원격 실시간 협업을 통한 신속한 의사결정
· 근무형태 유연화로 인한 일과 삶의 조화

스마트워크 근무유형
· 이동근무
· 재택근무
· 센터근무

2) 스마트워크 근무유형

스마트워크 근무유형을 살펴보면 근무 장소에 따라 공간적 제약 없이 업무를 수행하는 이동근무(모바일 오피스, 혹은 모바일 근무), 정보통신 기술을 이용하여 자택과 직장에서 업무를 수행하는 재택근무, 그리고 거주지 인근에 구축된 전용시설을 이용하는 센터근무 등 3가지로 분류하는 것이 일반적이다(이한찬 · 이소현 · 김희웅,2012).

(1) 이동근무

이동근무는 스마트폰 등 이동형 단말기 및 무선인터넷 등의 무선정보기술을 활용하여 언제 어디서나 기업의 데이터, 프로세스, 시스템에 접속하여 업무를 수행할 수 있는 기업 업무 환경이다. 스마트폰 등 모바일 휴대기기를 이용하여 시간·공간적 제약을 받지 않고, 차량이동이나 출장 중에도 전자결재, 이메일 확인, 사내 인트라넷 접속을 통한 업무처리가 가능한 근무형태를 의미한다.

(2) 재택근무

재택근무는 정보통신기술을 활용하여 자택에 업무공간을 마련하고, 업무에 필요한 시설과 장비를 구축한 환경에서 근무하는 유연한 근무형태로, 회사의 인트라넷에 접속하여 업무를 수행하고 협업을 위해 영상회의를 수행하기도 한다.

(3) 센터근무

센터근무는 각 지역 주거지 인근에 구축된 전용 시설인 스마트워크센터에서 IT인프라를 활용한 사무실과 유사한 환경에서 근무하는 형태이다. 이는 재택근무와 모바일근무의 단점인 업무 몰입도, 복무 관리, 열악한 오피스환경 및 협업 환경을 보완한 개념이다.

3) 스마트워크 장점

이러한 스마트워크는 일자리를 창출하고, 저출산·고령화 대책으로서의 역할이 가능하며, 조기은퇴자 및 고령자에게 새로운 비즈니스 기회를 제공함으로써 국가사회 경제현안 문제의 해결이 가능하다. 또한 다양한 1인 기업 설립으로 사회적 일자리를 창출하고, 적절한 인력 수급이 가능하기 때문에 개인의 전문성이 극대화 될 수 있으며, 일과 가정의 양립이 가능하기 때문에 근로자의 생산성과 복지가 증진되고, 다양한 형태의 협업을 통해 업무의 완성도를 높일 수 있다는 장점이 있다(박주영, 2011).

[표 8-7] 스마트워크의 유형과 장단점

유 형	근무형태	장 점	단 점
재택근무	· 자택에서 본사 정보 통신망에 접속하여 업무 수행	· 별도의 사무 공간 불 필요 · 출퇴근 시간 및 교통비 부담 감소	· 노동자의 고립감 증가 와 협동업무의 시너지 효과감소 · 고립감으로 직무 만족 도 저하 · 보안성 미흡으로 일 부 업무만 제한적 수 행 가능
이동근무 (모바일오피스)	· 모바일 기기 등을 이 용하여 현장에서 업 무 수행	· 대면업무 및 이동이 많 은 근무환경에 유리	· 스마트폰 등을 활용한 위치추적 등 노동자에 대한 감시 통제 강화
스마트워크센터 근무	· 자택 인근 원격사무 실에 출근하여 업 무 수행	· 본사와 유사한 수준의 사무환경 제공 가능 · 근태관리 용이 · 보안성 확보용이 · 직접적인 가사·육아에 서 벗어나 업무집중도 향상 가능	· 별도의 사무 공간 및 관 련 시설 비용부담 · 관련 법 및 제도 정비 필요 · 관리조직 및 시스템 구 축 필요

자료: 국가정보화전략위원회 보도자료(2010)를 이용하여 재정리

3. 스마트워크의 국내외 기업 활용

1) 스마트워크 국내기업 활용 사례

최근 저출산 고령화, 저탄소 녹색성장, 노동 효율성이 강조되면서 스마트워크가 적극적으로 추진되고 있다. 기업의 스마트워크 도입은 기술직 근무자들과 대외지원팀, 영업직 근로자에 대한 이동 및 모바일오피스와 스마트워크센터 근무, 사무직 근로자들의 재택근무 및 스마트워크센터 근무, 해외 영어소

와의 화상회의 등의 형태로 도입되고 있다.

KT는 전 직원들에게 테블릿 PC와 스마트폰을 지급하고 2011년 4월부터 20,000여명의 직원을 대상으로 10곳의 스마트워크 센터를 운영하며 스마트 워킹을 시행하고 있다(KT경제경영연구소,2010). 한국 IBM은 효율적인 업무 생산성 향상과 사무실 운영을 위해 모바일오피스를 실행하고 있고, 그 밖의 기업에서도 직원들의 근무유형에 따라 근무장소를 선택하는 등 스마트워크 를 도입하고 있다(윤문엽, 2011).

[표 8-8] 스마트워크 국내기업 사례

분 야	도입 기업	도입내용
재택 근무	삼성 SDS	출산·육아 친화경영이란 화두로 우수한 여성인력 확보와 유출방지를 위해 재택근무 제도 운영
	대웅제약	출산·육아로 출근이 곤란한 직원을 대상으로 급여의 90%를 지급하고 재택근무 허용(주 1~2회 사무실 출근)
	롯데홈쇼핑	주문전화가 쇄도하는 시간대에 탄력적인 인력 운용을 위하 시간대별 재택근무제 운영
원격 근무	KT	수도권 10개 지역에 '위성오피스' 구축 및 본사, 대전 연구소 간 실감형 영상회의 시스템 구축·운영
	현대모비스	본사 및 국내외 지사간 화상회의를 실시하여 국내지사 및 해외지사 간 출장 감소
	삼성석유 화학	생산공정 정보시스템을 구축하여 관리자가 서울 본사에서 원격으로 현지 공장의 업무 진행사항 파악
모바일 워 크	한국IBM	시간·장소에 관계없이 필요한 업무를 수행할 수 있는 '모바일 오피스' 도입
	현대중공업	설계도면 조회, 공정 입력 등이 가능한 '와이브로 조선소'를 구축하여 현장에서 실시간 업무처리
	포스코	스마트폰을 활용한 '스마트팩토리'를 구축하여 생산현장 혁신 및 신속한 의사결정 지원

자료: 국가정보화전략위원회 보도자료, 2010.

2) 스마트워크 해외기업 활용 사례

전 세계적으로 네트워크 환경과 IT기술이 고도화되고, IT를 활용한 저탄소 녹색성장에 대한 관심이 높아짐에 따라, 미국과 일본, 유럽 등 주요 선진국을 중심으로 스마트워크 추진이 활발하게 이루어지고 있다.

영국의 브리티시텔레콤은 'BT Style'이라는 탄력근무제를 도입하여 1인당 연간 83%의 사무실 운영비용 질감과 20~60%의 업무 생산성 증가, 벙가율(60%) 및 산후 휴가 복귀율(99%) 증가, 이산화탄소 배출량 감소 등의 효과를 거두었는데, 이 제도에는 직원의 87%가 참여하여 이를 토대로 컨설팅 서비스까지 사업영역을 확대하였다.

일본의 NTT 도코모는 2008년 재택근무를 실시하여 이를 통해 연간 6.75톤의 이산화탄소 저감효과와 71%A의 업무창조성 향상, 97%의 통근부담 완화, 71%의 가족과의 원활한 의사소통 향상 등 긍정적인 성과를 도출하였다. 이는 업무의 생산성 뿐 아니라 개인의 라이프 스타일에서도 긍정적인 결과를 나타내고 있다.

[표 8-8] 스마트워크 해외기업 사례

분야	도입 기업	도입내용
탄력 근무	브리티시텔레콤 (영국)	· 사무실 운영비용 절감 − 사무실 공간 감소로 매년 약 9억 5천만 달러 절감 − 1인당 연 83% 절감 · 생산성 향상 − 사무실 내근자 대비 업무생산성 20~60% 증가 − 재택근무 콜센터 직원의 고객응대 수준 향상, 응대율 20% 증가 · 직원 만족도 증가 − 병가율 63%로 감소, 산후휴가 복귀율 99%(평균 47%) − 사무실 내근자 대비 무단결근율 20% 감소 · 출장비 감소 − 컨퍼런싱으로 연 86만건의 미팅 감소, CO_2배출량 750kg감소

재택 근무	NTT도코모(일본)	· 이산화탄소 저감 　－ 재택근무를 통해 연간 6.75톤 저감 · 생산성/만족도 향상 　－ 업무창조성 71% 향상 　－ 통근부담 완화 97% 향상 　－ 가족과의 원활한 의사소통 71% 향상

자료 :KISDI, 스마트워크 추진현황과 활성화 방안. 2010.

4. 모바일 오피스 어플리케이션

　스마트폰의 보급이 대중화되면서 스마트폰을 활용하여 업무를 처리하는 '모바일 오피스'가 일반화되고 있다. 최근 다양한 기능을 갖춘 오피스 어플리케이션이 개발되면서 문서관리 및 편집뿐만 아니라 업무의 공유 또는 협업, 스케줄 관리와 PC연동을 통한 업무처리가 가능하다.

1) 사무용품 관련 어플리케이션

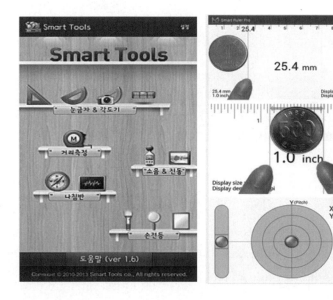

출처: https://play.google.com/store/apps/details?hl=ko&id=kr.aboy.tools

Smart Tool은 눈금자와 각도기, 거리측정 등의 기본적인 측정도구뿐만 아니라 소음측정기, 나침반, 손전등, 돋보기, 거울 등 다양한 도구를 지원하고 있다. 이를 활용하여 외부에서 급하게 측정하거나 쾌적한 사무실을 관리하는데 있어 유용한 어플리케이션이라고 할 수 있다.

2) 저장기능의 클라우드 서비스

클라우드 서비스는 스마트폰의 저장한계로 다양한 형태의 어플리케이션으로 많이 개발되어 있다. 문서뿐만 아니라 개인적인 메모, 사진, 동영상 등을 스마트폰의 용량에 구애받지 않고 저장할 수 있으며, 저장된 파일을 동기화하고 공유할 수 있다. 또한 위치저장기능을 활용하면 자신이 작성한 노트가 어디서 작성되었는지까지 확인할 수 있는 서비스를 제공하기도 한다.

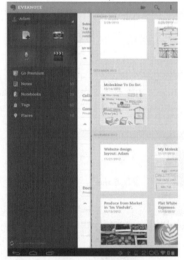
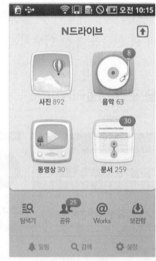

출처: http://me2.do/5Vg2yS5j   출처:http://me2.do/Fv539dwQ

3) 명함스캐너

업무상 많은 사람들을 만나게 된다면 명함처리 역시 큰 업무가 되는 경우가 많다. 특히 명함을 바로 관리하지 않으면 잃어버리기 쉬운 만큼 명함을 받는 즉시 관리하는 것이 좋다. 최근 많은 직장인들은 명함 정리 어플리케이션을 통해 간단히 명함을 관리·활용하고 있다. 명함관리 어플리케이션은 명함을 사진으로 찍으면 단어나 숫자를 인식하여 바로 저장할 수 있으며, 명함에 사진이나 음성, 동영상을 추가할 수 있는 기능도 제공되고 있다.

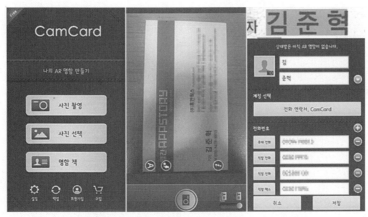

출처: http://me2.do/GztOoUOy

4) 기타

브레인스토밍을 활용한 회의 시 사람들은 마인드 맵핑을 통해 생각을 정리하거나 아이디어를 도출하는 경우가 많다. 이를 위한 마인드 맵핑을 도와주는 어플리케이션이 개발되었다. 중심테마에 제목을 정하고 버튼을 누르면 하위 카테고리를 만들 수 있으며, 종이가 없어도 물리적인 제약 없이 무한한 공간에서 마인드 맵핑을 할 수 있다.

출처: http://me2.do/GztOoUOy

제9장

사무지원 시스템

- 제1절 전자문서 교환(EDI) 시스템
- 제2절 전자결재 시스템
- 제3절 전사적 자원관리(ERP) 시스템

전자문서 교환(EDI) 시스템

1. 전자문서 교환의 의의

> **전자문서 교환(Electronic Data Interchange: EDI)**
> EDI가 소개된것은 1960년대 말로 운송업계에 처음 도입됨.
> EDI는 사무자동화(OA), 경영정보 시스템(MIS), 전략정보 시스템(SIS) 등 지금까지 개별 조직단위 차원에 국한되어 온 정보처리 기술을 관련되는 조직 전체로 그 영역을 확대함.

전자문서 교환(Electronic Data Interchange: EDI)은 기업 간 거래에서 기업마다 다른 서류(수발주 전표 등)의 표현 형식(문서 포맷이나 데이터 코드)을 통일(공통화)하고, 사람 손을 거치지 않고 컴퓨터 간에서 전기 통신 회선을 거쳐 데이터를 교환하는 것을 말한다.

EDI는 거래 당사자가 인편이나 우편에 의존하는 종이문서 대신 컴퓨터가 읽을 수 있는 서로 합의된 표준화된 자료, 즉 전자문서(Electronic Documents)를 데이터 통신망을 통해 컴퓨터와 컴퓨터 간에 교환하여 재입력 과정 없이 직접 업무에 활용할 수 있도록 하는 새로운 정보 전달 방식이다.

기존의 종이 서류를 이용한 문서처리 방식은 동일한 정보를 반복해서 재입력하고 이를 사람이 직접 전달하거나 우편, FAX 등을 이용하여 처리함으로써 업무처리 시간의 지연, 데이터의 낮은 정확도, 많은 인력 낭비, 업무 진행의 높은 불확실성 등 여러 가지 문제점을 내포하고 있었다.

EDI가 도입되면 발신인은 수신인에게 데이터 통신망을 통해 표준 전자문서를 전송하게 되고, 수신인은 전자문서를 접수하여 발신인의 의사를 이해하고 그에 상응하는 조치를 즉각 취하게 되므로 종이 서류에 의존하지 않고도 거래 상대방과의 비즈니스를 매우 신속·정확하고 경제적·효율적으로 처리할 수 있게 된다.

따라서, EDI를 이용하면 견적 요청서, 견적서, 주문서, 운송 지시서, 송장 및 지급 의뢰서와 같은 일상적인 종이 서류의 물리적인 교환이 없어진다.

이 밖에 EDI를 통해 자동화되고 있는 무역 관련 법적 거래 중에는 수출입 승인(추천)·화물 운송 요청·보험 청약·신용장·네고(nego)·통신광고 등이 있다.

2. EDI와 기존 통신 방식과의 비교

1) EDI와 종이 서류 거래 방식

종이 서류 거래 방식을 활용한 비즈니스 정보 전달의 경우 동일한 데이터를 재차 입력해야 하는 비효율성을 갖고 있다. EDI는 종이문서를 기초로 한 시스템에서 필연적으로 발생하는 시간 낭비와 Key-In을 되풀이해야 하는 노력을 대폭 감소 시킬 수 있다. 그 내용을 정리하면 [그림 8-1]과 같다.

[그림 8-1] EDI와 종이 서류 거래 방식

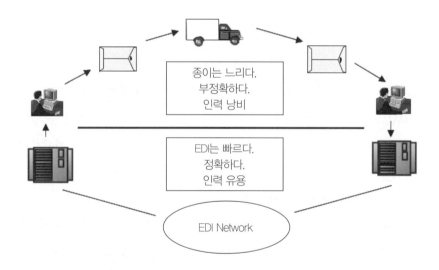

2) EDI와 온라인

EDI는 교환의 당사자 간에 서로 독립적으로 운영하는 응용 프로그램을 갖고 있다는 점이 온라인과 다른 점이다. 또한 각각의 당사자는 서로 독립된 데이터를 갖고 있으며, 그 운영 방법도 서로 다르기 때문에 이를 온라인으로 이어서 운영한다는 것은 어려운 점이다.

EDI는 양쪽 당사자의 데이터를 공유할 수 있으며 자유로운 교환이 가능하게 하면서 서로 갖고 있는 데이터의 독립성과 보안성을 보장하는 점도 온라인

온라인

Log-On(단말 작동 개시)은 단말 세션을 개시하는 것으로, 온라인 시스템의 이용자는 먼저 유저 식별 코드와 패스워드를 입력하여 시스템에 신원을 확인하지 않으면 안 된다.

과 EDI의 다른 점이라 하겠다.

[표 8-4] 온라인 방식과 EDI의 차이

구 분	On-Line	EDI
당사자 간의 관계	주전산기(host)와단말기(terminal)	대등한 응용 DB 대 DB
응용 · DB의 유무	주전산기를 가진 측에만 있음.	양쪽 모두 독자적인 응용과 DB를 가지며, 로그온(Log-On)이 불가능하므로 시스템 보호가 가능함.
거래 상대방이 다변화할 경우	주종 관계가 형성되므로 참여에 한계가 있음.	참여자가 얼마든지 확대 가능함.

3) EDI와 E-mail/FAX

EDI는 거래 당사자 간의 1대 1 컴퓨터 연결 또는 EDI 서비스 제공자의 중계 시스템(Message Handling System: MHS)을 통한 전송으로 실행될 수 있다. 이러한 메시징 시스템은 통상 전자 사서함(mailbox) 서비스를 제공하므로 발신인이 전자문서를 메시징 시스템에 전송한 시각과 수신인이 전자문서를 검색하는 시각 사이에 전자문서를 저장할 수 있다.

EDI 서비스 제공업자는 전자문서 교환에 앞서 메시징 시스템에 통지되는 이용자 식별 코드(user indentification code)와 비밀 번호(password)의 부여를 통해 메시징 시스템(massaging system)에 대한 접근을 제한하고 전자문서의 중계 및 전송 활동을 책임진다.

EDI는 구조화된 표준 양식에 따라 데이터를 표현하므로 서로의 컴퓨터에서 사람의 개입 없이 기계적으로 처리(machine processible)할 수 있어 데이터의 전송, 관리 및 활용 등이 매우 효율적으로 이루어진다. 이에 비해 FAX는 문서를 디지털 이미지(흑점과 백점의 조합)로 변환시켜 전화선을 통해 이동시키므로 어떤 형태의 문서(문자 · 그림 · 서식)라도 재현할 수가 있다. 그러나 컴퓨터에서 처리될 수 없는 비구조화된 양식으로 재현되어 있으므로 필요한 데이터는 수신자가 재입력한다.

EDI와 E-mail은 서로 유사한 전자적 전송 방식이다. 그러나 이 두 가지 방식은 메시지 형태와 데이터 처리 방식이 다르다. EDI는 표준 양식으로 구조화된 데이터를 전송하여 수신측의 컴퓨터가 직접 처리할 수 있는 반면, E-mail은 개인 사이에 전화나 편지를 주고받는 대신 컴퓨터를 사용하는 것이다. 데이터는 물론 전자적으로 표현되고 전송되지만 표준 양식이 아닌 자유로운 형태(free format)로 자료가 전송되므로 필요한 데이터를 추출하여 재입력해야만 컴퓨터에 의해 처리될 수 있는 유용한 데이터가 되는 것이다.

[표 8-5] FAX, E-mail 및 비교

비교 항목	E-mail	FAX	EDI
데이터 전송	당사자 간 즉시 전송	VAN 경유 (store & forward)	VAN 경유 (store & forward)
데이터 형태	human-readable	human-readable	machine-readable
데이터 구조	모든 형태의 데이터 (문자, 그림, 서식)	자유 양식 (Free Format)	구조화된 표준 양식 (Structured Standard Format)
데이터 입력	수신자의 데이터 추출 및 재입력	수신자의 데이터 추출 및 재입력	응용 프로그램 간 데이터 자동 입력
데이터 처리	perosn-to-person	person-to-person	application-toapplication

3. EDI의 효과

1) 거래 시간 단축

EDI 방식의 무역 자동화를 실시하고 있거나 추진중인 국가는 우리 나라 수출의 많은 비율을 점하고 있으며, 이들 국가의 업체들은 EDI를 통한 무역 관련 서류의 제출을 거래 상대방에게 요구하고 있는 실정이다.

또한 미국은 EDI를 통한 통관에 우선권을 주고 있으며, 세관 신고를 EDI 방식으로 할 것을 권고하고 있다. 즉, EDI의 경우 사전 통관 신고 제도 및 우범

EDI의 효과
· 거래시간 단축
· 업무처리 오류감소와 비용절감
· 불확실성의 감소에 따른 업무개선
· 사회간접효과 제공

화물 선별 검사 제도 등을 통해 당일 통관이 가능하나 기존의 종이 서류 제출의 경우에는 4~5일이 걸리는 등 새로운 무역 장벽이 되고 있다.

2) 업무처리 오류 감소와 비용 절감

EDI 이용에 따른 효과 중의 하나는 운영비를 줄이고 능률을 증진시킬 수 있다는 점이다. 대부분의 기업이 서류의 작성 및 처리를 컴퓨터로 하고 있으나 타기업 또는 타기관과의 서류 교환은 인편 또는 우편, FAX 등에 의존하고 있어 기업 내 시스템에 입력되는 데이터의 약 70% 정도가 타기업 시스템의 출력 데이터이다. 이와 같은 재입력 과정에서 오류의 발생과 함께 많은 비용이 수반된다.

3) 불확실성의 감소에 따른 업무 개선

종이문서를 사용하는 경우에는 문서의 접수와 처리 여부에 대해 확신을 가질 수 없다. 정보의 발송자는 접수 여부, 처리 여부를 항상 확인해 보아야 한다. EDI는 거래정보 데이터의 전달 및 접수 여부를 자동적으로 확인하는 기능을 가지고 있다.

EDI는 또한 경영 시스템의 효율성을 높여 준다. 자동차 업계에서 EDI를 이용하게 된 데는 자재 소요 계획(Material Requirement Planning: MRP)이나 적기 공급 체제(Just In Time: JIT)와 같은 경영 시스템을 지원하기 위해 통신망을 개선하려는 노력에 힘입은 바 크다.

또한 EDI 도입을 하기 위한 업무 절차의 재평가 작업을 통한 업무 개선과 함께 다른 시스템과의 통합 등이 이루어지면서 고객들에 대한 서비스의 확대 및 개선이 이루어지게 된다.

4) 사회 간접 효과 제공

거래 시간 단축이나 업무처리의 오류 감소와 비용 절감 또한 업무 개선 등의 직접적인 효과는 해당 기업(기관)에 인력 감축, 재고 감소, 적기 공급 체제 구축, 고객 서비스 강화, 효율적인 자금 관리, 국가 경쟁력 강화 등의 다양한 간접 효과를 제공한다.

EDI의 효과는 단순히 개별 기업(기관)의 차원에 그치지 않는다. 예를 들어 종합무역 자동화 사업의 무역 업무가 EDI 방식으로 처리되면 도로, 항만 등의 적체가 획기적으로 감소할 것이며, 따라서 EDI는 사회간접자본의 효율적인 이용을 가능하게 해 준다.

제2절 전자결재 시스템

1. 전자결재 시스템의 의의

전자결재 시스템은 경영 활동의 결과를 기록한 문서나 보고서를 공식적으로 허가하거나 승인하는 활동을 전자 시스템을 이용하여 실시하는 것이다. 이러한 전자결재 시스템의 주목적은 피결재권자와 결재권자가 동시에 동일 위치에 존재하지 않아도 문서의 결재가 가능하도록 하는 것이다. 즉, 보고자(또는 피결재권자)와 피보고자(또는 결재권자)가 동일 시각, 동일 장소에 존재하지 않아도 의사 결정이 가능한 것으로 시간적·공간적 제약성을 극복하기 위해 제시된 것이 전자결재 시스템이다.

전자결재 시스템은 경영 업무에서 통제에 대한 유연성을 주는 한편 정보기술을 대면 결재 업무에 적용하여 대면 결재가 갖는 단점을 해소시킴으로써 생산성을 올리려는 데 목적이 있다. 즉 문서의 생성으로부터 폐기에 이르는 모든 과정을 자동화함으로써 업무 절차상의 비효율을 감소하고 생산성을 높이는 사무자동화의 기구이다.

이는 기존의 수동적 결재 처리 업무를 각사가 고유 문서 양식을 등록하여 작성된 문서를 컴퓨터 메일 시스템을 이용해서 지정한 결재자에게 온라인상

사회보험 EDI시스템
사회보험 EDI시스템은 사회보험의 각종신고나 신청 등의 민원업무를 직접 공단을 방문하거나 우편으로 해야 하는 불편함을 개선하여 전자적으로 처리하는 시스템이다. 이 시스템은 기존의 서식전달 체계(인편, 우편)를 대신하여 표준화된 전자문서 교환방식인 EDI(Electronic Data Interchange) 서비스를 국민연금/건강보험과 사업장에 제공한다. 이를 통해 사무환경 개선 및 사무자동화, 각종 서식 및 업무의 표준화, 인력절감, 부대비용 및 업무간소화, 기관자료 제공으로 가입자 정보관리 향상, 국민연금/건강보험 정부 인프라 구축기반 조성 등을 기대할 수 있다.

으로 결재를 받아 대기 시간을 최소화함으로써 신속한 의사 결정을 창출하는 결재 시스템이라고 할 수 있다.

전자결재 시스템은 메시지 전달이라는 궁극적인 기능에는 전자우편 시스템과 차이가 없으나 형식화된 메시지의 전달과 통제 기능을 수행하면서 의사 결정이 함께 수반된다는 점에서는 차이가 있다(표 8-6 참조)(한상도, 1999: 348).

[표 8-6] 전자우편 시스템과 전자결재 시스템의 비교

구 분	전자우편 시스템	전자결재 시스템
분 류	그룹웨어 시스템	워크 플로 시스템
기 능	메일 전달	결재 업무의 자동화
형 식	무형식	일정 형식
목 적	메시지 전달	의사 결정 및 지원
미디어	전자 미디어	전자 미디어
서 명	불필요	필요
검 색	간단한 검색 도구	좀더 강력한 검색 도구
보 관	단기간의 보관	좀더 장기간의 보관
정 보	단순한 루틴(routine)	복잡한 형태의 루틴(routine)
환 경	단순 정보기술	복잡한 정보기술

2. 전자결재 시스템의 기능적 구조

전자결재가 이루어지기 위해서는 보고서나 기안을 전자적으로 작성할 수 있어야 하며, 작성된 문서를 전자적으로 결재권자에게 전달할 수 있어야 한다. 최종적으로 결재권자는 전송된 문서를 열람하고 판단하며, 이를 결재할 수 있어야 한다. 이러한 과정을 근거로 할 때 전자결재 시스템은 다음과 같은

기능적 구조를 가진다.

1) 문서 작성 기능

전자결재 시스템을 효과적으로 이용하기 위해서는 데이터베이스에 저장된 자료를 이용한 문서 작성이 용이하고 작성된 문서가 결재 시스템을 통해 보고될 수 있어야 한다.

문서 작성시 보고서나 기안 문서의 내용은 그림이나 사진과 같은 이미지 정보, 도표와 같은 다양한 형태의 정보를 취급할 수 있다.

2) 전자우편 기능

전자우편은 작성된 문서나 보고서를 결재자에게 전달하기 위한 전자결재 시스템의 가장 중심이 되는 기능이다. 전자우편 기능은 다음과 같이 구분할 수 있다.

(1) 문서 송신 기능

작성된 문서를 수신자에게 전달하는 것으로 문서를 적시에 송신하는 것을 기본 기능으로 한다. 그러나 좀더 효과적인 문서 전달을 위해서는 다중 송신 기능과 예약 송신, 우선순위의 부여와 같은 기능이 요구된다.

다중 송신은 동일 문서를 여러 수신자에게 동시에 송신하기에 적합한 기능이다. 여러 수신자에게 개별로 문서를 전달하기보다는 수신자 명단에 여러 명의 수신자 이름을 기재함으로써 한 번에 여러 수신자에게 문서를 송신할 수 있게 한다. 예약송신은 예정된 시각에 문서가 송신될 수 있도록 송신 시각을 지정할 수 있다. 또한 문서별로 우선순위 부여가 가능하도록 함으로써 긴급 문서의 경우 일반 문서에 비해 빨리 전달될 수 있도록 하고 송신된 문서가 수신자에게 올바르게 전달되었는지 송신 결과를 자동으로 파악할 수 있어야 한다. 송신자는 문서의 전달과 거의 동시에 송신 결과를 파악할 수 있으며, 송신자는 수신자로부터 회신이 전달되지 않은 경우에도 이의 원인을 원격지에서 직접 조회할 수 있다. 이러한 문서 전달이 실시간에 가능하며, 전자우편이 일반 우편과 비교하여 가지고 있는 장점 중의 하나이다.

(2) 문서 수신 기능

문서 수신은 송신된 전자우편 문서를 받아 보는 활동이다. 문서 수신은 수신된 문서가 수신자의 문서함에 전자적으로 도착됨으로써 종료되는 것이 아니라 수신된 문서를 열람할 때 비로소 종료된다고 할 수 있다. 따라서 문서 수신은 무엇보다도 수신 상태를 사용자에게 항상 자동으로 전달할 수 있어야 하며, 사용자가 어떠한 상태에 있더라도 새로운 문서의 수신 즉시 이를 통보받을 수 있어야 한다.

(3) 문서 저장 기능

저장이란 수신한 문서를 재사용이나 참조를 위해 쉽게 열람할 수 있도록 보관하는 것을 말한다. 이를 위해서는 문서를 온라인으로 저장장치에 저장해야 하며, 실시간으로 열람이 가능해야 한다.

문서의 효과적인 저장·보관 및 삭제를 위해서는 문서 수신자별로 복수(複數)의 문서 보관함을 설정하여 사용할 수 있어야 한다. 따라서 전자우편 시스템의 사용자 전용의 우편함을 가지며, 우편함에 보관된 문서들은 본인만이 열람할 수 있다. 때로는 여러 사람이 동시에 열람할 수 있는 공용의 문서 보관함이 필요할 때도 있다.

또한 전자우편은 특정 수신자뿐 아니라 관심이 있는 모든 사용자들이 열람할 수 있는 전자 게시판이나 특정 사람들에게만 공람되는 제한된 문서로도 존재할 수 있다. 이와같이 수신자의 종류와 성격에 따라 서로 다른 문서함을 사용할 수가 있다.

(4) 문서 검색 기능

문서의 검색은 서지별 검색과 내용별 검색으로 크게 구분된다. 서지별 검색이란 발신자, 발신처, 발신일자, 제목, 문서의 종류 등을 이용하여 문서를 검색하는 경우이다. 이에 반해 내용별 검색은 문서의 내용에 따라 특정 주체에 관한 문서를 검색함을 뜻한다. 서지 사항은 검색 조건을 정확하게 명시하지 못하는 경우에도 문서 검색에 유용하게 사용될 수 있다.

3) 전자결재 시스템의 장점

전자결재 시스템은 기존의 문서결재 시스템과 비교해 볼 때 다음과 같은 장점을 지닌다.

① 결재권자가 이동해도 평소와 같은 통상적인 업무 수행이 가능하다.
② 전자결재 시스템은 시간적 · 공간적 제약성을 극복함으로써 결재를 위한 소요 시간을 단축한다.
③ 경영 의사결정 사이클을 단축하는 효과를 지닌다.
④ 전자결재 시스템은 여러 사람이 동시에 동일 문서의 내용을 열람하고 결재할 수 있도록 함으로써 결재 과정을 단축시켜 직접 접촉에 의한 업무 수행의 제한점을 극복할 수 있다.

제3절 전사적 자원관리(ERP) 시스템

1. 전사적 자원관리(ERP)의 의의

ERP는 Enterprise Resource Planning의 약자로 '전사적 자원관리'라고 해석되며, 인사, 생산, 재무 등 독립적으로 운영되어오던 경영자원의 관리시스템을 하나의 통합시스템으로 구축하여 경영이나 관리를 보다 편리하게 하기 위한 컴퓨터 시스템이다. (이진혁,2009: 12).

즉, 전사적 자원관리(ERP:Enterprise Resource Planning)는 기업의 경영자원을 효과적 혹은 통합적으로 관리하여 경영의 효율화를 도모하는 업무통합관리 수단이라 할 수 있다. 좁은 의미의 ERP를 통합적인 컴퓨터 데이터베이스를 구축하여 회사의 자금, 회계, 구매, 생산, 판매 등 모든 업무의 흐름을 효율적으로 자동조절해주는 전산시스템(통합형 업무 패키지 소프트웨어)이라고 한다면, 광의의 ERP는 기업 전체의 경영자원을 유용하게 활용한다는 관점에서 구매, 생산, 물류, 회계 등의 업무기능 전체의 최적화를 통한 경영의 효율성을 도모하는 통합정보시스템이라 할 수 있다.(박명호,2007: 8-11).

ERP는 기업들이 경영활동의 수행을 위해 지니고 있는 여러 개의 시스템 즉 생산, 판매, 인사, 회계, 자금, 원가, 고정자산 등의 운영 시스템을 하나의 체계로 통합 시스템을 재구축함으로써 생산성을 극대화 하려는 대표적인 기업 리엔지니어링 기법이다.

과거의 경영지원시스템도 각각 해당 분야의 업무를 처리하고 정보를 가공하여 의사결정을 지원하였지만, 별개의 시스템으로 운영되어 정보가 타 부문에 동시에 연결되지 않아 불편과 낭비를 초래하였다. 이러한 문제점을 해결하기 위해 ERP는 어느 한 부문에서 데이터를 입력하면 회사의 전 부문이 동시에 필요에 따라서 정보로 활용할 수 있게 하는 것이다.

ERP 시스템은 급변하는 경영환경의 변화와 정보기술의 발전에 대응하기 위해 노력하는 기업들에게 업무처리 능률을 극대화 하기 위한 선진 프로세스(Best Practice)와 최첨단의 정보기술 활용이라는 큰 효과를 제공하게 된다.

ERP

ERP란 용어는 미국 정보시스템 컨설팅 회사인 가트너 그룹이 처음 사용한 것으로 "기업내의 업무기능들이 조화롭게 제대로 발휘할 수 있도록 지원하는 애플리케이션들의 집합으로 차세대 업무시스템"으로 정의하였다(Gartner Report, 1998).

2. 전사적 자원관리(ERP)시스템 도입 및 활용

1980년대 이후 무역자유화와 글로벌화가 진행되면서 기업들은 활동영역을 넓히는 동시에 외부의 강력한 경쟁자들의 도전에 직면하게 되었다. 고객들의 제품과 서비스에 대한 다양화 · 고급화 요구가 급증하자 기업들은 급변하는 경영환경에 적응하고 생존하기 위한 새로운 패러다임이 필요하였다. 즉, 기업들은 조직구성원들의 지식과 역량을 최대한 활용할 수 있고 정보의 효율적인 공유를 통한 신속한 의사결정을 가능하게 하는 정보시스템이 필요하게 되었다. 진보된 정보기술환경 또한 기업들의 새로운 형태의 정보시스템 구축에 영향을 미쳤으며, 이는 ERP시스템 도입 확산에 중요한 요인으로 작용하였다시에 필요에 따라서 정보로 활용할 수 있게 하는 것이다.

ERP 시스템은 급변하는 경영환경의 변화와 정보기술의 발전에 대응하기 위해 노력하는 기업들에게 업무처리 능률을 극대화 하기 위한 선진 프로세스(Best Practice)와 최첨단의 정보기술 활용이라는 큰 효과를 제공하게 된다.

2) ERP시스템 도입 및 활용

1980년대 이후 무역자유화와 글로벌화가 진행되면서 기업들은 활동영역을 넓히는 동시에 외부의 강력한 경쟁자들의 도전에 직면하게 되었다. 고객들의 제품과 서비스에 대한 다양화·고급화 요구가 급증하자 기업들은 급변하는 경영환경에 적응하고 생존하기 위한 새로운 패러다임이 필요하였다. 즉, 기업들은 조직구성원들의 지식과 역량을 최대한 활용할 수 있고 정보의 효율적인 공유를 통한 신속한 의사결정을 가능하게 하는 정보시스템이 필요하게 되었다. 진보된 정보기술환경 또한 기업들의 새로운 형태의 정보시스템 구축에 영향을 미쳤으며, 이는 ERP시스템 도입 확산에 중요한 요인으로 작용하였다(신주일, 2007). 경영혁신기법을 기반으로 하고 있는 ERP시스템의 적용분야는 살펴보면 다음과 같다(김승한,1999).

(1) 재무·회계분야의 ERP시스템

재무·회계분야에서는 ①중복데이터의 폐지나 통합된 정보관리로 회계업무의 정도 향상 및 결산기간의 단축, ②기업내 업무기능간 통합, ③기업 외부와의 연계및 자금정보의 통합관리, ④최신정보기술의 활용에 따른 서류업무량 감소, ⑤기업내 사업부간 통합, ⑥실시간 회계처리의 실현, ⑦글로벌기업에서 자금 및 회계의 통합관리, ⑧각종 회계정보의 합리적 데이터처리, ⑨은행과 연계한 현금흐름의 실시간통제, ⑩정보기술을 활용한 회계분야의 의사결정지원, ⑪국경없는 국제화경쟁에 대응하는 다국어 지원 등이 가능하다.

(2) 인사분야의 ERP시스템

인사분야의 ERP시스템은 ①인사보안능력의 향상, ②서류작업량의 대폭 감

한국IDC에 따르면 2011년 기준으로 국내 EPR 시장점유율은 SAP, 더존비즈온, 오라클, 영림원소프트랩(K System), 삼성 SDS(UniERP) 순이다. 이 가운데 SAP코리아는 현재 가장 높은 ERP시스템 점유율을 나타내고 있다. 현재 삼성전자, 삼성전기를 비롯한 대부분의 삼성그룹 주력 계열사, 한국남동발전, 한국남부발전, 한국서부발전, 한국전력기술 등 KEPCO그룹 4개 계열사, 현대·기아자동차, 현대모비스, 글로비스, SK텔레콤, SK에너지, SK네트웍스, LG화학, LG텔레콤, LG생활건강, 롯데리아, 롯데햄 등 롯데그룹, 현대중공업그룹 주력계열사인 현대중공업과 현대미포조선, GS그룹의 GS칼텍스, GS홈쇼핑, GS리테일, GS건설, 금호아시아나그룹의 금호타이어, 금호석유화학, 아시아나항공, 아시아나IDT 등이 SAP시스템을 도입하여 사용하고 있다.

소, ③인사정보와 관련한 신속한 의사결정지원, ④교육훈련 및 인재양성 프로그램 지원, ⑤인사전략 · 조직관리 · 채용관리 · 경력관리의 지원, ⑥인사업무의 정보서비스능력 향상, ⑦그래픽과 동영상정보를 활용한 다양한 인사정보제공, ⑧제조와 회계에 연동한 합리적이고 다양한 급여시스템 지원 등이 가능하다.

(3) 정보기술분야의 ERP시스템

정보기술분야의 ERP시스템은 ①시스템 경량화 및 유연성 부여, ② EDI를 이용한 기업 내 · 외부 시스템과의 연계 및 원활한 정보교류, ③작업흐름기술을 이용한 업무의 자동화처리, ④데이터웨어하우스기술을 이용한 사용자 수준별 업무의 분석기능 보강 및 그래픽 · 테이블 등에 의한 보고종류의 다양화, ⑤Web · EDI · CALS · EC기술을 이용한 기업간 · 국가간 자유로운 시스템 접근, ⑥GUI기술을 이용한 사용자의 정보시스템 친숙도 제고, ⑦재택근무를 지원하는 정보시스템 구현 등이 가능하다.

(4) 제조 · 물류 · 서비스분야의 ERP시스템

제조 · 물류 · 서비스 · 공공 등 산업별로 특화된 전문기능 대응 및 통합관리 지원과 대용량 데이터처리속도 향상에 따른 시뮬레이션능력 향상을 목적으로 하는 제조 · 물류 · 서비스분야의 ERP시스템은 ERP시스템 패키지에서 제공하는 산업별 표준프로세스의 제안에 따라 업무프로세스를 설계함으로써 전반적 제조 프로세스 효율성 향상, 국가간 · 기업간 · 기업내의 사업부간 · 공장 간 물류 및 제조정보 공동 활용에 의한 구매 · 설계비용을 감축하고자 한다. 정상적 생산활동과는 별도로 설계 · 개발부서에서 독립적으로 활용할 수 있는 신제품 설계 프로세스를 지원하여 개발활동의 유연성 부여한다. 즉, 제조 · 물류 · 서비스분야의 ERP시스템은 ①계획적 생산, ②빠른 구매와 생산 사이클 운영, ③제조 · 물류 · 서비스 활동과 관련된 각종 정보의 신속한 지원으로 의사결정 속도 향상, ④산업별 업종 프로세스에 적합한 독자적 시스템을 구현과 인터넷 등을 이용한 공급망 관리, 영업 및 고객지원 등이 가능하다.

CALS
CALS의 효시는 "컴퓨터에 의한 병참지원(Computer Aided Logistics Support)"시스템이라는 의미를 지녔으나, 최근에는 일반상거래의 전자화라는 개념이 추가되어 "광속의 상거래(Comerce At Light Speed)를 의미함

ET
(Electronic Commerce)
컴퓨터와 통신망을 통해 이루어지는 전자상거래

제10장

기업과 경영정보

- 제1절   기업과 경영계층
- 제2절   경영지원 부서

제1절 기업과 경영계층

일반적으로 기업이란 사람, 돈, 물자 등 여러 자원을 조합하여 제품과 서비스를 만들어 내되, 최소자원으로 최대효과를 냄으로써 이윤을 극대화하는 기관이라고 한다면, 조직은 기업이라는 환경 속에서 조직의 목표를 달성하기 위하여 인력, 자본, 원자재, 기술 등 인적, 물적 자원을 조달하여 제품이나 서비스를 생산하고 이를 판매하는데 필요한 기능별 프로세스라고 할 수 있다.

경영조직은 그 기능에 따라 생산분야, 마케팅 분야, 인사 분야, 회계 및 재무 분야로 나눌 수 있으며, 조직 계층에 따라서는 최고경영층·중간관리층·하부관리층·운영요원층으로 분류할 수 있다(송교석·이진우, 1998: 43-68).

이와 같은 경영조직은 의사 결정 지원 내용을 중심으로 그 구조를 분류할 때 [그림 11-1]과 같이 운영요원층의 의사 결정을 지원하는 거래처리 시스템(Transaction Processing System), 하위관리층의 의사 결정을 지원하는 운영통제 정보 시스템(Operation Control System), 중간관리층을 지원하는 경영통제 정보 시스템(Management Contronl System), 최고경영층의 의사 결정을 지원하는 전략계획 정보 시스템(Strategic Planning System) 등으로 구분할 수 있다.

1. 거래처리 시스템

거래처리 정보시스템은 기업에서 발생하는 거래 자료를 신속·정확하게 처리하는 시스템이다. 주문·판매·급여·재고 등은 거래처리 시스템의 중요한 자료이다. 거래처리 시스템의 목적은 의사 결정을 지원하는 것이 아니라 운영요원층(사무 요원)이 수작업으로 하던 많은 양의 사무 업무를 신속하고 정확하게 처리하는 데 그 목적이 있다.

거래자료 처리 시스템은 다음과 같은 특징을 가지고 있다.

[그림 11-1] 계층별 경영정보 시스템 구조

① 일상적·반복적인 업무를 컴퓨터를 이용하여 효율적으로 처리한다.
② 전자자료 처리 시스템(Electronic Data Processing System) 분야에 속하
는 거래처리 시스템은 많은 양의 데이터를 빠른 시간 내에 처리한다. 금
융기관의 입·출금 처리 시스템은 거래처리 시스템의 대표적인 예이다.
③ 거래처리 시스템의 도입은 사무요원의 일일 업무 수행량 측정을 용이하
게 해 준다.

2. 운영통제 정보 시스템

운영통제 정보 시스템은 조직체의 경영활동이 효율적으로 수행되도록 하
위 계층의 의사 결정을 지원해 주는 정보 시스템을 말한다. 이 시스템에서는
절차와 기준이 명확하고, 의사 결정 변수들을 계량화시키기가 용이한 구조적

의사 결정들을 지원한다.

운영정보 시스템은 기업활동에서 발생하는 거래 자료, 조회 자료 등을 입력하여 거래 처리, 보고 처리, 조회 처리 등으로 변환시켜서 하위 계층의 관리자(직장~계장)가 단기 계획을 효과적으로 세울 수 있도록 거래 보고서, 운영관리 보고서, 조회 보고서 등의 정보를 제공해 준다.

3. 경영통제 정보 시스템

경영통제 정보 시스템은 조직체 내의 부서 및 사업부 단위 수준에서 업무활동을 계획하고 관리하는 중간관리층의 의사 결정을 지원해 주는 시스템을 말한다. 이 시스템은 거래 자료 · 예산 · 표준 · 계획 등의 내부 자료와 외부 자료 등을 입력하여 기획 및 예산 모형 · 문제점 분석 모형 · 의사결정 모형 등을 처리해서, 중간관리층(과장~부장)이 중기 계획(약 3년)을 효율적으로 세울 수 있게끔 계획 및 예산 보고서 · 의사결정 보고서 등의 정보를 제공해 준다.

4. 전략계획 정보 시스템

전략계획 정보 시스템은 조직의 목표를 달성하고, 기업의 전략적 우위를 확보하기 위한 최고경영층(이사~사장)의 의사 결정을 지원해 주는 시스템을 말한다. 이 시스템은 기업의 내부 자료와 경제 및 정치환경 · 경쟁 기업의 능력 및 시장 점유율 등의 외부 자료를 입력하여 시뮬레이션 모형으로 처리해서, 최고경영층이 기업의 방향 정립 · 시장 전략 · 생산 시설 투자와 같은 비구조적 의사 결정 사항을 효율적으로 수행할 수 있게끔 각종 정보 자료를 제공해 준다.

제2절   경영지원 부서

기업의 조직 구성은 기업의 생존(going-conoem)이라는 전제에 부합하기 위한 합목적적인 실체로서 기업마다 최적의 부서를 구성하고 있다. 그러나 이러한 부서도 기업환경 및 여건 등의 변화로 인해 다시 조직되고 또는 없어지기도 하면서 새로운 최적의 조직이 구성된다.

기업마다 특수한 조직을 구성하여 운영하는 경우도 있고 통폐합하여 단순화된 조직을 운영하는 경우도 있지만, 일반적인 기업의 조직과 역할에 대해 우선 알아보고자 한다.

1. 총무 업무

1) 총무팀

경영지원부서
· 총무팀
· 인사팀
· 노무팀
· 경리팀
· 자금팀
· 자재팀
· 영업관리팀
· 기획팀
· 마케팅팀
· 홍보팀

총무팀은 회사의 모든 업무를 관장하는 부서로 회사 규모에 비례하여 다양하게 조직되어 운영되고 있다. 소규모의 기업에서는 총무 업무에 인사 기능과 경리 기능 등이 포함되어 있는 경우도 많고, 규모가 커짐에 따라 인사팀 · 경리팀 등 별도의 부서로 확대 운영하기도 한다.

총무팀은 대내외적으로 회사를 대표하는 기본적 · 필수적 중추 조직으로 모든 회사에 공통적으로 조직되어 있지 않은 경우 관리나 서무팀 등이 총무 업무를 담당하고 있다.

2) 총무팀의 역할과 기능

총무팀은 회사 전체의 살림을 맡아 하는 부서로 총무 업무의 본질은 경영자와 다른 부서에 대한 서비스 제공이다. 총무의 역할은 '관리와 조정'이 중요한 만큼 총무 업무담당자는 사무행정을 감독, 조정하며 새로운 절차를 검토, 평가, 집행한다. 또한, 후생복지, 재배치, 장비, 소요물품, 서식, 유지 및 보안 서비스 등 사무 관련 업무를 조정, 계획하고 운영예산 수립, 재고 및 예산 관리 등의 업무, 보고서, 편람, 공문 등을 준비한다(고용노동부 워크넷 참조:http://www.work.go.kr/).

3) 총무팀의 업무

총무팀은 문서관리, 부동산 관리, 각종 행사 관리, 소송 관련 업무, 사규 제정 등에서부터 차량관리, 경찰서와 소방서 등의 관공서 관련 업무, 지역 주민과의 유대 관리 등에 이르기까지 광범위한 업무를 담당한다.

> 정관:실질적으로 회사의 조직 및 활동에 관한 근본 규칙으로 모든 회사는 설립시 정관을 필수적으로 작성함. 주식회사의 경우는 발기인이 정관을 작성하여야 하며 작성자가 기명날인 또는 서명을 하여야 함
>
> 취업규칙: 임금이나 근로시간 등의 근로조건과 복무규율을 획일저·체계적·구체적으로 정한 자치규범. 상시 10인 이상의 근로자를 사용하는 사용자는 취업규칙을 작성하여 고용노동부장관에게 신고하여야 함

① 사규관리 업무 ⑤ 사회보장보험 관련 업무
② 문서관리 업무 ⑥ 각종 제세 공과금 납부 업무
③ 행사관리 업무 ⑦ 기타 업무
④ 회사 재산관리 업무(관재 업무)

4) 총무업무 활용 예

: <u>사규관리업무</u>

사규란 기업경영에 있어서 발생하는 각종 업무의 운용과 이의 처리에 관한 세부사항을 명문화해서 규정한 것으로 법적으로 규정된 사규로는 정관과 취업규칙이 대표적이라 할 수 있으며, 이외 기타규정으로는 법적으로는 강제되지 않으나 기업내부의 업무처리와 관련해서 자체적으로 규정하는 것으로 기타 임의규정이 있다(손원준,2013:185-187).

: 행사업무

창립기념일, 주주총회, 시무식, 종무식 등 기업들의 주요 기념일을 축하하

기 위한 행사는 보통 정해진 날짜에 매년 반복적으로 진행되는 경우가 많아 예측이 가능하므로 총무부서는 미리 사전에 매뉴얼을 숙지하여 행사를 진행하는 것이 바람직하다.

연간행사 계획시 고려해야 할 사항으로는 다음을 들 수 있다.

① 바쁜 시기를 피한다.

② 전직원 참여가 가능하도록 연말, 휴일, 휴가 시즌은 피한다.

③ 외부시설을 이용하거나 도움이 필요한 행사의 경우 미리 해당 시설이나 기관의 일정을 확인하고 협의하여 결정한다.

행사업무는 계획의 수립-실시-관찰-평가에 대한 처리의 순으로 진행하며, 행사를 준비할 때는 일시, 참가자, 장소, 행사내용, 행사목적 등 6하원칙과 비용을 감안해서 계획을 세운다.

행사의 내용에 따라 다를 수 있으나, 행사준비는 조직편성과 역할분담에서 시작된다.

· 총무부장 : 전체 계획안의 작성 진행과 계획평가, 조정 담당
· 기획담당 : 전체 실시기획 후 실행계획서 작성
· 운영담당 : 실시계획서에 근거하여 운영방법을 검토하고 인원 및 물품확인과 행사당일 운영담당
· 안내담당 : 참가자, 초대손님 명단 작성,안내장 작성과 발송, 참석여부확인
· 회계담당 : 예산작성과 관리, 각종 경비의 출납관리, 각종 경비의 증빙관리

> **워크숍 기획하기**
> "신바람 나는 조직분위기 조성"을 위한 직원워크숍을 기획하고 진행해보기
>
> 워크숍 기획하기전 고려해야 할 사항
> (손원준, 2013:210)
> 으로는 다음을 들 수 있음
> – 워크숍 개요 : 워크숍 목적 및 취지, 워크숍 일시, 워크숍 대상, 워크숍 장소체크
> – 행사진행 : 인원파악, 워크숍 형태, 내용
> – 일정계획 : 워크숍 일정, 집결장소(출발시간), 준비사항(준비물)
> – 예상 소요비용
> – 조편성
> – 숙소배정
> – 차량배정
> – 부서별 분임토의 편성

2. 인사 업무

1) 인사팀

인사관리란 "종업원의 잠재 능력을 최대한 살려 모든 종업원 스스로가 창의와 능력을 최고도로 발휘하여 기업에 목적을 달성하는 데 공헌하도록 하고, 상호 협조와 신뢰로써 일할 수 있도록 조직하는 것"으로 정의할 수 있다. 즉,

조직에서의 인적 자원인 종업원을 관리하는 것이 인사관리이며, 이러한 인사관리의 중추적 담당 부서가 인사팀이다.

2) 인사팀의 역할과 기능

오늘날과 같은 기업경영 환경에서는 사람, 즉 인재를 어떻게 운용하느냐에 따라 기업경영의 성패가 좌우된다 해도 과언은 아닐 것이다. 이러한 맥락에서 볼 때 기업 성과는 종업원 관리를 통해 기대될 수 있으며, 종업원에 대한 동기유발이나 조직 내의 협력 관계를 촉진하지 않으면 안 된다. 이러한 모든 과정을 효율적으로 수행함으로써 기업 목적을 더 나은 방향으로 이끌어 갈 수 있도록 하는 것이 인사의 역할이다. 또한 종업원에 대한 최대 만족을 실현시켜 조직 목표와 개인 목표를 동시에 수행하도록 하는 데 기여할 수 있어야 한다.

3) 인사팀의 업무

인사팀은 회사의 인력관리를 총괄하는 부서인 만큼 인사업무 담당자는 사원의 채용 · 배치 · 전환 · 퇴직 · 급여 · 인사고과 · 담당섭외 업무를 기획 · 건의 · 집행하는 인사노무 사무와 직무능률향상을 위하여 교육 및 훈련에 관련하는 교육 및 훈련 전반에 관한 업무를 수행한다. 또한 경영목표달성을 위한 인건비예산의 수립지침서를 입안하고 인건비예산을 총괄하며 취합된 인건비예산안을 경영목표 · 과거실적 · 예정임금인상율 등을 감안하여 분석 · 보고, 매월, 분기, 반기, 년간 인원현황과 인건비 지급실적을 예산과 대비하여 분석 · 보고한다(고용노동부 워크넷 참조:http://www.work.go.kr/).

① 채용 업무	⑤ 휴직 및 복직 업무
② 이동 업무	⑥ 교육훈련 업무
③ 승진(승력 · 승급) 업무	⑦ 임금관리 및 복리후생 업무
④ 상벌(포상과 징계) 업무	⑧ 기타 업무

4) 인사업무 활용 예

: 채용업무

최근 각 기업들은 우수 인재를 확보하기 위하여 상시채용을 선호하는 등 채용시기도 매년 빨라지고 있다. 특히, 중소기업의 경우는 정기채용보다 수시채용을 선호하고 신입사원보다 경력사원의 채용을 선호하는 경향이 있다. 이와 같은 최근의 동향을 분석하여 채용담당자는 채용기간에 따른 정기와 수시채용계획을 수립하고 인력양성 및 충원계획에 따라 신입과 경력 사원 채용계획을 수립하여야 한다(강석원,2013:152-153).

정기채용은 당해 각 부문의 퇴사 예정자와 충원 인원을 조사하여 정원계획에 비추어 채용 직종과 인원을 결정한다. 이 경우 각 부문으로부터 충원을 요구한 인원을 검토하여 인사부서에서 전사적인 정원관리에 따른 인원을 결정하여 채용계획을 수립하게 된다.

채용공고 항목
· 지원기간
· 모집직종
· 모집인원
· 자격기준
· 근무지역
· 지원서류
· 지원 및 접수 방법
· 접수처 및 연락처

: 징계업무

징계란 조직구성원의 의무 위반에 대한 제재로서 징계는 조직구성원이 맡은 바 직무를 성실하게 수행하고 행동규범을 준수하게 하기 위한 통제활동이다. 일반적으로 징계처리는 취업규칙 또는 단체협약에 정직, 감봉, 강등, 견책, 경고, 출근정지 및 징계해고 등에 관한 규정을 두고 있으며, 징계규정에 따라 노사공동으로 구성된 징계위원회에서 처리하게 된다(강석원, 2013:272).

징계처분이 효력을 발생하기 위해서는 다음과 같은 요건을 갖추어야 한다.

· 징계규정이 설정되어 근로자에게 충분히 숙지되어야 함
· 징계의 요건과 종류 및 효과 등이 상세히 규정되어야 함
· 적법한 절차에 의하여 행해져야 함
· 당해 근로자에게 청문과 변명의 기회가 주어져야 함

징계의 종류
· 경고 : 주의경고, 인사기록
· 견책 : 경위서제출, 인사기록
· 감봉 : 임금감액
· 직위해제 : 직책 직위 직무 일시 제한
· 강등 : 직급, 직책, 호봉 하향 조정
· 정직 : 출근정지, 임금 지급중지
· 징계해고 : 퇴사, 면직

3. 노무 업무

1) 노무팀

노무팀은 노무관리, 즉 조직구성원들인 근로자들이 효율적으로 능력을 발휘할 수 있도록 하기 위해 그 조직을 정비하고 관리하는 업무를 수행하는 부서로 의미상 인사관리의 정의와 같다. 이는 인사관리나 노무관리 모두가 회사의 인적 요소인 종업원을 대상으로 하기 때문이다.

일반적으로 인사 노무관리라 하여 회사의 인적 요소를 관리하는 광의의 개념으로 사용하지만 협의의 개념으로 인사관리와 노무관리를 구별하기도 한다. 즉, 인사 · 노무관리의 기능 중 인간관계 관리 기능에 비중을 두는 것을 인사관리, 노사 관계 관리 기능에 비중을 두는 것을 노무관리로 구분하는 것이다.

2) 노무팀의 역할 및 기능

노무관리의 대상인 근로자는 자본이나 기술 등의 생산 요소와는 달리 관리와 통제를 하는 데 많은 제약과 변수들이 발생한다. 생산 요소인 조직구성원들을 조직 목표에 맞게 능률적으로 활용하면서 어떻게 인간적인 만족을 충족시켜 주는가에 따라 기업의 경영 성과는 달라질 수 있는데, 이는 효율적인 노무관리를 통해 이루어질 수 있다.

3) 노무팀의 업무

노무업무 담당자는 인사 및 노사관계 정책 프로그램 및 절차를 개발 · 실행 · 평가하며, 고용주나 근로자를 대신하여 단체협약을 협상하고 노동쟁의와 고충을 중재 하고, 인사관리나 교육훈련에 필요한 기술적인 정보를 제공한다. 또한 종업원의 채용, 선발, 배치, 훈련, 승진, 복지, 안전, 보상이나 분류에 관한 프로그램을 수행한다(고용노동부 워크넷 참조:http://www.work.

go.kr/). 회사마다 별도로 노무팀를 조직하여 운영할 경우에는 주로 다음의 업무들을 담당하지만 노무팀이 편제되어 있지 않을 경우에는 총무 부서나 인사 부서에서 노무관리 기능을 담당하므로 총무·인사 업무와 중복이 있을 수 있다.

① 노사 관련 업무
② 산업재해 보상보험 업무
③ 고용보험 업무
④ 근로자 재해보상보험 업무
⑤ 복리후생 관련 업무
⑥ 급여관리 업무
⑦ 법률 서비스 업무
⑧ 대민·대관 업무

4) 노무업무 활용 예

: 복리후생 관련 업무

복리후생은 종업원의 복지향상을 위하여 시행하는 임금이외의 간접적인 제급부를 말한다. 복리후생의 주체는 기업 측이 되는 것이 일반적이지만 현실적으로는 기업과 종업원측이 공동관리 하는 경우 또는 종업원측의 자치적 운영에 일임하는 경우가 있다. 그러므로 복리후생비라 함은 종업원과 그 가족의 복지향상을 통한 기업 발전을 목표로 여러 가지 시설과 제도를 관리하는 것을 말한다(미래와경영연구소,2013:239).

복리후생은 종업원을 고용하는 한 종업원의 의사나 기업방침과 관계없이 법률에 의하여 강제되는 법정복리후생과 기업인의 임의 또는 노조와의 교섭에 의해 실시하는 법정외 복리후생으로 구분할 수 있다. 전자의 경우에는 의료보험, 고용보험, 산재보험, 국민연금 등이 포함되며, 후자에는 생활원조, 주택, 보건위생, 금융, 문화, 체육, 오락 등 다양한 시설 및 제도가 포함된다.

4. 경리 업무

1) 경리팀

경리팀은 한 회사에서 발생하는 모든 경영 성과를 숫자화하여 분류하고 관리하는 업무를 담당하는 부서이다. 큰 의미에서의 경리 업무는 회계 및 세무 업무를 포함하며 그 목직 및 이용자에 따라 재무회계, 세무회계, 관리회계로 분류된다. 회사의 조직과 특성에 따라 회계팀·세무팀으로 분리하여 운영하기도 하고 통합하여 경리팀으로 운영하기도 한다.

2) 경리팀의 역할 및 기능

경리팀은 회사의 재산 상태 변동과 경영 성과 등을 계수적으로 관리하여 내부적으로는 경영자의 의사결정에 필요한 자료를 도출하며, 외부적으로는 회사의 이해관계자인 채권자나 투자자들에게 유용한 정보를 제공하는 기능을 수행한다.

3) 경리팀의 업무

경리업무 담당자는 재무기록 및 수취계정, 지불계정, 청구서, 송장을 정해진 방식에 따라 계산하고 기록하며 서류정리, 기록관리, 문서작성 등 일상적인 기록을 정해진 방식에 따라 계산하고 작성하며 처리하는 업무를 주로 수행한다. 구체적으로 정해진 절차에 따라 매뉴얼 및 전산시스템을 사용하여 청구서, 송장, 계산서 및 기타 경리서류를 작성하며 발행하고, 재무기록 및 수취계정, 지불계정과 같은 거래를 처리하고 대조하며 원장이나 전산시스템에 자료를 입력한다(고용노동부 워크넷 참조:http://www.work.go.kr/).

회계 업무	세무 업무	관리회계 업무
① 회계 장부 기장 및 비치 업무 ② 결산 업무 ③ 재고조사 업무 ④ 고정자산 관리 업무 ⑤ 원가계산 업무 ⑥ 회계감사 수감	① 법인세 관련 업무 ② 부가세 관련 업무 ③ 원천세 관련 업무 ④ 각종 국세 및 지방세 관련 업무 ⑤ 세무감사 수감 ⑥ 대외 관공서 관련 업무	관리회계는 회계 기록 외에 경영활동에 영향을 미치는 모든 자료를 재무회계나 세무회계처럼 일정한 원칙이나 양식, 기간 등에 제한받지 않고 회계정보로서의 가치와 유용성이 있으면 보고를 하여 의사결정과 경영 계획 수립 등의 도구로 사용하게 한다.

4) 경리업무 활용 예

: <u>원천세 관련 업무</u>

근로소득의 원천징수액은 전산시스템이 되어 있는 경우에는 동 시스템에 따라 원천징수한 후 연말에 정산을 하면 된다. 그러나 전산시스템이 없이 업무를 하는 경우에는 간이세액표에 의하여 원천징수하여 매월 관할세무서에 납부를 한 후 연말에 정산을 하면 된다. 원천징수는 경리부에서 하고 연말정산만 총무 또는 인사부에서 실시하는 기업이 많이 있으므로 이점에 유의해야 한다.

간이세액표
법전상의 용어이며, 실제 시중에서는 간이세액조건표라는 이름으로 판매되고 있음

5. 자금 업무

1) 자금팀

자금팀은 회사의 자금이 부족할 때는 금융기관 등에서 필요한 자금을 차입조달)하고, 자금에 여유가 있을 때는 금융 상품 등에 투자하여 운용하는 업무를 담당한다. 즉, 자금과는 자금의 조달과 운용을 담당하는 부서이다.

2) 자금팀의 역할 및 기능

자금을 조달하여 원활한 경영 활동을 수행할 수 있도록 하는 것이 자금팀의 역할이다.

3) 자금팀의 업무

자금팀은 자금 계획, 집행, 조달, 외환업무 등을 수행한다.

> ① 자금의 계획　　③ 자금의 집행(지급)
> ② 자금의 조달　　④ 외환 업무

4) 자금업무 활용 예

: <u>자금의 조달</u>

기업의 운영에는 많은 자금이 필요하고 이는 성격에 따라 장기와 단기로 나눌 수 있다. 장기비용은 주로 투자와 관련된 공장부지 매입, 기계확충 등 투자 기간이 오래걸리며 자금 회수도 어렵다. 반면, 단기비용은 주로 기업의 운영 비용들로 직원들의 임금지급, 재료구매, 운송비용, 기타 운영비용 등이 여기에 포함된다. 이러한 이유로 기업은 각 필요에 따라 자금을 조달하여야 한다.

기업의 자금 조달은 자기자본과 부채가 있다. 많은 기업들이 주식발행으로서의 자금조달이 어렵기때문에 부채를 활용한다. 부채를 통한 자금도달방식들은 은행대출, 채권발행, CP발행 등이 존재한다. 이 가운데 은행을 통한 대출은 자체적인 자금조달이 어렵거나 비용이 높은 중소기업들이 많이 이용하고 중견기업과 대기업들은 신용도가 존재하기에 은행보다도 더 저렴하게 자금조달이 가능한 채권과 CP를 많이 이용하는 경향이 있다.

CP(Commercial Paper)
기업어음

6. 자재 업무

1) 자재팀

자재팀은 제품의 생산에 필요한 원료나 재료 등의 자재를 구입하는 구매관리 업무와, 구매를 통해 입고된 자재를 효율적으로 관리하기 위한 자재관리 업무를 담당하는 부서이다. 회사마다 특성상 구매관리 업무와 자재관리 업무를 구분하여 별도의 부서로 운영하는 경우도 있고, 통합하여 하나의 부서로 운영하는 경우도 있다.

2) 자재팀의 역할과 기능

자재팀은 매출을 발생시키는 부서는 아니지만 자재 관련 비용을 자재팀에서 얼마나 효율적으로 관리하느냐에 따라 회사의 손익에 끼치는 영향은 막대하다고 할 수 있다. 또한 구매에 의해 조달되는 자재가 총자본 중에서 차지하는 비율이 적게는 5%에서 많게는 20%까지 차지하기 때문에 적정한 재고 관리를 통해 회사는 자금 운용에 효율을 기할 수 있다.

3) 자재팀의 업무

자재업무 담당자는 경영에 필요한 각종 장비, 장치, 물건을 구입하는 구매업무와 제품생산에 필요한 각종 자재를 구입하고 적정 재고를 유지하는 자재업무를 수행한다. 또한 자재, 공구, 설비, 생산 제품 및 기타 물품의 입고, 보관, 불출, 기록 등과 같은 창고 업무를 관리한다. 구입된 자재나 생산 제품을 창고에 입고시키기 위하여 청구서, 증빙서류 등을 확인하고 물류의 상태와 수량을 검수하고, 창고 원장이나 기록 일지에 입고된 물품의 명세를 기록하고 물품의 종류에 따라 창고 내의 적재 위치를 선정한다. 각 부서로부터 물품 청구서를 접수받아 물품을 불출하며 정기적으로 재고 조사를 실시하고 창고 원장과 대조하는 업무를 수행한다(고용노동부 워크넷 참조:http://www.work.go.kr/).

불출(拂出)
돈이나 물품을 내어 줌.

구매관리 업무	자재관리 업무
① 구매조사 업무 ② 구매 업무 ③ 거래처 관리 업무	① 자재 검수 업무 ② 자재의 보관 · 불출 · 관리

4) 자재업무 활용 예

: 구매업무

구매업무란 건물, 비품 등의 물품을 구입하는 것을 말하며, 관련 업무는 구입의뢰부터 검수를 거쳐 대금의 지급과 구입물품의 이상 발생에 대한 처리에 이르기까지 일련의 업무로 구매담당자는 다음의 절차에 의하여 업무를 처리하게 됨

구입목록 입수-구입물품확정-시장가격조사(견적서)- 구매품의서완료 확인(위임 전결규정 확인)-계약서 체결 및 발주서 발행- 인수 및 검수- 인수 및 검수증 사본보관/전표처리 및 증빙보관-자산관리대장등록 및 라벨부착

7. 영업관리 업무

1) 영업관리팀

영업관리팀이란 영업에서의 전반적인 관리와 통제 및 지원을 수행하는 부서이다. 기업이란 판매를 통한 영리의 실현이 목적이므로 매출을 발생시키는 영업을 전반적으로 관리하는 영업관리팀은 기업에서 차지하는 비중이 높다 하겠다.

2) 영업관리팀의 역할 및 기능

기업에서 영업관리팀은 영업 전반에 관한 스태프로서의 역할을 수행할 뿐만 아니라 생산과 판매에 대한 조정 및 중재의 역할을 담당한다. 즉, 소비자의 수요 예측 및 분석을 통해 판매를 담당하는 부서(영업부, 판매부 등)와 협조하여 상품의 판매 계획을 수립하고, 수립된 판매 계획에 입각해 생산을 담당하는 부서(공장 등)와 협조하여 생산 계획을 수립하며, 분쟁 발생시 중재의 역할을 수행한다.

3) 영업관리팀의 업무

영업관리 사무원은 영업목표를 달성하기 위해 영업사원의 활동을 관리, 지원하는 업무를 주로 수행한다(고용노동부 워크넷 참조:http://www.work.go.kr/).

① 생산부서와 판매부서 간의 조정 및 중재 ④ 대리점 관련 업무
② 영업 전략 기획 업무   ⑤ 영업사원에 대한 인사 · 교육 관련 업무
③ 채권관리 업무   ⑥ 영업에 대한 총무 관련 업무

4) 영업업무의 활용 예

: 영업전략 · 기획업무

영업기획관리자의 영업활동의 영역은 단순히 고객으로 부터의 판매활동에 따른 수주관리와 수금관리, 고객관리이외 시장환경분석과 수요분석, 목표설정과 실행전략, 예산수립 등의 영업계획을 포함해서 영업조직의 체계적인 구축과 판매루트결정, 유통구조 및 물류시스템 구축과 조직원 교육 및 배치, 그리고 영업활동 후의 판매실적 분석 및 매출채권, 상품재고관리, 서비스하자처리, 제품별 손익분석 등의 영역을 포함하고 있다.

따라서 영업기획 관리자는 영업계획을 수립하고 계획에 따른 영업조직을

효과적으로 구축하고 영업활동을 실행하고 실행결과에 따라 영업성과를 분석하고 영업조정 및 확대를 실시하는 등 실로 광범위한 영역을 총괄하여야 한다.

8. 기획 업무

1) 기획팀

기획팀이란 단어 본래의 의미인 기획(planning), 즉 기업의 미래에 대한 중장기 경영 전략을 수립하는 업무 이외에 경영관리, 투자관리, 예산통제 등의 다양한 업무를 담당하는 부서이다. 각 기업이나 조직마다 급변하는 경영환경에 능동적으로 대처하고, 현재 영위하고 있는 사업에 대한 관리 및 통제 등의 역할을 수행하는 구심적 부서로 기획팀을 설치하여 운영하고 있다.

2) 기획팀의 역할과 기능

기업이나 조직에서 기획팀은 현재와 미래에 대한 두 가지의 역할을 동시에 담당하는 부서이다. 기획팀은 급변하는 경영환경에 따른 기업의 생존 및 발전을 위한 장단기 경영전략의 수립과 같은 미래 지향적 역할과, 현재 영위하고 있는 사업에 대한 타당성 분석 및 경영관리와 같은 현실 지향적 역할을 수행하는 중추 부서라 할 수 있다.

3) 기획팀의 업무

기획업무 담당자는 예산지침이 확정·통보되면 각 부서로부터 예산안을 취합하여 제반비용을 산출하고 예산단가를 적용하여 종합제조원가 예산편성안을 작성한다. 손익계산서, 대차대조표, 재무상황변동표 등을 작성하여 경영실적을 분석하고 종합사업계획에 반영하는 업무를 수행한다. 또한 영업수지계획, 판매수지계획, 공장운영 자금집행계획, 회사비용지출계획, 영업외수익계획을 종합하고 분석하여 전체적인 사업방향을 기획하고, 사업기획안 내에서 관련 부서의 업무가 효율적으로 진행되도록 조정한다(고용노동부 워크넷 참조:http://www.work.go.kr/).

① 중장기 경영전략 수립 업무 ⑦ 부문별 업무 조정 및 업무 분장 업무
② 기구 및 조직에 관한 업무 ⑧ 제규정 및 제도, 매뉴얼 관리 업무
③ 예산의 편성 및 조성 업무 ⑨ 주요 회의 주관 업무
④ 경영관리 업무(경영 분석) ⑩ 내부 감사 업무
⑤ 신규·확장 투자 계획 수립 및 관리 업무 ⑪ 평가 제도의 시행
⑥ 부문별 정원(T/O) 책정 및 조정 관련 업무 ⑫ 기타 업무

4) 기획업무 활용예

: <u>중장기 경영전략 수립</u>

중장기 경영전략 수립은 보통 5-10년 정도의 장기적인 사업전략을 재조성하거나 새로운 방법으로서의 방향을 모색하는 경영 및 사업전략이다. 따라서 장기적인 관점에서 기업이나 기업환경 변화에 대응할 수 있도록 하며, 사업을 재구성하기 위한 전략적 방향을 설정하는 것이다.

경영전략 수립시에는 전반적인 혁신을 도모하거나 시대의 변화에 부응하는 신제품 개발이나 서비스의 개발을 계획적으로 주친함으로써 현재 수익과 미래의 수익을 유지하며, 목표를 명확히 하고, 목표에 맞게 자원을 적절히 배분하고 투자해야 한다.

9. 마케팅 업무

1) 마케팅팀

현대의 기업은 치열한 경쟁 속에서 영업활동을 수행하고 있기 때문에 기업

의 생존을 위해서는 시장, 즉 소비자 중심의 사고가 매우 중요하다.

마케팅 부서란 소비자를 찾아 그들의 욕구와 필요를 파악하여 제품을 기획하고, 제품의 가격을 결정하며, 생산된 제품을 유통시키고, 제품의 원활한 판매를 위한 촉진 활동의 수행 등 시장과 유기적으로 관련된 모든 활동을 담당하는 부서이다.

2) 마케팅 팀의 역할과 기능

마케팅 부서는 수요자의 욕구를 분석하여 새로운 제품이나 서비스를 개발할 뿐만 아니라 소비자의 수요를 일시적 또는 영구적으로 감소시키는 디마케팅(demarketing)의 역할도 수행한다. 이 밖에도 전환 마케팅, 자극 마케팅, 재마케팅, 카운터 마케팅 등의 업무를 수행하면서 기업과 수요자의 교환 장소인 시장(market)을 조사하고 분석하며, 변화시키는 주체로서의 역할을 담당한다.

3) 마케팅 팀의 업무

마케팅 부서 사무원은 소비자의 수요예측과 소비자 행동분석을 통하여 마케팅 전략을 수립하고 광고대상 상품의 경쟁상황, 시장상황, 판매기간 등에 대한 자료를 조사·분석한다. 구체적으로 타 회사의 마케팅 정보 분석, 관련 이슈, 전략적 포트폴리오 작성, 시장조사 등의 업무를 수행한다(고용노동부 워크넷 참조:http://www.work.go.kr/).

---

① 시장 조사 업무
② 마케팅 믹스 개발 업무
  · 신제품 개발　　· 촉진 활동
  · 제품 가격의 결정　· 유통 경로 전략

4) 마케팅 업무 활용예

: 시장조사 업무

시장조사는 한 상품이나 서비스가 어떻게 구입되고, 사용되고 있는가, 상품평가는 어떠한가 등에 관한 조사를 말한다. 시장조사는 크게 구입사용실태조사, 판매계획조사, 제품계획조사, 수요예측조사로 분류할 수 있다.

시장조사는 마케팅 전략수립과 관련한 의사결정을 지원하기위한 소비자 관련 정보수집 방법이기도 하다.

10. 홍보 업무

1) 홍보팀

홍보(PR)란 일반적으로 퍼블리시티(publicity: 인쇄 매체의 기사면이나 방송 매체의 프로그램 시간을 확보해 기업의 제품 및 이미지를 알리는 일련의 수단)의 소극적 개념으로 알려져 있다. 하지만 PR은 단순한 퍼블리시티가 아니라 한 조직체나 개인이 공중(public)과 관련(relation)을 맺는 모든 행동을 의미한다. 광고나 퍼블리시티가 마케팅적 기능이 강하다면 PR은 기업 경영의 측면이 강하다고 할 수 있다.

2) 홍보팀의 역할과 기능

기업에서 홍보란 어떤 특정한 부서나 개인만이 담당하는 것이 아니라 기업의 구성원이라면 누구나 PR 커뮤니케이션의 담당자들인 셈이다. 대표 이사에서 사원까지 회사 직원으로 명함을 교환하고 인사를 나누는 개인적인 커뮤니케이션을 통해 공중과 관계를 맺게 된다. 홍보과는 이런 모든 커뮤니케이션을 종합하고 체계적으로 관리하는 부서이다.

3) 홍보팀의 업무

홍보업무 담당자는 회사의 홍보에 필요한 제반 직무를 수행하는데, 구체적으로 사보제작, 회사 웹사이트 관리, 사회공헌활동 업무, 각종 매체를 통한 회사 및 제품 PR, 홍보자료 조사 및 전략 수립 등의 업무를 수행한다(고용노동부 워크넷 참조:http://www.work.go.kr/).

① 언론 홍보 업무
② 광고 업무
③ 이벤트 업무
④ CI(Corporate Identity) 업무
⑤ 사보 관련 업무
⑥ 사사 관련 업무
⑦ 각종 홍보물 제작 업무

4) 홍보업무 활용 예

: 제품 홍보업무

기업의 제품홍보를 위해서는 일단 언론에 각종 보도자료나 기사를 통해 제품을 알리는 일이 중요하다. 먼저 제품에 대한 기본적인 정보를 소개하는 카달로그, 리플렛, 홍보전단 혹은 좀 더 특색있는 홍보물 등을 작성해야 한다.

기본적인 홍보물이 작성되었다면 예산을 고려하여 기획사를 선정하고 매체를 통한 광고를 해야한다.

제11장

조직진단과 직무조사

- 제1절 조직진단의 구성요소
- 제2절 조직진단의 추진 단계
- 제3절 조직진단과 직무조사

잘못된 예측의 사례

16세기	라틴어 성경이 로마 교황청의 권위를 더욱 높일 것이다(바티칸 전략가들)
19세기말	축음기 때문에 사람들은 오케스트라를 들으러 가지 않을 것이다.
1905년	양식 있는 여성이라면 투표권 따위를 바라겠는가?(미국 대통령 클리블랜드)
1900년대	하늘을 나는 쓸데 없는 연구를 하는 젊은이들이 있다. (라이트 형제의 시험 비행에 대비, 미국 유력 일간지)
1927년	변사 아닌 배우가 지껄이는 소리를 누가 들으려 하겠는가?(워너브러더스 사장)
1943년	전 세계적으로 컴퓨터를 5대 이상 팔지 못할 것이다.(IBM 토머스 왓슨)
1960년	20세기 중 소련이 경제력에서 미국을 추월한다.(노벨 경제학자상 수상자 로버트 솔로)
60년대	기타를 연주하는 그룹은 시대에 뒤떨어졌다.(비틀스 노래 취입을 거부한 레코드 회사)
1970년	2010년이면 세계 에너지는 고갈된다.(로마클럽)
1977년	아무도 집안에 컴퓨터를 들여 놓지 않을 것이다.(DEC 켄 올슨)

제1절 **조직진단의 구성요소**

체계적인 조직진단과 조직의 인적자원을 확보하기 위해서는 우선적으로 조직구성원들이 배정될 직무들이 확정되어야 하고 이들 직무의 업무내용과 자격조건이 구체화되어야 한다. 즉, 직무분석에 의해 조사된 직무내용과 자료에 의하여 인적자원이 확보되며 구성원의 보수나 직무수행에 대한 평가도 직무분석 자료를 중심으로 이루어진다.

1. 직무분석

1) 직무분석의 의의

직무분석(job analysis)이란 어떤 직무에 대한 정보를 수집하여 직무의 내용을 파악하고 각 직무의 수행에 필요한 지식, 스킬, 능력, 경험, 책임 등의 요건을 명확히 하는 일련의 과정이라 할 수 있다. 각종 직무 내지는 작업의 질적 내용을 체계적으로 분석하여 근로자에게 요구되는 자격 요건 등을 확정하고 다른 직무와의 질적 차이를 명확히 하는 과정이다.

이러한 직무분석의 주요 목적은 직무평가와 인사고과에 대한 기초 자료를 제공하고, 직무의 내용을 명확하게 함으로써 권한과 책임의 한계를 명백히 하는 것이다. 또한, 직무의 자격 요건이 확정됨으로써 근로자의 선발·배치·승진·퇴사 및 교육 훈련 등에 관한 기초 자료를 제공할 뿐만 아니라, 직무와 관련된 환경 조건과 안전 위생에 관한 보전관리를 행할 수 있게 된다.

> **직무분석의 목적**
> · 조직합리화의 기초
> · 채용·배치·이동·승진의 기초
> · 업무개선의 기초
> · 인사고과의 기초
> · 훈련 및 개발의 기초, 신입사원의 오리엔테이션
> · 직무급의 도입을 위한 기초

2) 직무분석의 방법 및 절차

직무분석의 방법은 직무의 종류와 성격에 따라 조사방법이 다를 수 있으나,

면접법, 질문지법, 절충법 등을 들 수 있다. 그러나 어떠한 조사방법을 택하든 분석 내용에는 누가(who), 무엇을(what), 언제(when), 어디서(where), 왜(why), 그리고 어떻게(how) 하느냐 하는 내용이 포함되어 있어야 하며, 다음과 같은 절차에 의하여 이루어지게 된다.

① 목표설정, 담당자 설정
② 예비조사
③ 대표직위의 선정, 직무분석표 작성
④ 직무정보의 획득
⑤ 직무정보의 분석
⑥ 직무기술서, 직무명세서의 작성

3) 직무분석 관련 용어

조직에서 이루어지는 일들은 작업(work), 과업(task), 직무(job), 직위(position), 직군(job family) 등이다. 가장 작은 개인의 동작들도 하나의 작업(work:나사조이기)를 이루고, 여러 작업을 수행하여 과업(task:타이어 장착)을 완수한다. 따라서 타이어 검사, 타이어 운반과 장착, 타이어 공기주입 등이 A가 맡은 직무(job)가 된다. A의 이러한 직무는 자동차 생산을 맡고 있기 때문에 생산직이라는 직종(job category)에 종사하는 것이며, 운전대 장착을 맡은 B의 직무와 엔진장착을 맡은 C의 직무, 그리고 A의 직무는 모두 자동차 조립이라는 같은 직군(job family)에 속하는 것이다. 이 경우 유사한 직무들의 묶음을 어느 정도 크기로 하는지에 따라서 팀, 집단 혹은 부서의 크기가 결정된다(임창희,2010:192-193).

직무용어	내용
직군 (職群:job family)	직무들의 집단: 일상적으로 기능에 따라 분류. 예)생산, 재무, 인사, 마케팅: 채용(신입)의 기본단위
직종 (職種:job category)	직군내 혹은 직군간에 있는 포괄적인 직함 혹은 직종에 따른 직무들의 집단 예) 관리직, 판매직, 사무직, 보수유지직 등:경력관리(이동·교육훈련)의 기본단위

직무 (職務 : job)	과업 혹은 과업 차원이 유사한 직위들의 집단 예) 출장업무 : 배치 및 평가의 기본단위, 경력직 채용의 기본단위
직위 (職位 : position)	한 개인에게 할당되는 업무들을 구성하는 과업 혹은 과업 차원들의 집단 : 직위의 수는 사원의 수에 의해 결정됨
과업 (課業 : task)	직무의 수행을 위하여 논리적이고 필수적인 단계들인 식별가능한 업무활동을 형성하는 요소들의 집단 예) 해외출장지원 사무처리, 해외출장관련 경비처리 : 직무를 구성 하는 모든 단위
요소(要素 : element)	업무가 개별적인 동작, 이동, 과정들로 분할될 수 있는 가장 작은 단위 예) 해외출장지원 사무처리의 요소 : 해외출장비 계산전표처리, 여 행자 보험처리 / 해외출장 관련 경비처리의 요소 : 항공료처리, 해 외출장비 정산 등 : 작업의 진행 프로세스를 파악할 수 있음

2. 직무기술서와 직무명세서

직무분석의 유형으로는 직접 현장방문을 통한 최초분석법과 지금까지 분석된 자료를 참고로 현재의 직무 상태를 비교하고 확인하는 비교확인법, 특정직무분야에서 풍부한 경험과 지식을 겸비한 전문가를 참여시켜 자료를 도출하는 DACUM((Developing A Curriculum)법 등이 있다. 그러나 무엇보다도 직무분석이 성공적으로 이루어지기 위해서는 예비단계의 운영이 중요하다. 예비단계는 분석목적을 명확히 결정하는 일과 주무부서의 결정, 분석자의 결정, 사내 유관부서와의 협력체제 구축 등을 주요내용으로 한다. 예비단계 후 본격적으로 실시단계에 들어가면 직무분석표의 작성, 직무 정보의 수집, 직무정보의 분석 등을 과정을 거치며 그 결과로 직무기술서와 직무명세서가 작성된다.

1) 직무기술서

직무기술서(job description)는 직무분석의 결과에 의해 직무의 내용, 성질

[표 10-1] 직무기술서

직무명 : 비서관
직무 수준 : Level Ⅲ
부서명 : 사무지원팀

직무개요(Summary of job) : 이 직무의 담당자는 부서 관리자에 대한 사무 직책을 수행한다. 관리자들의 행정적 직책중 일부를 경감시켜 주는 일을 포함하므로, 사실상 업무 대부분이 행정업무이다. 또한 다른 사무담당자들을 관리한다.

직무의 직책(Duties of job) :
가장 빈번한 업무(적어도 근무일의 70% 구성)

1. 지시수령과 자료번역
2. 관리자의 약속일정 관리
3. 다른 사무담당자 관리
4. 사무실 예산관리
5. 상사응대
6. 자료 기밀성 유지
7. 상사의 내방객에 대한 응대
8. 전화응대
9. 다른 사람들과의 업무 조절

덜 빈번한 업무(근무일의 약 30% 미만 구성)

1. 문서들과 자료들 파일링
2. 보고서 준비
3. 사내서식 설계
4. 부하직원 평가
5. 자료복사
6. 잡비(Petty cash)관리

사용된 도구(Tools)와 장비 :
컴퓨터(Computer), 계산기(Calculator), 복사기(Copy machine), 메모용품(Dictation equipment)
직무에 사용된 양식과 보고:
부서예산, 봉급표, 개인평가양식, 잡비지출, 그리고 기타 업무보고서
감독자 : 부서관리자
타직무와의 관계 :
다른 조직구성원들에게 업무를 할당할 책임이 있으므로, 부서내 모든 다른 비서와 사무원의 직무와 관계된다.
이 직위는 부서내에서 가장 높은 비서직이므로 승진가능성은 행정보좌역(Administavtive) assistant)으로써 중앙 사무실내 비서직을 포함한다.

등을 해설해 놓은 문서이다. 즉, 직무분석의 결과 개선해야 할 점을 개선하고 정리한 후에 그 요점을 기술한 문서로서 직무의 능률적인 수행을 위해 직무의 성격이나 필요한 자질 등 중요한 사항을 기록해 놓은 것이다.

이러한 직무기술서는 종업원의 채용 및 배치의 적정화와 직무의 능률화를 목적으로 직무의 책임, 의무, 활동의 정도 및 범위를 설명하여 직무평가의 기초 자료로 삼기 위한 것이다(Quible, 2001:245-250).

2) 직무명세서

직무명세서(job specification)는 주로 직무의 내용과 직무담당자의 인적 요건을 설명한 문서로서 직무분석의 결과를 인사관리의 특정한 목적에 맞도록 구체적으로 세분화하여 기술한 문서이다. 직무기술서가 주로 직무의 내용 및 성질을 기술한 문서인데 반해 직무명세서는 직무의 내용과 직무에 필요한 사항과 요건을 일정한 양식에 따라 기록한 문서이다. 즉, 각 직무에서 요구되는 자격 요건을 직무기술서에서 찾아내어 이를 더욱 상세하게 기록한 것이 직무명세서이다.

[표 10-2] 직무명세서

직무명 : 비서관 직무 수준 : Level Ⅲ 부서명 : 사무지원팀	
	평가 점수
경험 요건: 최소 3년 이상의 이전 경험 요구됨	40
교육 요건: 고등학교 졸업과 전문대학 졸업자	30
인간관계 요건: 대인관계 원만하며, 창의적이고 스트레스관리 가능한 자	40
직무지식 요건: 일반적인 비서업무 외에 컴퓨터 및 계산기기 사용 가능자	50
책임 요건: 시설관리뿐만 아니라 기타 업무의 질 확보에 대한 책임	50
스킬 요건: 1분에 60자 정도 한글워드 가능하고 1분에 50자 정도 영문워드가 　　　　능한 자	50
신체적 요건: 장시간 앉아 있는 것이 가능해야 함	10

　　직무기술서와 직무명세서의 차이점은 직무분석의 결과를 일정한 양식으로 기록, 정리한다는 점은 동일하지만, 직무명세서는 직무기술서에 비해 직무 내용보다는 직무 요건에 중점을 두어 작성되며, 특히 인적 요건을 중심으로 작성된다는 점이 양자간의 차이점이다.

3. 직무평가

1) 직무평가의 의의

　　직무평가(job evaluation)는 직무분석의 결과에 의해 작성된 직무기술서와 직무명세서를 기초로 하여 행해지는 것으로서 직무의 중요성, 곤란성, 위험도 등을 평가하여 그 질적 차이를 수량화하고 이들을 상호 비교함으로써 직무의 상대적 가치를 결정하기 위한 것이다.

　　이러한 직무평가의 목적은 기본급, 직무급, 직무수당 등을 합리적으로 결정하고 직급제를 확립하기 위한 기초 자료를 얻기 위한 것이다. 직무급이란 직무의 상대적 가치에 따라 임금을 결정하는 임금 체계이며, 직무의 상대적 가치를 결정하는 것이 직무평가이기 때문에 직무평가는 각 직무들의 적정한 임금이 결정될 수 있는 중요한 참고 자료를 제시해 줄 수 있다.

2) 직무평가의 방법

직무평가방법
· 서열법
· 분류법
· 점수법
· 요소비교법

　　직무의 평가 방법으로는 일반적으로 서열법, 분류법, 점수법, 요소비교법 등의 네 가지가 사용된다.

　　이 중 서열법과 분류법은 비양적인 평가 방법이며, 점수법과 요소비교법은 양적인 평가 방법이다. 양적 방법(quantitative method)이 숫자를 사용하여 분석적으로 평가 판단하는 방법인데 비해, 비량적 방법(unquantitative method)은 비분석적 방법(non-analytical)으로서 포괄적인 판단에 의해 비교되며 다른 직무들과 관련하여 그 직무의 중요성을 평가하려는 것이다. 각각의 직무평가 방법을 열거하면 다음과 같다(Quible, 2001:254-264).

(1) 서열법

서열법은 직무평가 방법으로는 가장 간단한 방법으로서 직무를 중요하고 가치가 있는 것으로부터 경미한 것에 이르기까지 평가자가 포괄적으로 서열을 매겨서 직무를 평가하는 것이다.

세 가지 단계가 서열법을 구성한다. 첫째는 직무평가 과정에 이용될 많은 다른 수준들을 결정한다. 둘째, 가장 중요한 직무로부터 가장 경미한 직무를 서열화한다. 셋째, 사전에 결정된 직무 수준별로 각 직무를 배정한다.

다음 표는 직무평가의 가장 경미한 직무로부터 가장 중요한 직무에 이르기까지의 각 직무 서열과 각 직무에 할당된 수준을 설명한다.

[표 10-3] 서열법의 예

직무명	직무 수준
문서 수발자	1
메일 담당자	2
청구 담당자	2
파일관리 담당자	3
자료입력 운영자	3
마이크로그래픽 담당자	4
자료입력 운영자 II	5
전화 및 내방객 응대 비서 I	5
행정비서 I	6
전화 및 내방객 응대 비서 II	6
행정비서 II	7
전화 및 내방객 응대 비서 III	7
컴퓨터 프로그래머	7
행정비서 III	8
중역비서	8
행정보좌관	9
체제분석가	9

(2) 분류법

분류법은 미리 3~7단계의 등급을 설정하여 놓고 모든 직무를 종합적으로 판단하여 평가해서 분류하는 방법이다. 이 방법은 직무의 중요도·책임감·난이도 등으로 직무의 가치를 단계적으로 구분하는 분류 등급표를 만든다는 점에서 서열법에 비해 발전된 방법이라 할 수 있다. 즉 분류법은 다음과 같이 표준직무기술서를 작성하고 이에 준하여 각 직무의 레벨을 분류하게 된다.

[표 10-4] 분류법의 예

표준직무기술서

Level 1 : 이 단계의 직무책임은 메일을 분류·기록하며, 파일링 하는 것으로, 결정이나 판단에 대한 책임은 거의 지니지 않는다. 또한 특별한 기기 활용, 기술 혹은 지식을 필요로 하지 않는다.
〈중간 생략〉
Level 7 : 이 단계의 직무책임은 타이핑과 복잡한 복사를 포함한다. 또한 의사 결정과 판단에 대한 책임을 지닌다. 적절하게 구두점이나 문법을 사용하고 교정볼 수 있는 능력을 필요로 한다.
〈이하 생략〉

Level	사무담당	자료처리
1	문서수발 담당자	
2	청구업무 담당자	
3	파일관리 업무담당자	자료입력 담당자 Ⅰ
4	타이피스트 Ⅰ	자료입력 담당자 Ⅱ
5	타이피스트 Ⅱ	
6		
7		
8		컴퓨터 프로그래머
9		컴퓨터 기술자
10		시스템 분석가

(3) 점수법

점수법은 몇 개의 중요한 직무를 구성 요소로 분해하고, 각 요소별로 중요도에 따라 숫자에 의한 점수를 부여한 후, 각 점수를 합산하여 각 직무별 가치를 평가하는 직무평가 방법이다. 평가 요소로는 주로 숙련도, 노력도, 책임감, 작업 조건 등을 고려한다.

[표 10-5] 점수법의 예

요소	등급					가중치
숙련도	1	2	3	4	5	40%
노력도	1	2	3	4	5	30%
책임감	1	2	3	4	5	20%
근무 조건	1	2	3	4	5	10%

[보기] 직무 AA

요소	등급					가중치	총점수
숙련도	1	2	3	4	5	40%	2x40=80
노력도	1	2	3	4	5	30%	3x30=90
책임감	1	2	3	4	5	20%	3x20=60
근무 조건	1	2	3	4	5	10%	1x10=10

직무 AA의 점수　　240

(4) 요소비교법

해당 기업이나 조직에서 가장 핵심이 되는 몇 개의 기준 직무를 선정하고 각 직무의 평가 요소를 기준 직무의 평가 요소와 결부시켜 비교함으로써 모든 직무의 상대적 가치를 결정하는 방법이다.

[표 10-6] 요소비교법의 예

기준 직무	평가 요소 월 평균보수 (만 원)	정신적 노력	육체적 노력	기술	책임	근무 조건
시스템 분석가	195	60 (1)	5(4)	40(2)	60(1)	30(1)
자료 입력 담당	90	30 (3)	20(2)	20(4)	15(4)	5(4)

| 프로
그래머 | 150 | 45 (2) | 10(3) | 30(3) | 45(2) | 20(2) |
| 컴퓨터
기술자 | 135 | 15 (4) | 30(1) | 50(1) | 30(3) | 10(3) |

*( ) 안의 숫자는 기준 직무에 대한 요소별 중요도 순위

4. 직무설계

직무설계(job design)란 직무분석에 의해 각 직무의 내용과 성격을 파악한 다음, 그것에 영향을 미치는 조직적ㆍ기술적ㆍ인간적 요소를 규명하여 조직 구성원의 직무 만족과 조직의 생산성 향상을 위한 작업 방법을 결정하는 절차 라고 할 수 있다. 따라서 직무설계는 직무분석과 직무평가를 통해 직무의 내용과 성격을 명확하게 규정함으로써 작업을 원활하게 한다.

1) 직무확대

직무확대(job enlargement)란 조직 구성원이 수행하는 기본적인 작업의 수를 증가시킴으로써 지루하고 단순반복적 직무에 변화를 가져오거나 세분화된 몇개의 작업을 통합하여 하나의 작업이 되도록 직무내용을 재편성하는 것이다. 이러한 직무확대의 목적은 근로자의 자아실현 욕구를 충족시켜 하나의 인격체로서의 만족감을 갖게 하고 작업 의욕을 향상시키고자 하는 데 있다. 즉, 동일 기술 수준을 요구하는 다른 몇 개의 직무를 동시에 수행하도록 하여 작업자의 능력을 더 많이 활용함으로써 일에 대한 권태감을 줄일 수 있다.

직무확대는 흥미없고 단조로운 직무가 추가된 경우 조직구성원들의 실망이 증대될 우려가 있으며, 작업자의 성장욕구의 정도에 따라 실패할 가능성도 배제할 수 없다는 한계를 지닌다.

2) 직무충실

직무충실(job enrichment)이란 조직구성원들의 단조로운 작업으로 인한 침체된 근로 의욕을 되살리고자 다양한 직무내용을 포함하여 높은 수준의 지식과 기술을 요하는 직무를 맡기고, 스스로 계획, 지시, 통제할 수 있도록 하여 도전적인 직무수행이 가능하게 하는 것이다.

다시 말해서, 더 높은 수준의 기술과 책임이 필요한 직무를 부여하여 더 많은 만족을 느낄 수 있도록 작업 내용에 질적인 변화를 주어 생산성 향상을 꾀하는 것을 말한다. 다만, 직무충실화는 조직구성원의 교육훈련에 많은 시간과 비용이 소요되며, 성장욕구가 낮은 종업원의 심리적 부담감과 좌절감을 무시할 수 없다는 한계를 지닌다.

> **직무충실화**
> 허쯔버그의 2요인이론을 기반으로 성취감, 타인의 인정, 도전감 등 동기요인을 충족시키기 위한 직무설계 방법

제2절 **조직진단의 추진 단계**

조직진단은 조직인력 진단 및 기본전략 수립, 조직문화 및 조직구성원 의식 조사진단, 직무분석, 업무 프로세스분석, 조직 및 업무 프로세스 재설계. 급여체계 분석 및 개선이라는 단계로 추진될 수 있다.

추진단계	1단계 조직인력진단	기본전략수립	2단계 조직문화및조직	구성원의식진단	3단계 직무분석	4단계 업무프로세스분석	5단계 조직및업무	프로세스재설계	6단계 급여체계분석및개선

1. 조직인력 진단 및 기본 전략 수립

발전계획 및 고객만족도 조사, 선진 조직의 벤치마킹 결과를 토대로 현 조직의 강약점을 분석하고 미래의 바람직한 조직설계 방향과 요구되는 핵심 기능을 설정하는 단계로 다음과 같이 도식화할 수 있다. 제1단계에서는 조직설계시 중장기 발전 계획과 환경 변화의 요구를 적절히 반영할 수 있으며, 고객만족도 조사와 내부 역량평가를 통해 현위치를 명확히 조명할 수 있다는 기대 효과를 가져올 수 있다.

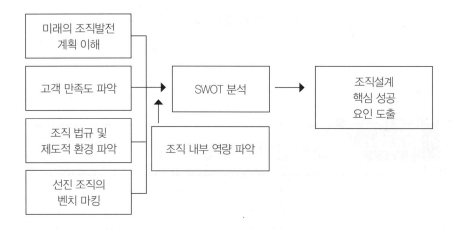

2. 조직문화 및 조직구성원의 의식조사 진단

조직문화를 형성하는 아홉 가지 요인을 체계적으로 분석하여 변화를 위한 방향을 설정한다. 단, 프로세스나 조직은 한 번에 변화시킬 수 있으나 사람의 의식이나 가치관, 행동은 지속적인 변화 관리가 요구된다. 조직문화 및 조직구성원의 의식을 조사하고 진단하는 제2단계에서는 조직구성원들의 공통된 가치관이나 행동양식을 파악함으로써 변화의 장애 요인을 진단하고 조직 활성화를 위한 기본 방향을 설정할 수 있는 기대 효과가 있다.

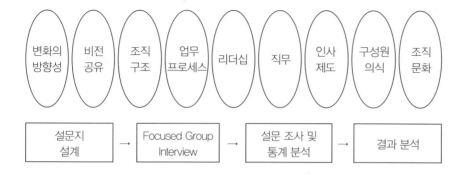

3. 직무분석

현재 직무를 대상으로 정교한 직무분석을 실시하여 업무량을 확정하고 무용 업무, 낭비 업무, 중복 업무를 제거함으로써 업무를 간소화한다.

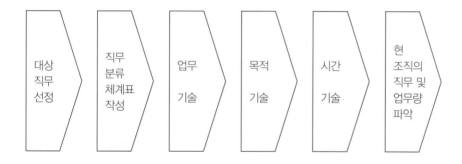

3단계 직무분석에서는 부서별 조직업무 체계 확립, 무용 업무, 중복 업무, 낭비 업무 제거 및 업무 간소화, 현 조직의 적정 기준 마련, 사무표준화 및 전산화의 기초 자료 제공 등의 기대 효과를 가져올 수 있다.

4. 업무 프로세스 분석

업무 프로세스 분석(business process reengineering)은 방법론에 입각하여 고객(주민) 가치를 실현하는 데 중요한 프로세스, 처리 절차가 복잡하고 내부적으로 상당한 문제를 가진 프로세스, 전략적으로 중요한 프로세스를 선정하여 각각의 프로세스별로 현상을 기술하고 문제점을 분석하는 단계이다.

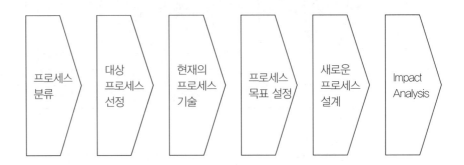

이 단계에서는 핵심 프로세스별로 업무가 진행되는 과정을 시간 흐름으로 분석함으로써 리드 타임 개선 및 중복 및 낭비 요소 제거, 고객에게 최상의 만족을 줄 수 있는 프로세스 구축, 또는 사무 전산화 추진시 추진 방향 설정 등을 기대 효과로 들 수 있다.

5. 조직 및 업무 프로세스 재설계

거시분석, 직무분석, 프로세스 분석, 조직문화 진단 결과를 토대로 현재의 여건을 반영하여 고객만족과 내부 구성원의 업무 수행 능력을 최대한 발휘할 수 있는 조직설계 방향을 중장기 설계안과 단기 조직 설계안으로 구분하여 구체화하는 단계이다.

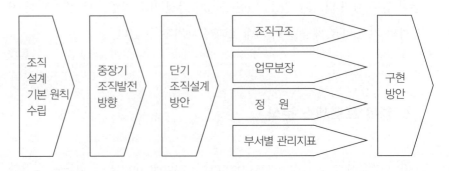

조직 및 업무 프로세스 재설계 단계에서는 대 고객 서비스를 최상화할 수 있는 조직의 구현, 환경 변화에 탄력적으로 대응할 수 있는 조직의 구현, 내부의 장애 요인과 부문별 이기주의 최소화, 권한과 책임이 명확한 조직 구축이라는 기대 효과를 고려할 수 있다.

6. 급여 체계 분석 및 개선

조직구성원 급여 체계의 분석, 조직구성원들의 의식 조사, 조직재설계에 따른 부서별 업무 분장을 토대로 조직구성원의 능력을 최대한 발휘하도록 하면서도 조직 재정에의 영향을 최소화할 수 있는 급여 체계 개선안을 제시하는 단계이다.

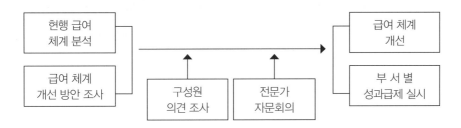

마지막 단계인 급여 체계 분석 및 개선 단계에서는 구성원 개인의 실적 및 생산성을 급여 체계와 직접적으로 연계하여 더욱 적극적인 업무 자세와 실적 유도, 현행 급여 체계의 불합리성 해소를 통해 업무의 생산성 및 효율성 제고, 연봉제를 비롯한 성과급제 도입 추진으로 급여 체계 개선의 선진 모델 구축 등 여러 기대 효과가 있을 수 있다.

연봉제
근로자의 능력 및 실적을 평가하여 계약에 의하여 연간임금액을 결정하고 이를 매월 분할하여 지급하는 능력중시형 임금체계

성과급제
근로자의 작업시간에 관계 없이 작업의 성과나 능률을 기준으로 하여 임금을 지급하는 제도.

제3절 조직진단과 직무조사

1. 직무조사의 의의

직무조사는 직위분류제를 수립하는 절차 중 준비작업 다음에 이루어지는
단계로서 직위를 분류하려면 그 직위에 부여되는 직무가 어떠한 내용의 것
인지를 알아야 하므로 우선 그것에 대한 자료를 수집하게 된다. 즉, 각 직위
에 배정된 일의 내용, 책임과 권한 및 직무수행에 필요한 자격 요건 등에 관
한 것들이다.

직무조사를 실시하는 방법에는 직무기술서 등에 의한 서면(書面) 조사, 관
련자들 직접 만나보는 면접 조사, 업무 수행을 직접 보는 현장관찰 등이 있다.
그 중 가장 중요시되고 많이 쓰이는 것이 직무기술서(職務記述書)에 기입하
는 방법이다(유동해·하동석, 2010).

2. 직무조사의 필요성

오늘날 해외시장에서 국내 기업의 경쟁력은 약화되는 반면, 외국 기업에 대
한 국내 시장 개방이 가속화됨에 따라 국내 대부분의 기업들이 대외 경쟁력
강화를 위해 자신들만의 업무 노하우(know-how)를 축적하고 나아가 세계 시
장에서 이길 수 있는 경쟁력을 갖고자 노력하고 있다. 이러한 노하우의 축적
을 위한 첫 번째 단계가 직무조사를 통한 업무의 구체화·명확화와 업무 수행
에 필요한 지식, 기능 등의 명시이다.

회사가 활기에 넘치고 밝은 미래를 지향하는 건전한 풍토를 유지하기 위해
서는 보이지 않는 곳에서 열심히 일하는 사원들이 많아야 하며, 열심히 일하
는 사원들이 대우받는 풍토와 제도가 마련되어야 한다. 노력한 만큼의 평가

와 보상을 받을 수 있는 제도적 장치를 마련하기 위해서는 직무조사를 통해 개개인이 하는 일과 그 일을 잘하기 위한 능력 개발 목표를 명확히 제시함으로써 노력한 만큼 평가받을 수 있는 기반을 마련하여야 한다.

3. 직무조사의 실시

1) 직무조사의 원칙

과업이란 직무를 수행하기 위해 개인별로 나뉘는 업무이다. 본래 기업 내의 일은 직무 단위로 나누는 것이 기본이지만 직무가 아니라 과업 단위로 일을 나누는 것은 직무조사와 그 활용이 개개인이 하는 일을 중심으로 이루어져 있기 때문이다. 직무가 얼굴이라면 과업은 눈, 코, 귀 등과 같기 때문에 과업 분류가 잘못되면 직무라는 얼굴이 본래의 형태를 나타내기 어렵다. 직무조사를 위해서는 다음과 같은 원칙이 고려되어야 한다.

① 직무조사는 관리자와 부서원이 함께 작성하는 것이다. 관리자는 부하 직원들에게 요구하고 싶은 사항을, 부하 직원은 관리자에게 평가받고 싶은 사항을 추출하여 협의에 의해 확정한다.

② 직무조사는 직무분석이나 업무 매뉴얼 같은 정형화된 틀이 없다. 부서 내의 업무 특성, 업무 흐름, 업무 배분 등을 고려해서 작성한다.

③ 실제로 개개인이 하고 있는 일을 구체적으로 추출한다.

④ 직무조사는 일뿐만 아니라 역할, 책임까지 대상이 된다.

2) 직무조사 내용

직무조사를 위해서는 [표 10-7]과 같은 내용들이 조사되어야 한다.

[표 10-7] 직무조사 내용

단계	절 차	내 용	작성 기준
1	직무조사표 작성 과업 추출 과업 평가	직무조사표에 현재 각 팀에 있는 과업을 전부 나열하고 나열한 과업의 난이도와 숙련도를 평가하여 등급을 설정	팀
2	과업 일람표 작성	직무조사표에 조사된 과업을 1~10등급까지 등급별로 구분하여 정리	팀
3	직능 요건서 작성	해당 과업을 어느 정도 수준까지 해야 하는지를 설정하고 각 과업 수행을 위해 필요한 지식, 기능 및 필요 교육을 구체적으로 명시	팀
4	과업 분담 현황표 작성	해당 그룹원의 업무 분담 상태를 작성	Unit
5	개인별 과업 분담표 작성	개인별로 일정 기간 동안 담당하는 과업, 등급 수준, 기대 수준, 능력 개발 등에 대해 기록	Unit

(1) 직무조사표 작성

① **직무의 기입:** 일은 어떠한 계열로 분류하는 것이 가능한가를 생각한다. 업무를 기입하는 순서는 부서 내부에서 중요도, 빈도가 높은 순 또는 일의 흐름순(PLAN-DO-SEE)으로 기입한다.

② **과업의 기입:** 조사된 과업을 상위 등급 순서대로 기입한다.

③ **세부 과업(수행 내용)의 기입:** 과업을 수행하는 단위 작업을 업무 추진 순서대로 기입한다.

④ **난이도 평가 기입:** 난이도 평가 기준에 따라 영문 알파벳 대문자로 기입한다. 예를 들어 5단계 / A, B, C, D, E로 기입한다.

⑤ **숙련도 평가 기입:** 숙련도 평가 기준에 따라 영문 알파벳 소문자로 기입한다. 예를 들어, 3단계 / a, b, c로 기입한다.

⑥ **등급 기입:** 난이도와 숙련도의 조합(MIX)에 의해 대응 등급을 아라비아 숫자로 기입한다. 예를 들어, 10단계(10-1)로 표시한다.

[표 10-8] 직무조사표

부서명:_____   작성자:_____

직 무	과 업	세부 과업 (수행 내용)	난이도	숙련도	등 급

[표] 직무조사표 작성 예

직무	과업	세부과업(수행내용)	난이도	숙련도	등급
채용	채용 보조	1.면접전형 일람표작성	E	c	1
		2. 면접진행 보조			
	채용 실시 준비	1.인력요청 업무연락 집계	D	c	3
		2. 채용실시품의			
		3. 이력서접수, 집계			
	채용 진행	1. 이력서제출자 면담	D	b	4
		2. 인사위원회 면접대상선정			
		3. 인사위원회 실시 품의			
		4. 면접진행			
		5. 배치안마련			
		6. 인사발령품의서 작성			
		7. 채용확정자 배치전 소개			
	채용 계획 수립, 추진	1. 채용인원 산출	C	b	5
		2. 채용방법 검토			
		3. 채용진행 스케줄작성, 추진			
		4. 배치안 조정			

자료:http://blog.naver.com/sea8481

(2) 직능 요건서 작성

직무조사 실시의 가장 핵심적인 작업으로서 다른 말로 '업무 수준표'라고 할 수 있다. 이는 어떤 직급에서는 어떤 업무를 어떤 수준까지 수행할 수 있어야 하는지를 파악하는 작업이다.

직능 요건서에서 가장 핵심이 되는 난은 '요구되는 직무 수행 수준'이다. '필요 지식 및 기능' 란은 이를 '요구되는 직무 수행 수준'을 구체화 · 명확화시키기 위해 필요로 하는 내용이다. '요구되는 직무 수행 수준'을 확실하게 정하고 나면 그 후의 난은 쉽게 나올 수 있다.

[표 10–9] 직능 요건서

부서명: _____   등급: _____

직무	과업	난이도	숙련도	요구되는 직무 수행 수준 (기대 수준)	필요 지식 및 기능		
					실무 지식 및 기능	이론 지식	필요 교육

① **직무 · 과업**: 과업 일람표에서 등급별로 옮겨 기입한다.

② **난이도 · 숙련도**: 직무조사표에서 과업별 난이도, 숙련도를 찾아 옮겨 기입한다.

③ **요구되는 직무 수행 수준(기대 수준)**: 과업별로 직무 수행을 위해 기대되는 수준을 다음과 같이 작성한다.

> ① ~을 이해하고(규정, 내규, 법규, 업무 flow, 절차) :
>   [사전에 필요한 실무, 이론 지식, 기능]
> ② ~을 파악하여 (환경 요소, 현상, 추측):
>   [업무 수행 전 사전 준비 사항, 업무 연결 사항]
> ③ ~을 어느 정도(언제까지) 수준까지 할 수 있어야 한다:
>   [시기, 목표]

④ 실무 지식 및 기능, 이론 지식: 요구되는 직무 수행 수준난에 정해진 대로 수행하기 위해서는 어떤 지식 및 기능이 필요한가를 기입한다. 이는 실무 처리를 위해 직접적으로 필요로 하는 지식과 이론 지식으로 나누어 정리한다.

⑤ 필요 교육: 필요 지식 및 기능난에 기입된 지식 및 기능을 갖추기 위해 어떠한 교육이 요구되는가를 기입한다. 능력 개발을 위해 반드시 필요로 하는 교육과정을 기입해야 한다. 현재에 개설되어 있는 사내외 교육(통신 교육 포함)을 기재하거나, 개발되어 있지 않더라도 향후 개설이 필요하다면 그 과정명을 기재하고 개발하도록 한다.

(3) 직무조사의 활용

직무조사는 토털 인사관리 시스템의 기반으로 활용된다. 업적 평가와 능력 개발의 기준이 되는 것은 물론 전환 배치, 급여, 승진 등 모든 인사관리 제도를 유기적으로 결합시켜 한층 더 높은 수준의 인사관리를 가능케 한다. 또한 직무조사는 ① 업무 흐름과 업무 배분의 효율적 관리, ②기존 업무의 정형화 · 단순화를 통한 업무이양 용이 및 업무의 질적 수준향상, ③업무와 능력 개발 목표의 명확화를 통한 목표에 대한 노하우 축적, ④OJT 등을 통한 노하우 전수 용이 등 여러 가지 측면에서 생산성 향상을 위한 기법으로 활용된다.

4. 직무조사와 인사고과와의 연계

전사적으로 실시한 직무조사는 부서별로 해당 조직 내에 어떤 과업이 있는지, 그리고 과업 수행에 기대되는 수준과 필요 지식 · 기능 · 교육 사항을 조사하고, 결과 산출물로 직무조사표, 과업 일람표, 직능 요건서가 작성된다.

이러한 직무조사는 조직의 개편, 업무환경 변화에 따른 과업의 신설 · 폐기가 생기지 않는 한 원칙적으로 변동이 없다. 그 다음으로는 직무조사를 인사고과와 연계시키는 작업이다. 다음의 과정을 통해 직무조사를 통한 인사고과가 가능해진다. 이 과정은 매년 인사고과 목표 설정시 이루어지는 과정이다.

[표 10-11] 직무조사와 인사고과 연계 과정

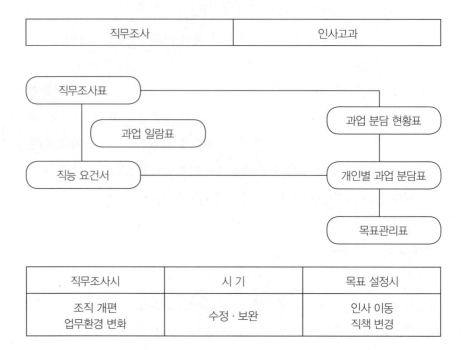

직무조사	인사고과

직무조사시	시 기	목표 설정시
조직 개편 업무환경 변화	수정 · 보완	인사 이동 직책 변경

제12장

차트적 사고와 프레젠테이션

● 제1절 차트적 사고

● 제2절 프레젠테이션

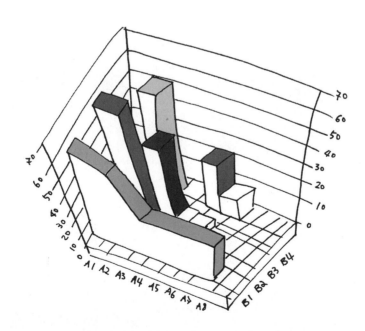

제1절 차트적 사고

1. 차트적 사고

챠트는 전체를 파악할 수 있는 구조 파악도와 같은 의미를 지닌 것으로, 다음과 같은 경우에 차트를 작성하게 된다(한국표준협회, 1994).[1]

① 사고(思考)를 정리할 때: 무작위적인 어떤 많은 정보를 하나의 정돈된 상태로 정리한다.

② 생각한 일의 정당성을 검증하고자 할 때: 자기 주장이나 생각한 일이 옳은 것인가를 다른 정보와 비교하여 검증한다.

③ 알기 쉽게 전달하고자 할 때: 자기가 말하고 싶은 것을 타인에게 한눈에 이해할 수 있도록 한다.

[그림 12-1] 차트의 역할

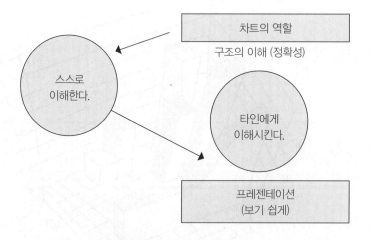

_____

1 영어의 chart는 ① 해도, 수로도 ② 도표, 그림 ③ 잘 팔리는 곡명표 등의 명사가 있으며, ① 해도 · 도표로 만들다 ② 계획(입안)하다 등의 동사가 있는 것으로 사전에 풀이되어 있다.
  *'차트적 사고'는 한국표준협회의 "쉽게 볼 수 있는 차트 만들기"의 내용을 참고했다.

④ 그림 형태의 발상으로 비주얼 프레젠테이션을 하고자 할 때: 창조적인 발상이나 사고로 현상이나 사실을 시각적으로 표현한다.

①과 ②는 자기 생각을 정리하기 위해, ③과 ④는 타인에게 이해시키기 위해 사용하는 경우이다. 이처럼 차트의 목적은 자기 생각을 정리하는 경우와 타인에게 이해시키는 경우 두 가지로 대별할 수 있다.

2. 차트화 단계

차트는 ① 자신에 관한 사실을 열거하고, ② 열거한 사실을 항목별로 정리·분류하고, ③ 분류한 것에 의해 차트화하는 단계로 이루어진다.

다음의 사례는 30세 남성이 어떤 식으로 타인에게 자신을 전달하는지 즉 자기 자신을 어떻게 차트화 하는지를 구체적으로 제시하고 있다.

☆ ○○대학 경영학과 졸업　　☆ 중·고교에서는 축구부 활동을 함
▽ 제약회사 근무　　　　　　☆ 대학 시절 음악동아리 활동
▽ 해외마케팅부서 3년 근무　☆ 대학1학년때 오토바이 면허 취득
▽ 신제품 홍보 이벤트 참여　☆ 대학 4학년 때 자동차 운전면허 취득
● 취미 볼링.　　　　　　　 ▽ 아르바이트 경험 있음.
● 영화배우 성룡 팬　　　　 ● 한달에 한 번은 영화를 봄
○ 대학 동창회 회장을 맡게 됨　● 유럽여행 희망
○ 친구 결혼식에서 사회를 맡게 됨
△부. ○○○ (56세) 회사원　△모. ○○○ (55세) 주부
● 주 1회 정도 친구와 축구를 함　△ 남동생.○○○ (28세) 법률기관 근무
● 스포츠 프로를 좋아함.　△ 결혼독촉을 받고 있음

(1) 우선 자신에 관한 사실을 열거한다

자신을 표현하고자 할 때는 우선 떠오르는 일, 바로 알 수 있는 일부터 무작위(random)로 기록해 나간 다음, 잡다한 상태의 것들을 다른 사람이 보아도 알 수 있도록 정리해 나간다.

(2) 열거한 것을 항목별로 나누어서 정리한다

'자기가 어떤 사람인가'를 나타내고자 하는 것이므로, 우선 가족 구성, 학력, 직장, 경력, 취미, 특기 등의 '이력서' 항목을 제시한다. 단. 이러한 항목만으로는 재미가 없으므로 교우 관계 항목을 만들거나, '학력'이라기보다 '학교생활도 포함한 개인 생활'등을 열거한 데이터를 정리한다.

가족에 관한 사항(△)	개인 사항(☆)
부. ○○○ (56세) 회사원 모. ○○○ (55세) 주부 남동생. ○○○ (28세) 법률기관 근무 가족으로부터 결혼독촉 독촉을 받음	○○대학 경영학과 졸업 중‥고교에서 축구부활동을 함 대학 시절 음악동아리 활동 대학 1학년에 오토바이 면허 취득 대학 4학년에 자동차 면허 취득
업무에 관한 사항(▽)	취미(●)
제약회사 근무 해외마케팅부서 3년 근무 신제품 홍보 이벤트 참여	볼링이 취미 영화배우 성룡의 팬 주 1회 정도 친구들과 축구를 함 한달에 한 번은 영화를 봄 스포츠프로를 좋아함 유럽여행을 희망함
친구들에 관한 사항(○)	
대학 동창회의 회장을 맡고 있음 친구 결혼식에서 사회를 맡게 됨	

(3) 차트화한다

[그림 12-2]는 위에 제시된 남성의 '자기 차트' 사례이다. 5개 항목별로 정리한 것을 키워드화하여 제시하고, 최종적으로 '외향적인 행동파이며 리더역할에 맞는 성격'이라며 하나의 자기상(自己像)을 끌어내는 형태를 취하고 있다.

1단계에서는 읽는 사람이 문장 전체를 읽지 않고는 이러한 사실을 알 수 없다. 그러나 2단계를 보면 '다섯 종류의 사항'으로 정리하여 다소 파악이 가능한 형태로 제시하고 있다. 3단계는 '행동파'이며 '리더 역할에 맞는다'는 특징적 성격을 눈에 띄게 제시하고 있다.

[그림 12-2] 30세 남성의 자기 차트 사례

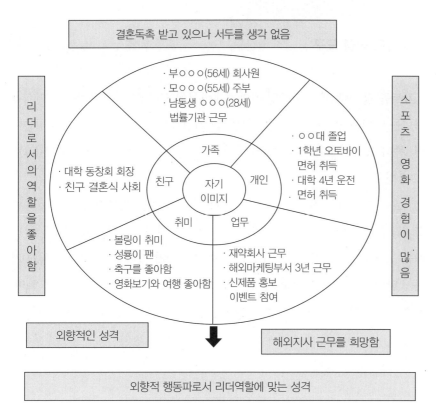

챠트 작성요령은 첫째, 데이터의 단어화에 의해 얻은 무작위 정보를 분류·검증하고 정리하며, 둘째, 구조화하여 정보의 순위나 상하 관계를 만들고, 셋째, 비주얼화하여 한눈에 이해할 수 있도록 하는 것이다.

이와 같이 차트는 스스로 자기 자신을 탐색하는 단계(1단계), 자기 생각이 정리되는 단계(2단계), 그리고 타인에게 어떻게 보일 것인가 표현하는 단계(3단계)로 중점이 옮겨진다. 자기 자신의 이해를 돕기보다는 타인에게 이해받는 수단으로서의 차트라고 할 수 있다. 이 점이 바로 차트를 프레젠테이션에 자주 사용하는 이유이다.

그러므로, 차트는 말하고자 하는 구조를 정확하게 나타내며, 보기 쉬운 것이어야 한다. 정확하고 보기 쉽게 만들기 위해서는 당연히 기획자 자신이 내용에 대해 잘 알고 있어야 한다. 물론, 동의를 얻기 위해 최대한 '자세히 보이는' 일에도 신경써야 한다.

3. 차트 작성 방법

1) 차트 작성 도구

차트를 작성할 때는 비주얼 프레젠테이션에 의한 설득 기법이라는 인식을 지니는 일이 중요하다. 타인을 설득하는 기법으로서 차트의 성격을 설정한다면, 좀더 효율적으로 기호 · 도형 · 디자인 등을 활용할 필요가 생긴다([그림 12-3] 참조).

기호나 마크에는 방향을 나타내는 화살표, 판단을 내리기 위한 기호 · 마크 · 그림과 그림을 연결하는 실선이나 점선 등이 있다. 차트의 성격을 나타내는 도형도 원교차도, 매트릭스도 등 여러 가지가 있다. 따라서 지나치게 기존 스타일에 집착하지 말고 자기 식의 기호 · 마크 · 도형을 고안하도록 하며, 스스로 구상한 차트에 가장 적합한 독창성 있는 것을 사용하는 것이 좋다.

2) 차트 작성 방법

어떤 소재를 눈앞에 두었을 때 어떤 형태로 차트 · 도표를 사용할 것인가를 생각하는 일은 특히 중요한 기법이다. 그러므로, 사전에 도표 · 차트 만들기를 위한 기본 컨셉트(concept)를 미리 인식하고 목적별, 용도별, 테마별로 차트와 도표를 선별하여 사용할 수 있도록 개념을 정리해 둘 필요가 있다. 일반적으로 활용성이 높은 챠트를 참고적으로 제시하면 다음과 같다.

[그림 12-3] 차트 작성에 기본이 되는 각종 기호·도형

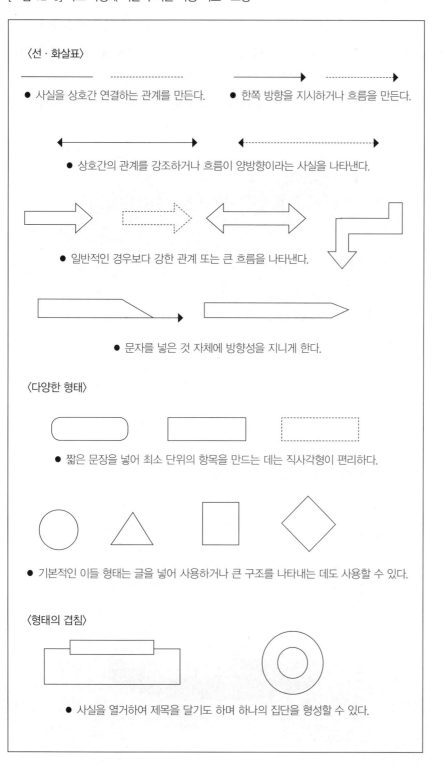

〈선·화살표〉

● 사실을 상호간 연결하는 관계를 만든다.　　● 한쪽 방향을 지시하거나 흐름을 만든다.

● 상호간의 관계를 강조하거나 흐름이 양방향이라는 사실을 나타낸다.

● 일반적인 경우보다 강한 관계 또는 큰 흐름을 나타낸다.

● 문자를 넣은 것 자체에 방향성을 지니게 한다.

〈다양한 형태〉

● 짧은 문장을 넣어 최소 단위의 항목을 만드는 데는 직사각형이 편리하다.

● 기본적인 이들 형태는 글을 넣어 사용하거나 큰 구조를 나타내는 데도 사용할 수 있다.

〈형태의 겹침〉

● 사실을 열거하여 제목을 달기도 하며 하나의 집단을 형성할 수 있다.

(1) 타이틀 차트(title chart)와 텍스트 차트(text chart)

타이틀 차트는 광고 게시판과 같다. 단독 아이디어에 대한 관심을 모으기 위해서는 타이틀 차트를 사용하는 것이 좋다. 텍스트 차트는 좀더 상세하다. 즉, 그들은 보통 관련된 많은 관점들에 의해 설명되는 top으로 타이틀을 포함한다. 청중들을 위해 topic의 개요를 설명하기 위해 텍스트 차트를 활용하는 것도 좋다.

Tips for Creative Meetings

- ➤ Anywhere but the office
- ➤ Small groups work
- ➤ Have some fun
- ➤ Be prepared
- ➤ Think positive

(2) 파이 차트(pie chart)

전체에 대한 다양한 부분들의 관계뿐만 아니라 그룹의 나머지에 대한 한 아이템의 관계를 보여 주기 위해 사용된다. 파이 차트는 여섯 또는 그보다 작은 조각으로 나뉠 때 가장 커뮤니케이션이 훌륭하게 이루어진다.

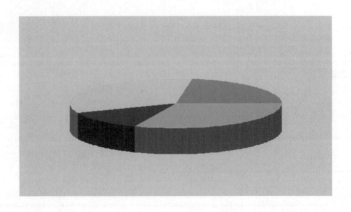

(3) 라인 차트(line chart)

어떤 것이 시간이 지나면서 어떻게 변화되어 왔는가를 보여 주기 위해 사용한다. 일반적으로 실질적 항목은 지적되고 있는 것보다 덜 중요하다. 만일 변화를 비교하기 위해 몇 가지 선을 사용하고자 한다면, 세 가지 정도가 적당하다. 그 이상의 표현은 오히려 혼란스러운 면이 있다. 각 선을 다른 색으로 지정하면 다른 것과 구별하기가 쉽다.

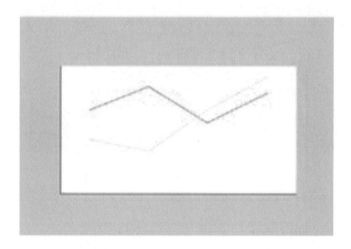

(4) 플로 차트(flow chart)

발전 단계를 보여 주는 데 유용한 챠트로서 어떤 상품의 제조단계 설명 또는 문서업무(서류업무: paperwork)의 흐름을 설명하는 데 주로 사용된다.

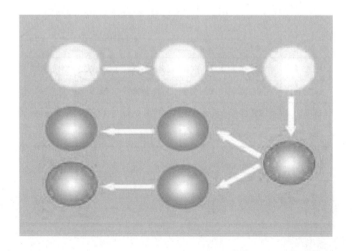

(5) 조직적 차트(organizational chart)

직무나 그룹의 흐름과 기능적 관계를 나타낸다. 조직의 구조는 조사되어 온 관계에 따라 타이틀, 부문 또는 책임을 활용하면서 도표로 나타내게 된다.

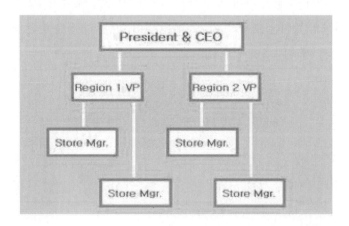

6) 표 차트(table chart)

많은 자료를 요약하고 비교하기 위해 행과 열을 사용한다. 이 차트의 숨겨 져 있는 핵심은 행과 열의 수를 최소화시키고 중요한 정보를 부각시키고 데이 터로부터 추출한 결론을 구두로 강조하는 것이다.

REGIONAL SALES, 2010-2014	2010	2011	2012	2013	2014
EAST	$109,559	$112,508	&115,784	$121,000	$125,445
SOUTH	57,084	60,812	64,209	64,350	68,772
MIDWEST	72,223	73,001	76,852	77,777	78,345
WEST	137,009	142,882	143,602	146,110	149,889

(7) 막대 차트(bar chart)

대부분 비교를 하는 데 사용된다. 이와 같은 시각적 기구를 사용하면서, 청중은 각 막대기의 상대적 가치와 설명되고 있는 경향을 질문할 수 있다.

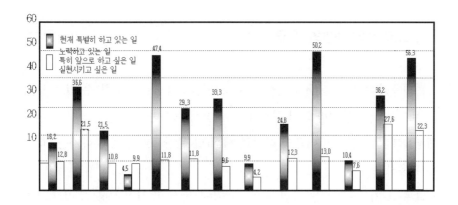

(8) 알기 쉬운 그림 · 마크 · 기호 표시

간결, 명료한 그림으로 도표를 만들어 알기 쉽게 나타내는 것이다. 이는 차트라기보다 도표 그 자체이지만, 생선이나 사과 같은 그림을 사용함으로써 숫자로 나타내 이해를 더욱 빠르고 쉽게 하는 기술이다. 비슷한 형태를 사용하는 픽토그래프(pictograph) 등이 이에 해당된다.

픽토그래프(pictograph)
문자를 사용하지 않고 안내, 유도, 주의, 금지 등의 표지를 그림으로 표현한 것. 공항이나 박람 회장 등에서는 문자를 이해하지 못하는 외국인이나 어린이 등을 위해서도 유효함.

사과 출하량을 사과 형태로 나타낸다

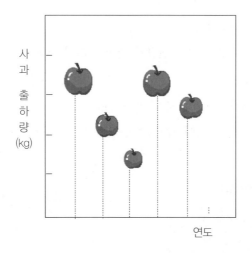

제2절   **프레젠테이션**

1. 프레젠테이션의 개요

프레젠테이션(presentation)이란 우리가 일반적으로 사용할 수 있는 양식 및 보고서 서식을 일반 문서 형식에 맞게 작성할 뿐만 아니라 문서 내에 여러 개체들과 문자열들이 어울려 다양한 서식 및 문장들로 구성해 나가는 데 매우 유용하다.

그 주요 기능으로서는 화면 주요 요약 문서작성 및 서식 사용, 그리고 화면 상에서 개체 그리기와 그래픽 활용, 그 외 멀티미디어와 인터넷 등과 같은 여러 가지의 기능을 전체 화면의 환경에 다양하게 제공해 주며, 또한 배경과 클립 아트 등 다양한 제작 도구를 이용하여 최대의 프레젠테이션 기법을 적용하여, 보는 사람으로 하여금 한눈에 전체의 내용을 파악할 수 있는 요약 정보를 체계적으로 나타내 주는 기능을 제공해 준다.

일반적으로 사람들은 프레젠테이션하는 것을 두렵게 느끼며 가능한 꺼리는 작업이다. 프레젠테이션을 잘하기 위해서는 무엇보다도 본인이 준비한 프레젠테이션에 자신감을 가져야 한다. 성공적인 프레젠테이션을 위해서는 다음과 같은 비결이 필요하다.

첫째, 철저한 준비를 통한 자신감과 열정으로 청중에게 신뢰감을 준다.

둘째, 커뮤니케이션 스킬을 습득하고 바디 랭귀지를 적절하게 활용하여 프레젠테이션의 효과를 극대화 한다.

셋째, 프레젠테이션은 보여지는 것이 중요하므로 자료의 시각화에 신경쓴다.

2. 프레젠테이션의 준비

1) 청중 분석

프레젠테이션을 성공하기 위해서는 듣는 대상이 누구인지를 철저하게 분석하고 그들을 이해할 수 있어야 한다. 청중 분석에 성공한다면 프레젠테이션은 반 이상 성공했다고 볼 수 있다. 청중의 규모 및 특징, 성별, 나이, 학력, 발표 내용에 대한 견해 및 지식 정도 등의 청중 분석 결과에 따라서 발표할 내용과 준비할 시각자료, 접근 방식 등 프레젠테이션의 전반적인 사항에 차이를 두어야 한다.

2) 발표 내용 구성

발표 내용을 청중에게 체계적이고 간단·명료하게 전달하는 단계이다. 내용의 요지를 파악하여 내용의 흐름에 따라 발표의 순서를 정해 논리적으로 내용을 구성한다. 이 단계에서 자칫 잘못하면 발표 자체가 엉망이 되거나 청중이 듣고자 하는 핵심을 전달하지 못하여 실패하기 쉽다. 발표 내용에 따른 구체적인 증거와 아이디어를 제공하고, 청중의 관심과 궁금증에 대한 정확한 해결책을 제시해 줄 수 있어야 한다.

[표 12-1] 청중 분석표

발표 주제				
청중 단체명				
규모	약 명	성별	남, 녀, 혼합 (남 여)	
평균 나이				
교육 수준				
주제에 관한 지식				
주제에 관한 자세				
참여 이유				
기타				

3) 시각자료의 활용

프레젠테이션을 효과적으로 전달하기 위해서는 시청각적인 요소를 모두 자극할 수 있는 시각자료를 잘 활용해야 한다. 말로만으로 진행되는 프레젠테이션의 이해도가 7%에 불과한 반면, 말과 시각자료를 모두 활용한 프레젠테이션은 이보다 훨씬 높은 87%라고 한다.

시각자료는 프레젠테이션을 전체적으로 진행헤 니기면서 강조하거나 다양성을 주기 위해 주로 사용되며, 발표 내용을 조직화하여 논리적으로 전달하는 데에도 도움이 된다. 그러나 시각자료를 사용하지 않는 것이 오히려 좋은 경우도 있다. [표 12-2]에 따라서 시각자료의 사용 여부를 결정하도록 한다.

[표 12-2] 시각자료 활용 여부 고려 사항

시각자료를 사용해야 하는 경우	시각자료를 사용하지 않아야 하는 경우
· 발표의 포인트를 명확하고 강조할 때 · 다양성을 줄 때 · 발표의 초점을 바꾸고자 할 때 · 프레젠테이션을 특별하게 할 때	· 초점을 흐릴 우려가 있을 때 · 자료의 보관 상태가 좋지 않을 때 · 관련 없는 자료일 때 · 오래된 자료일 때 · 목적이나 청중에게 부적당할 때

차트(chart)
차트(chart)는 프레젠테이션을 하기 위해 사용하는 시각자료 일체를 차트라고 할 수 있다. 최근 스프레드시트 프로그램인 엑셀 등을 이용하여 표를 그래프화 하는 것을 차트라고 생각하는 경향이 있으나, 그래프는 차트의 일종이며, 차트는 더 넓은 범주의 시각 표현 자료라고 할 수 있다.

시각자료로 주로 활용되는 것은 차트와 동영상 등이 있으며, 이를 청중에게 보여 주기 위한 매체로서 궤도(flip chart), 오버헤드 프로젝터(OHP), 빔프로젝터, 슬라이드 쇼, VTR 등 다양한 매체가 활용된다.

4) 유인물

발표하기 전에 청중에게 발표에 관한 정보를 문서로 배부하는 것을 유인물이라고 한다. 유인물을 배부함으로써 청중이 발표에 더 큰 관심을 가지고 참여할 수 있도록 도와 준다.

유인물에는 발표 내용 전문을 제공하게 되면 오히려 청중의 관심을 반감시키므로, 유인물에는 중요한 부분의 요약본을 제공한다. 그 외 참고가 될 자료 또는 발표할 때에 보여 주거나 설명하기 어려운 내용을 유인물로 제시하여 청중이 잘 이해할 수 있도록 한다.

3. 프레젠테이션의 전달

프레젠테이션을 하기 위한 준비 작업을 마치고 실제 프레젠테이션을 하는 단계이다.

1) 사전 연습 및 점검

프레젠테이션 하기 직전에는 다음과 같은 준비가 필요하다.

① 사전에 발표 내용을 되풀이하여 연습하고, 발표할 때 참고할 수 있는 발표용 노트를 준비한다.

② 발표 모습을 비디오 촬영을 통해 확인함으로써 고쳐야 할 자세와 습관을 점검한다. 비디오 촬영이 어려운 경우 녹음기, 거울 등을 이용하여 발표 자세, 표정, 목소리 등을 점검한다.

③ 복장은 자신에게 편안하고 청중이 보아서 튀지 않는 보수적인 의상이 가장 무난하다. 기본적으로 정장을 원칙으로 하지만 발표의 공식·비공식 여부에 따라서 융통성을 발휘할 수 있다.

④ 발표 장소에 최소 1시간 전에 도착하여 주변 온도, 소음, 책상이나 의자의 배열, 마이크 성능, 사용할 기자재 등을 사전에 점검하여 미비된 사항을 보완한다.

2) 프레젠테이션의 시작

프레젠테이션의 오프닝 멘트와 자세가 전체 프레젠테이션의 성패를 좌우

한다. 처음에 청중의 관심과 흥미를 유발하지 못하면 발표를 계속 진행해 나가는 데 어려움을 느끼게 된다. 인간관계에서도 첫인상이 오랫동안 지속되는 것처럼 프레젠테이션에서도 첫 단계가 매우 중요하다.

목소리는 전체적으로 듣기에 안정감 있고 편안한 톤으로 시작해야 한다. 가장 첫 단계에서 인상적인 시각자료를 제시하여 흥미를 유발하는 방법도 많이 사용되고 있다. 첫 단계의 인상적인 도입부에 이어서 프레젠테이션의 목적과 진행 순서 등을 설명하면 전체적으로 프레젠테이션을 이해하는 데 도움을 줄 수 있다.

3) 청중과의 커뮤니케이션

프레젠테이션을 진행해 나가는 과정에서 발표자는 청중과 다양한 커뮤니케이션을 주고받게 되는 바, 다음과 같은 사항에 유의해야 한다.

① 청중을 직접 쳐다보면서 발표를 진행해야 한다. 발표자가 청중을 보지 않고 다른 곳에 시선을 두는 경우 청중은 발표 내용을 신뢰할 수 없고 전체적인 분위기가 산만해질 수 있다. 청중을 보는 경우에 눈이 마주쳤을 때에 5초 정도 유지한다. 곧바로 시선을 피하는 경우에도 청중에게 불신을 주게 된다.

② 의미 없는 말을 하지 않는다. 말버릇으로 "음……..", "에……" 같은 말을 하거나 "그러니까……" 등의 접속사 등을 가급적 사용하지 않는다.

③ 목소리 크기와 톤, 속도를 적절하게 조절한다. 청중이 지루해하지 않도록 말의 속도와 억양에 변화를 주고 풍부한 어휘를 구사해야 한다.

④ 발표 내용을 확신을 가지고 열정적이고 진실된 모습을 보인다. 성실하게 프레젠테이션에 임함으로써 청중도 발표에 집중할 수 있게 한다.

⑤ 유머를 적절하게 사용함으로써 프레젠테이션을 더욱 설득력 있게 하고 호감을 가지도록 할 수 있다.

⑥ 청중의 반응을 관찰하면서 이해가 안 된 것으로 보여질 때에는 다시 설명하여 충분히 이해할 수 있도록 한다. 그러나 이미 이해한 사항을 다시 설명하는 경우 지루함을 느끼므로 정확한 판단이 필요하다.

4) 질의 응답

준비한 프레젠테이션이 끝나면 청중으로부터 질문을 받고 그에 대한 답변을 해야 한다. 이 때 유의할 사항은 다음과 같다(한정선, 1999).

① 질문을 받을 때에는 질문을 경청하면서 질문의 의도와 성격을 파악해야 한다.

② 질문에 답할 때에는 답하기 전에 질문에 대한 칭찬을 해 주는 것이 좋다.

③ 답하기 전에 질문을 다시 한번 언급함으로써 질문을 제대로 듣지 못한 청중을 배려해야 한다.

④ 질문에 답할 때에는 너무 방어적이거나 너무 성급하지 않도록 유의해야 한다.

⑤ 어떠한 질문이든지 모두 답변해야 한다. 본인이 답을 잘 알고 있지 못한 질문이라 할지라도 솔직하게 인정하는 답변을 해야 한다. "좋은 질문을 해 주셨는데 그 질문에 대해서는 앞으로 더 많은 연구를 해야 할 것 같습니다. 답변해 드리지 못해 죄송합니다"라고 답변해도 무방하다.

5) 마무리

질의·응답까지 마치고 프레젠테이션을 마칠 때에는 중요한 핵심을 다시 언급하여 포인트를 요약해 주는 것이 좋다. 마지막으로 프레젠테이션에 참여하기 위해 시간을 할애하고 끝까지 경청해 준 청중에게 고마움을 표시하는 말을 한다.

6) 평가

프레젠테이션이 잘 진행되었는지 발표자가 스스로 평가해야 하며, 평가서를 사전에 청중에게 배포하여 끝날 때 평가서에 표시해 주도록 요청한다.

본인이 직접하는 평가와 청중에 의한 평가를 비교하여 잘된 점과 잘못 된 점을 분석하여 다음 프레젠테이션을 위한 자료로 활용한다.

제13장

개인 생산성 향상과 효율적 업무수행

- 제1절 개인 생산성 향상

- 제2절 효율적인 업무수행

제1절 　개인 생산성 향상

1. 개인 생산성 향상 프로그램의 의의

글리슨(Kerry Gleeson)은 자신의 고유업무를 어떻게 처리해야 하는가에 대한 효율적 방법을 터득시켜 주는 개인 생산성 향상 프로그램(Personal Efficiency Programe: PEP)을 강조하고 있다(장동현,1997). 개인 생산성 향상 프로그램(Personal Efficiency Programe: PEP)[1] 이란 보다 적은 시간에 보다 많은 성과를 낼 수 있는 효율적인 업무관리, 효율적인 파일 관리, 효율적인 컴퓨터 정보관리 등 업무수행태도를 습관화해 주는 프로그램이다.

사람들은 열심히 일했음에도 불구하고 큰 성과를 얻지 못하는 경우가 많다. 이는 자신의 업무에 관해 공식적인 교육을 받았으나 효율적으로 일하는 '방법'에 대해서는 교육받지 못했기 때문이다. 따라서 화이트칼라(white collar)들은 스스로를 체계화하는 법, 업무를 가장 효율적으로 처리하는 법에 대해 잘 생각하지 않는 경향이 있다. 자신의 주간 계획을 효과적으로 체계화할 수 없을 뿐만 아니라 중간에 일어나는 각종 장애나 예상치 못했던 긴급 사항을 처리하는 법을 모른다. 개인 생산성 향상 프로그램은 개인 고유의 일을 어떻게 처리하는가에 대한 답을 찾아 주는 역할을 한다.

개인 생산성 향상 실천전략
· 바로바로 처리하자
· 조직화하는 태도를 지니자
· 모든것을 습관화 하자
· 계획하고 목표를 세우자

2. 개인 생산성 향상 실천전략

1) 바로 바로 처리하자

1　개인 생산성 향상 프로그램(Personal Efficiency Programe: PEP)은 글리슨(Kerry Gleeson)지음, 장동현역(1997), 『사무직을 위한 초능률 업무 처리법(Personal Efficiency Programe)』을 참고로 정리한 것이다.

자신에게 주어진 일은 바로 바로 분류하고 처리하는 습관을 들여야 한다. 나중으로 미루어 놓은 업무는 그 업무가 마무리 될 때 까지 처리해야 할 업무 중의 하나로 계속 부담감을 갖게 된다. 대부분 빨리 처리해야 겠다고 생각하면서도 그보다 좀 더 중요한 일을 우선시하여 나중으로 미루게 된다. 보통 '가장 중요한 일' '제일 먼저 해야 될 일' '우선 순위가 가장 높은 일'에 먼저 주의를 집중하는 것이 훌륭한 시간관리 방법이라고 생각한다. 그래서 '더 중요한 활동' 때문에 '덜 중요한 일'이 책장 서랍 속에 방치되게 된다. 결국, 보다 중요하고 급한 일을 위해 나중으로 미루어진 몇 분 안에 처리할 수 있는 간단한 용건은 처리해야만 하는 부담스럽고 번거로운 일이 될 것이며, 그러한 스트레스로 집중력도 떨어지게 된다.

물론, 업무의 우선순위를 정하는 것은 중요하다. 그러나 우선순위를 정할 때의 기준에 대해 생각해 보아야 한다. 시간이 없어 중요한 일을 우선처리 하기보다는 효율적인 측면에서의 우선순위를 정해야 한다. 평소 일상적인 업무 소요시간을 잘 파악하여 시간이 많이 걸리지 않는 중요하지 않은 업무일수록 혹은 까다롭고 귀찮아서 미루고 싶은 업무일수록 당장 처리하도록 해야 한다.

> **단순한 업무는 습관적으로 하자**
>
> 아침에 일어나 세수할까 말까 혹은 이를 닦을까 말까를 고민하고 있는가? 이처럼 습관의 일부가 되어 있는 일은 굳이 생각을 많이 하지 않는다. 습관의 힘에 의해 의식적인 의사 결정 단계가 생략되므로 즉각적인 일의 처리가 이루어질 수 있다.

(1) 맨 처음 손에 잡힐 때 즉시 처리하자

맨 처음 손에 잡힐 때 즉시 처리해야 한다. 예를 들어서, ○○에게 전화를 걸어라, 전자우편에 즉각 대답을 올려라, 고객의 불만과 호소 편지에 답장을 써라, 음성 사서함에 즉각 대처하라 등과 같이 간단한 일들을 지금 당장 처리하다 보면 새삼 놀라게 될 것이다. 실질적으로 소요된 시간은 별로 걸리지 않으면서 일을 끝냈을 때 느끼는 기분은 매우 상쾌할 것이다.

(2) 책상 위 정리 · 정돈은 즉시하자

업무의 생산성을 향상시키기 위해 가장 먼저 실행해야 하는 일중의 하나는 책상의 정리정돈이다. 책상이 깔끔하게 정돈되어 있는 사람이 그렇지 않은 사람에 비해 업무의 능률성이 향상된다고 한다. 특히, 정돈된 책상위에 녹색식물을 두고 업무를 수행할 때 집중력도 향상되고 성과도 높다고 한다. 미국 워싱턴주립대 연구팀에 따르면, 나무나 화초 등의 식물은 스트레스를 낮추고,

업무 집중력을 향상시키는 부드러운 자극제 역할을 하므로, 녹색 나뭇잎 옆에서 근무하는 사람들은 반응시간이 12%나 빨라졌고, 주의력도 50%나 높아졌다고 한다(코메디닷컴, 2013.12.23).

일을 하다보면 한꺼번에 정리하겠다는 생각으로 사용한 서류나 물건들을 대충 산더미로 쌓아 놓게 된다. 이처럼 시간을 내어 집중적으로 깔끔하게 정리·정돈하는 것은 당분간은 깨끗함을 유지하겠지만 곧 다시 엉망이 될 것이다. 중요한 것은 책상 위 정돈을 위해서는 일시적으로 깨끗하게 정리하는 것이 아니라 무엇이든 사용하고 나서 제자리에 두는 습관을 들여야 하며, 중요한 것이 어디에 있는 지를 파악하고 있어야 한다. 즉, 산더미처럼 쌓인 책상 위 서류들 가운데 필요한 서류를 20초 이내에 찾을 수 있는 환경을 만들어야 한다(이민영,2007:16).

(3) 늑장부리기 습관을 극복 하자

퇴근하고 집으로 돌아가는 길에 주유소 앞을 지날 때는 '스페어 타이어를 사야 하는데……', 약국 앞을 지나게 되면 '비타민 C, 집에 비타민 C가 떨어졌지……', 수퍼마켓 앞을 지나면서 '빵 사오라고 했는데…아이구 내리기 싫어' 하면서 지나쳐 오게 된다. 집에 도착할 무렵 한 일은 아무것도 없지만 이미 진은 다 빠져 있게 된다. 일이 고되서가 아니라 늑장부리기 습관 때문에 지쳐 있는 것이다.

(4) 행동에 과감성을 지니자

단호하게 결정하기를 두려워하는 사람이 많다. 어떤 결정을 내리게 되면 그 결과를 감수해야 하기 때문일 것이다. 매순간 백 퍼센트 확신을 가지고 시작할 수는 없다. 50% 정도 가능성이 있다면 과감하게 도전해 보는 것도 필요하다.

사무실 책상 위에 꼭 있어야 하는 것

하루 종일 책상에 앉아 있으면 목과 어깨가 뻣뻣하고 눈이 뻑뻑하다. 원흉은 바로 컴퓨터. 컴퓨터 작업을 많이 하는 직업이라면 책상에 화분 하나 놓자. 업무 중에 규칙적으로 녹색식물을 3분씩 바라보면 눈물막 파괴 시간이 연장돼 안구건조증을 예방한다는 연구 결과가 있다. 또한 식물을 응시하는 동안 눈 주위 근육과, 어깨·겨드랑이 근육의 피로나 긴장도가 낮아진다.

http://m.health.chosun.com

2) 조직화하는 태도를 지니자

(1) 난장판을 정리하자

기술의 진보로 모든 것이 전자식으로 바뀌어 종이 없는 사무실이 등장할 것이라고들 생각했으나 여전히 컴퓨터 프린터와 복사기는 많은 종이를 쏟아내고 있다. 전자우편을 통해 사무실로 쏟아져 들어오는 정보의 홍수 또한 난장판의 원인이 된다. 개인생산성 향상을 위해 쓸모있는 것과 쓸모없는 것들을 분리하고 주위를 정리·정돈하여 체계화하는 일이 필요하다.

(2) 확실하다고 지나치지 말자

업무 처리를 향상시키려고 노력하는 과정에서 복잡한 문제에 신경쓰다 보면 기본을 못 보는 경우가 많다. 대부분의 사무직 종사자들은 자신들이 매일 다루는 기본적 개인용품(스테이플러, 연필, 테이프, 클립, 바인더, 디스켓 등등)들이 잘 정리되어 있다고 생각하거나, 이에 대해 전혀 의식이 없다.

스테이플러가 망가져 있고, 테이프가 비어 있으며, 서류가 여기저기 흩어져 있는 상황 속에서 일을 효율적으로 처리하기를 기대하기는 어렵다. 『월 스트리트 저널』에 의하면, 사무직 직원들이 사무실에서 물건을 찾는 데 1년에 1주일을 허비한다고 한다. 업무의 능률성을 향상시키고자 한다면 먼저 개인용품이 일하기 좋게 정리되어 있는지, 작업환경이 생산성에 도움이 되는지부터 확인해야 한다.

책상위에 실제로 있어야 할 것이 무엇인지 생각해 보자
이 물건이 나에게 필요한 것인가?
필요하면 용도가 무엇인가? 얼마나 자주 사용하는가?
이 물건이 꼭 이 자리에 있어야 하는가? 좀더 나은 자리는 없을까?
만약 이 물건이 없다면 어떤 일이 벌어질까?

(3) 새로운 도구들과 친해지자

새로운 도구에 익숙해지기 위해 주기적으로 카탈로그나 사무용품 판매점을 둘러보는 습관이 필요하다. 좋은 도구들을 이용하면 업무의 효율성과 생산성을 높일 수 있다.

(4) 파일 시스템과 서류 통제 포인트를 체계화하자

서류의 흐름을 다루는 데는 세 개의 서류함 시스템이 필요하다. 미결, 보류, 기결함은 적어도 며칠 사이에 완성되는 업무를 위한 것이다. 다음으로는 작업

중 파일, 참고 파일, 보관용 파일이라는 세 유형의 파일이 있다. 이 세 개의 파일은 작업의 흐름을 관리하는 데 핵심적인 서류 통제 포인트이다.

파일 체계 개선을 위한 제언

· 걸이식 파일을 이용하라. 보관하기 쉽고 또 적절한 장소에 다시 집어넣기도 용이하기 때문이다. 걸이식 파일은 하나의 주제 안에 많은 마닐라지 파일을 담을 수 있다.
· 크고 똑똑하게 라벨을 붙여라. 그래야 검색과 재작업이 쉽다.
· 범주와 하위 범주의 라벨을 분류하라. 범주에 따라 꼬리표를 잘 달아야 효율적으로 찾아볼 수 있다. 범주마다 색깔을 달리하면 훨씬 더 도움이 될 것이다.
· 보관용 파일이 많은 경우 색인을 만들어라. 색인이 있어야 사무 보조원이 부재중이더라도 누구든 쉽게 파일을 검색할 수 있다. 또 한, 파일의 중복을 피할 수 있고, 여러 사람이 같이 쓰는 파일의 이용을 조정할 수 있다.

수직적 파일링(vertical filing)
서류를 홀더에 넣고 라벨을 위쪽으로 향하게 하여 캐비넷 서랍에 나란히 세워 놓는 방법

사무실 책상 서랍이나 캐비넷 서랍에 A4서류를 가로 방향으로 세워 보관하는 수직적 파일링(vertical filing)방식에서는 밀어내기 파일링을 활용하여 자료의 활용도를 높일 수 있다. 밀어내기 파일링이란 각각의 서류를 클리어 파일에 넣고 라벨을 붙인 후 새것이 앞쪽에 오도록 순서대로 보관하나, 일단 꺼내 사용한 파일은 원래 자리에 꽂지 않고 맨 앞에 보관하는 방식이다. 결국 자주 사용하지 않는 자료는 가장 깊숙한 곳으로 밀려나고 자주 사용하는 자료가 앞쪽으로 오도록 정리하는 방식이다(이민영,2007:46-47).

한편, 컴퓨터의 활용도가 높아짐에 따라 전자문서의 파일링이나 데이터 보관이 중요해지고 있다. PC의 문서와 데이터를 체계적으로 보관하기 위해서는 다음의 3단계를 거쳐야 한다.

① 자료를 분석하고 통일된 시스템을 구축한다.
② 새로 시작하는 업무 데이터인지, 이미 끝난 업무의 데이터인지 확인하라. 마찬가지로 본인 스스로 만든 업무 데이터인지 다른 사람이 만든 업

무 데이터인지를 확인한다.

③ 데이터에 해당하는 카테고리를 만든다.

가능하면 별도의 '나의 폴더'를 만들어서 '데이터', '프로젝트' 또는 '그래픽'
과 같은 목록을 만들고 해당목록에 스스로 만든 모든 데이터를 보관하도록
한다. 하위의 카테고리 안에도 또 다른 하위 카테고리를 만들도록 한다. 또한
PC에 이메일과 팩스로 주고받은 내용들도 분기별 또는 월별로 목록표를 정리
하여 보관하는 것도 필요하다(김성배, 2003:57-58).

데이터목록

나의 폴더		
D:/프로젝트/사무환경조성 D:/프로젝트/조직분위기 조성 D:/프로젝트/직무분석	D:/데이터/내근/메모 D:/데이터/내근/편지 D:/데이터/고객/A D:/데이터/고객/B D:/데이터/다운로드	D:/그래픽/프리젠테이션 D:/그래픽/마인드 맵 D:/그래픽/계획서

3) 모든 것을 습관화하자

(1) 시간 일지를 기록하자

시간 일지를 기록해야 시간이 어디에 쓰이고 있는지 정확히 파악할 수 있
다. 누가 쓸데없이 시간을 빼앗고 있는지, 어떤 직무를 제대로 처리하지 못하
고 있는지, 다른 사람의 시간을 어떻게 빼앗고 있는지에 대한 파악도 가능하
다. 다만, 시간 일지를 작성하는 것이 일이 되거나 부담이 되어서는 안 된다.
책상 위에 종이 한 장만 갖다 놓고 간단하게 기록해야 한다.

[그림 13-1] 시간 일지 서식의 예

	활 동	관 련 자	주 제
7:00			
:15			
:30			
:45			
18:15			
:30			
:35			

(2) 정보의 과부하를 극복하자

정보 시대에는 어떤 정보가 필요한지, 반드시 알아야 할 필요가 있는 정보만큼 어떤 정보가 필요 없는지도 알아야 한다. 정보의 과부하를 극복하는 최선의 방법은 가치가 낮은 정보가 업무 체계 안으로 들어오지 못하게 하는 것이다. 모든 정보 원천을 세심하게 분석하여 비핵심적인 정보는 원천에서부터 제거해야 한다.

(3) 전화, 편지, 메모는 일괄 처리하자

특별한 경우를 제외하고는 일정한 시간에만 전화를 받아야 한다는 것이다. 중요한 고객이나 직속 상사의 전화와 같이 긴급하고 특별한 경우에 대한 한계를 정해야 한다. 편지와 사무실 내 메모 역시 한번 정해진 시간에 처리하도록 해야 한다.

메모는 노트 한권에 모아서 한다. 포스트잇은 쉽게 붙였다 뗐다 할 수 있어 매우 편리하지만 컴퓨터, 벽면 등 사무실 여기 저기에 메모를 잔뜩 붙이는 것은 오히려 스트레스가 될 수 있으며, 메모에 익숙해져 확인도 안하게 된다. 그러므로 바로 처리 하지 않아도 되는 업무는 스케줄용 노트에 기록해 두는 것이 좋다. 해야할 일과 약속일정 등을 함께 기록해두면 스케줄도 관리할 수 있어 편리하다.

4) 계획하고 목표를 세우자

할 일의 리스트를 가지고 하루를 시작했지만, 끝낸 일이 아무것도 없어 난감해 하는 경우가 종종 있다. 물론, 일을 못 끝낸 이유에는 여러 가지가 있을 수 있다. 너무 많은 일을 시도했을 수도 있고, 생각지도 못하게 시간을 많이 잡아먹는 일이 있었을 수도 있다. 아니면 그 리스트가 너무 막연했을 수도 있다. 적절한 계획은 일을 성공적으로 처리하게 해 준다.

(1) 일일 계획

일일 계획을 효율적으로 신속하게 끝내기 위해서는 주간 계획에서 일일 계획을 만들어야 한다. 그러면 더 큰 목표를 향해서 나아가고 있는 자신을 매일매일 확인할 수 있다. 일일계획표는 항상 볼 수 있도록 책상위에 두어야하며, 회의나 약속에도 가지고 다닐 수 있다.

[표 1-1] 일일업무계획표

일일업무계획표			
년 월 일 요일		작성자	
	업무내용	인적사항	확인
일반계획			
특별계획			

일일계획표
일일계획표는 총무부나 하루에도 다양한 일을 많이 처리해야 하는 부서에 적합하며, 대형 프로젝트를 수행하고 회의도 자주 하며, 잦은 출장을 다니는 사람들에게는 주간계획표가 더 유용하다.

(2) 주간 계획

1주일에 한 번씩 하는 일의 모든 근거를 조사해야 한다. 모든 근거라 함은 프로젝트를 포함한 작업 중 파일, 최종 시한이 적힌 캘린더, 계획된 활동, 다음 주에 해야 할 일을 위한 비망록, 보류중인 일(보류함, 보류 파일) 등 해야 할 모든 일을 적은 일지를 의미한다(표 13-1 참조).

[표 13-1] 주간 계획 형식의 예

주간 계획 형식	
	이름
	시작일
월요일	주간 계획 (작업중 파일, 보류함, 캘린더, 비망록을 점검할 것)
화요일	1. 2. 3. 4.
수요일	5. 6. 7. 8.
목요일	9. 10. 11. 12.
금요일	13. 14. 15.
토/일요일	주중 추가된 예상 밖의 활동 1. 2. 3. 4.

(3) 프로젝트 실행 계획

무엇을 어떻게 해야 하는지, 그 일과 관련된 세세한 부분은 어떻게 해야 하
는지를 생각하다가 시간을 다 보내는 경우가 있다. 그러고도 실제로 이루어
진 일은 하나도 없다. 프로젝트 계획은 그 계획을 실천하기 위해 어떻게, 어
떤 순서로, 어떤 자원을 가지고, 얼마나 걸려서, 누구와 함께, 그리고 다른 프
로젝트 또는 활동들에 요구되는 것과 어떻게 조화시켜야 할지를 알려 준다.

프로젝트 계획의 예는 [표 13-3]과 같다.

[표 13-3] 프로젝트 실행 계획의 예

프로젝트 제목: 사무 절차 편람
목적: 상반기 경영진과 직원의 지지를 받는 사무 절차를 개발하고자 함.
최종 시한: 2001. 5. 1.

행 동	예상 시간	필요 인원	목표 일자	완성 일자
1. 현재의 절차를 수집한다.	2	사무보조사	1/15	
2. 현재의 절차와 요구되는 변화를 검토하기 위한 특별 임무팀을 구성한다.	4	자신	1/20	
3. 특별 임무팀이 절차를 검토하여 방안을 내놓는다.	*	특별임무팀	2/5	
4. 추천 방안을 검토, 분석한다.	3	자신	2/15	
5. 법적인 자문		자문변호사	2/20	
6. 관리자들에게 회람, 자문을 구한다.		관리자들	3/1	
7. 최종안을 만든다.		자신	3/5	
8. 결과 감시	3*	사무보조원	3/15	
9. 이용도를 제고하기 위해 선전 캠페인을 위한 프로젝트 계획을 세운다.	1	자신	3/20	
10. 안내서를 배포한다.	2	사무보조원	4/20	.

* 이 일에 배정된 인원은 이 과제를 끝내기 위한 독자적 프로젝트 실행 계획을 각자 만들어 내야 한다.

목표달성

한 치약 회사에서 한 해 동안 시장 점유율을 10퍼센트에서 15퍼센트로 올리기로 결정했다면 그것이 바로 전략 목표라 할 수 있다.

가치판단

오디오 테이프 시리즈 『리얼 매직』의 저자인 웨인 다이어는 말기 환자들을 치료하다 만난 사람 가운데 직장에서 더 많은 시간을 보내지 않은 것을 후회하는 사람은 아무도 없었고 오히려 사랑하는 사람들과의 관계나 그들과 같이 좀 더 좋은 시간을 많이 갖지 못한데 대해 후회하고 있었다고 말했다.

기록해야 하는 이유

떠오른 생각은 20분안에 40%, 24시간 후에 70% 이상을 잊어 버린다.

메모의 중요성

앨버트 아인슈타인이 자기 집 전화번호도 못 외웠다는 이야기는 유명하다. 왜 모르냐는 질문에 아인슈타인은 "아니, 왜 그걸 꼭 외우고 있어야 합니까? 전화번호부를 보면 언제든지 알 수 있는데"라고 대답했다고 한다.

(4) 목표 설정

목표 없이는 인생과 일에 의미가 없다. 목표는 등대 역할을 하며 방향을 설정하므로 명확하게 정의되어야 한다. 뭔가를 생각한다는 것과 그것을 글로 옮긴다는 것은 별개의 문제이기 때문에 목표는 글로 써야 생각을 분명하게 정리할 수 있다.

(5) 가치 판단

개인의 입장에서 자신에게 진정으로 의미가 있는 것은 무엇인가 혹은 어떤 원칙으로 살고 있는가 하는 질문은 인생의 목적을 분명히 해 준다. 자신이 하고 있는 일이 자신의 믿는 바와 일치할 때, 그리고 그 믿음이 최고의 진리일 때 개인 생산성은 고양되며, 진정한 자부심을 갖게 된다.

제2절 효율적인 업무수행

1. 효율적인 업무 추적 시스템 구축

계속적으로 증가하는 수많은 정보와 일들을 다 기억하기란 극히 어려운 일이다. 사실, 기억력이 얼마나 좋은지는 정리정돈을 얼마나 잘하는지에 달려 있다. 계속 신경써서 해야할 일들을 기억하고 추적하는 것은 업무를 수행하기 전부터 사람을 지치게 만든다. 잊어서는 안되는 사항들은 늘 기록하고 자신의 업무가 무엇을 위한 것인지 통찰하는 안목을 지녀야 한다.

아무리 바로 바로 처리하려고 노력한다 해도 이런저런 이유로 완성하지 못하는 일들이 생기기 마련이므로 많은 사람들이 일을 잊지 않기 위해 메모를 이용하게 되므로, 포스트잇 등의 메모지가 컴퓨터 화면, 책상 위, 벽면 등에 잔뜩 붙어 있는 것을 보게 된다.

이와 같은 상황은 정신 집중과 생산성 향상에 도움이 되지 않는다. 그리고 메모지들이 너무 오래 매달려 있으면 결국 없는 것이나 마찬가지가 되고 만다. 정기적으로 그 메모지들을 쳐다보면서도 아무 행동도 취하지 않는다면 일을 미루는 습관만 더 강화된다. 간단하고도 편리한 상기(想起) 시스템을 만들면 그런 문제들을 극복함과 동시에 가장 중요한 문제에 집중할 수 있다.

예를 들어, 포스트잇도 수첩이나 노트에 붙여 사용하면 편리하다. 업무가 끝나면 바로 떼고 업무가 연기되면 연기된 날짜로 다시 붙일 수 있어 매우 유용하게 스케줄과 업무일정을 관리할 수 있다. 목적에 따라 크기나 색을 사용하여 구분할 수도 있다(이민영,2007:32).

업무방해요인
─전화/ 장시간회의/불충분한 정보/컴퓨터의 고장/ 컴퓨터 조작의 미숙함인 프로그램 운영의 미숙함/ 동료로 인한 업무의 중단/ 상사의 압력/ 예정에 없던 방문객/ 동료의 부재/ 일정의 지연/ 다른 동료에 대한 불신임/ 소음/ 긴급상황/ 회사내의 갈등/ 서류의 뒤죽박죽상태/따돌림·왕따/매너리즘/ 준비성 부족/ 질병/의욕상실/ 기억력 저하와 집중력 부족/ 자만심

2. 효율적인 업무의 위임

적절한 위임은 효율적인 업무 추적과 완수를 가능하게 해주며 생산성을 향상시키는데 크게 기여하게 된다. 혼자 모든 것을 다할 수 없으므로 입안 과정에서 과부하를 빨리 탐지할수록 그 문제를 쉽게 조정하여 효율성을 기할 수 있다.

[표 13-4] 유능한 위임자와 무능한 위임자

유능한 위임자	무능한 위임자
① 일을 해낼 최적의 인물을 확인한다.	① 일을 독단적으로 배분한다.
② 완료에 필요한 시간을 주면서 위임한다.	② 최종 시한 직전에 위임하여 위기를 자초한다.
③ 목적을 분명하게 제시한다.	③ 구체적인 결과를 분명하게 제시하지 않는다.
④ 일의 완료에 필요한 모든 정보를 제공한다.	④ 지시를 급하게 전달한다.
⑤ 직원이 행동에 나서기 전에 일의 내용을 이해하고 있는지 확인한다.	⑤ 권위적 방식으로 위임한다.
⑥ 완료에 필요한 최종 시한을 설정한다.	⑥ 무조건 빨리 끝낼 것을 요구한다.
⑦ 프로젝트 계획을 서면으로 쓸 것을 권고한다.	⑦ 그 직원이 알아서 효율적인 접근 방법을 찾아내기를 기대한다.

⑧ 정기적으로 진척 상황을 점검한다.	⑧ 공식적인 검토 과정을 전혀 세우지 않는다.
⑨ 기꺼이 설명과 조언을 한다.	⑨ 일이 어떻게 되고 있는지 간섭한다.
⑩ 책임은 인식하면서 그 일을 하고 있는 직원에게 공을 돌린다.	⑩ 원하는 결과가 나오지 않을 때는 탓을 그 직원에게 돌리고, 반대의 경우는 자신의 공을 차지한다.
⑪ 새로운 책임을 부여하여 직원의 성장을 돕는다.	⑪ 신속히 위임하지 않고 일을 잡고 있는 바람에 병목 현상을 일으킨다.

3. 효율적인 지시와 보고

1) 상사의 지시에 대한 바람직한 태도

상사가 불렀을 때는 " 네, 부르셨습니까?" 라고 활기차게 대답하고 즉시 일어서 앞으로 가야 한다. 고개만 쳐들거나 아무런 대답 없이 간다면 매너가 없어 보이거나 폐기가 없어 보일 수 있다. 특히 말을 할 때 말끝을 흐린다거나 생략 또는 말을 더듬어서는 안된다. 또한, 메모 준비를 해야 한다. 가급적이면서 있는 채로 지시내용을 받아 적을 수 있도록 조그마한 수첩을 휴대하고 다니는 습관을 들인다(윤태익,2008;이동조,2008).

상사의 지시를 받을 때에는 성실하고 패기가 있어야 한다. 상사의 지시내용이 자신의 능력, 권한, 직무의 범위에 속하는 내용이 원칙이나, 이를 벗어난 내용일 수도 있다. 이 경우 무조건 할 수 없다는 부정적인 태도보다는 일단 모르는 것을 질문하고 가급적 지시사항을 이행하려고 노력하는 성의를 보여야 한다. 부득이 지시사항을 실행하기 어려울 때는 솔직하게 자신의 현재상황이나 이유를 겸손하게 설명하여 조정할 수 있도록 부탁한다.

지시를 받았을 때 "곤란하겠는데요", "무리입니다." "불가능합니다" 등 해보려는 태도가 보이지 않는 말투는 피해야 하며, 가능한 요소나 처리할 수 있는 방법을 생각해내는 것이 업무에 대한 적극성이며, 추진력이다. 설사 자신의 능력으로 하기 힘든 일이라고 할지라도 자신을 테스트 하기 위한 의도일지도 모르기 때문에 연구하고 검토하여 성사시키기 위한 각고의 노력이 필요하다.

지시는 바로 직속상사로 부터 받는 것이 원칙이다. 만약 직속상사보다 위 부서장이나 다른 부서의 상사로 부터 지시를 받았을 때는 일단 그 내용을 직속상사에게 전달하고 상의하도록 한다. 또한, 지시 도중 말을 가로채지 말아야 한다. 질문사항이 있으면 끝까지 지시내용을 듣고 난 후에 하도록 해야 한다.

2) 효율적인 보고 요령

보고는 일이 끝난 후에 해야 한다는 관념을 가져서는 안되며, 사안에 따라서 그때 그때 중간보고를 해야 한다. 계획대로 업무가 실행되어야 하겠지만, 완벽하게 계획대로 실행될 수 없을 때도 있다. 이러한 경우에는 신속히 대처하는 기민성을 보여야 한다. 기일내에 실행이 어려울 때는 실행경과를 보고하고, 업무가 늦어지는 이유, 어느 정도 늦어질 것인지에 대한 정확한 소요시간 및 일수, 이에 대한 대비책 등을 제시해야 한다(윤태익,2008;이동조,2008).

어떠한 보고든지 지시한 사람에게 직접 해야 한다. 아무리 간단한 지시내용, 예를 들면 카피를 지시받았다거나 서류를 다른 부서에 갖다주는 등 하찮게 생각되는 업무일지라도 그 일을 끝마치고 나면 "지시하신 카피는 **부장님 책상위에 해놓았습니다." 혹은 "지시하신 서류는 **과장님께 갖다 드렸습니다."라고 반드시 보고를 해야 한다. 보고받아야 할 사람이 자리에 없고 부득이 외출해야 할 일이 생겼을 때는 서면으로 보고 내용을 적어서 책상위에 두어야 한다. 그리고 외근 중에 전화를 해서 다시 한번 확인하고 귀사한 후에도 재차 구두로 보고하도록 해야 한다.

제4판 **사무관리론**

참고문헌

[국내 문헌]

· 강근복 외(1999). 「지식정보사회와 전자정부」. 나남출판.
· 강석원(2013).「중소기업을 위한 총무인사 업무매뉴얼」. 코페하우스.
· 강현순(2012). 「실전프레젠테이션」. 기한재.
· 곽두진(1998). 「사무관리개론」. 진영사.
· 구현서(1996). 「국제무역실무」. 학문사.
· 김갑수(1994). 「사무관리론」. 형설출판사.
· 김경우(1999). 「사무관리실무론」. 학문사.
· 김백준(역)(1995). 「일이 재미있어야 인생이 즐겁다」. 21세기북스.
· 김성배(역)(2003). 「사무정리 내가 도와줄게」. winbook.
· 김성태(1999). 「행정정보체계론」. 법문사.
· 김양욱(역)(1999). 「업무혁신을 위한 ERP」. 21세기북스.
· 김영실 외(1998). 「지식경영의 실천」. 삼성경제연구소.
· 김용전(2007).「회사에서 당신의 진짜 실력을 보여주는 법」국일미디어.
· 김의창 외(1999). 「정보관리론」. 학현사.
· 김제홍 외(1999). 「사무자동화시스템」. 도서출판 글로벌.
· 김준기(2008). 「회사에서 인정받는 창의성」. 중앙books.
· 나영길(1999). 「새로운 사무관리론」. 학문사.
· 류대현(2009).「직장인들이 가장 궁금해하는 금융상식」새로운제안.
· 미래와 경영연구소(MKRI)(2013). 「총무와 인사관리 지식쌓기」. 미래와 경영.
· 매일경제 지식프로젝트팀(1998). 「지식혁명보고서」. 매일경제신문사.
· 문신용(1999). 「공공정보 자원관리의 활성화 방안」. 한국행정연구원.
· 박금철(1993). 「문서관리론」. 경운출판사.
· 박동준 외(역)(1996). 「전 사원을 위한 알기 쉬운 업무개선」. 소프트전략경영연구원.
· 박상곤(2011).「상상력 발전소」미래와 경영.
· 박세정(1993). 「한국 행정에 적합한 사무혁 신방안의 모색」. 한국행정연구원.
· 박양규 외(1998). 「SPSS통계분석」. 21세기사.
· 박연호 외(2000). 「현대사무관리론」. 법문사.
· 배수진(1992). 「신사무관리」. 학문사.
· 배철효 외(1999). 「사무관리론」. 학문사.
· 백기복(1996). 「조직행동연구」. 법문사.

· 서진완(1996). 「행정사무자동화의 종합평가 및 향후 발전 방향」. 한국행정연구원.
· 소영일 외(1994). 「경영정보시스템」. 대영사.
· 손원준(2013). 「회사에서 바로 써먹는 왕초보 총무업무」. 지식만들기.
· 송경근(역)(1994). 「프로세스 이노베이션」. 21세기북스.
· 송교석 외(1998). 「경영정보시스템」. 학문사.
· 송상호 외(1996). 「우리 회사 어떻게 조직 변화에 성공할 것인가」. 명진출판.
· 신건호 외(1999). 「21세기를 위한 기업경영혁신」. 학문사.
· 신영욱(1996). 「학습조직의 이론과 실제」. 삼성경제연구소.
· 오세덕 외(2000). 「현대행정관리론」. 동림사.
· 오무석 외(1994). 「사무관리개론」. 도서출판 두남.
· 윤태익(2008). 「회사에서 통하는 독심술」. 크레듀.
· 이근희(1995). 「작업관리」. 상조사.
· 이동조(2008). 「숨어있는 능력을 찾아내는 히든카드」. 팜파스.
· 이민영(역)(2007). 「그 서류 어디 있지?」. 새로운 제안.
· 이상문(1994). 「글로벌시대의 초일류기업」. 명진출판.
· 이상수 외(1995). 「신사무관리론」. 동문사.
· 이순철(1999). 「지식경영의 이해」. 삼성경제연구소.
· 이연우(역)(1998). 「목표관리의 이론과 실제」. 한국능률협회.
· 이영희 외(1998). 「경영학원론」. 두남.
· 이장우(2000). 「미래경영 미래CEO」. 한국능률협회.
· 이재규(1994). 「리엔지니어링과 카이젠」. 21세기북스.
· 이재규(역)(1994). 「미래의 조직」. 한국경제신문사.
· 이종두(1997). 「사무관리론」. 대영문화사.
· 이진식(1992). 「최신공정관리」. 형설출판사.
· 이학종 · 양혁승(2006). 「전략적 인적자원관리」. 박영사.
· 이 홍(1999). 「한국 기업을 위한 지식경영」. 명경사.
· 임동욱(1994). 「사무관리개론」. 국가교육개발원.
· 임창희(2010). 「인적자원관리」. 비엔엠북스.
· 장동현(역)(1997). 「사무직을 위한 초능률업무처리법」. 세종서적.
· 전석호(1995). 「정보사회론」. 나남출판.
· 전용진(1999). 「경영혁신과 정보기술」. 학문사.
· 정기만 외(1998). 「사무관리개론」. 무역경영사.
· 정보사회연구실(1999). 「지식기반국가 건설을 위한 정부개혁」. 정보통신정책연구원.
· 정보통신부(2000). 「정보화촉진시행계획 작성지침」. 정보통신부.
· 정부기록보존소(2003). 「기록문관리법령 개정 주요 내용:기록물관리법 순회교육 교재」.
· 정상직(1996). 「사무관리론」. 형설출판사.
· 정석준(1994). 「사무관리」. 한국방송통신대학교.
· 정연준외3(역)(2007). 「비즈니스 프로세스 경영과 BSC」. NemoBooks.
· 정인근(역)(1995). 「PAPERLESS OFFICE」. 한국능률협회.
· 정종기(1999). 「21세기 정보화사회」. 도서출판 글로벌.
· 정철화(2009). 「아니면 뒤집어라!」. 좋은책만들기.
· 정철현(2000). 「행정정보체계론」. 법문사.
· 조석준(1994). 「현대사무관리론」. 박영사.

· 조주복 외(2000). 「정보화시대의 사무관리론」. 학문사.
· 최동석(1998). 「똑똑한 자들의 멍청한 짓」. 비봉출판사.
· 최재열(1999). 「세법」. 학문사.
· 최협(1996). 「부시맨과 레비스트로스」. 풀빛.
· 한국능률협회(1997). 「문서관리」. 한국능률협회.
· 한국표준협회(역)(1995). 「비즈니스맨을 위한 화이트칼라 업무혁명」. 한국표준협회.
· 한국표준협회편집부(역)(1994). 「쉽게 볼 수 있는 차트 만들기」.한국표준협회.
· 한상도(1999). 「사무자동화론」. 도서출판 글로벌.
· 한재원 외 2(1997). 「사무관리개론」. 한올출판사.
· 김승한(1999). "전사적 자원관리의 확산에 관한 실증연구: 국내기업을 대상으 로 정보기술 · 정보시스템 혁신의 관점에서". 서울대학교 박사학위논문.
· 박명호(2007). ERP 도입에 따른 직무특성 변화가 임금수준에 미치는 영향. 동국대학교 박사학위논문.
· 박주영(2011). 미래지향적 업무수행을 위한 스마트워크 기술. The 21st High-Speed Network Workshop.
· 신주일(2007). "ERP시스템 도입의 재무성과에 관한 연구". 한양대학교 석사학위논문.
· 윤문엽(2011). "국내외 스마트워크 추진 동향". Journal of Communications & Radio Spectrum 42.
· 이상복 · 고창영(2008). "Toyota 생산시스템을 응용한 사무 부문의 프로세스 개선 사례". 산업공학 21(4).
· 이진혁(2009). ERP시스템 도입이 기업의 회계투명성에 미치는 영향. 단국대학교 경영대학원 석사학위논문.
· 이한찬 · 이소현 · 김희응(2012). "스마트워크센터 활성화를 위한 연구: 정보시스템 성 공모형 기반 접근". 한국경영정보학회 추계학술대회.
· 임규관(2011). "스마트워크 2.0 구축 방법론에 대한 연구". 디지털정책연구 9(4).
· 임승린(2000). 사무자동화 개론. 상조사.
· 정철호 · 문영주(2011). "스마트워크 추진 현황 및 활성화 과제에 관한 탐색적 연구". 전자상거래학회지 12(2).
· 허남식(2008) 유형별 보고서 작성법과 실제 사례. 행정안전부 중앙공무원교육원.
· KT경제경영연구소(2010). 원격근무의 현황과 활성화 과제. 연구보고서
· J.C.Lee(2004). 20차시 간접부문의 업무개선. 한국생산성본부.
· 고용노동부 워크넷 참조(http://www.work.go.kr/)
· 행정자치부(2003). 「사무관리 및 기록물관리실무」.행정자치부 행정능률과.
· 행정자치부(2003). 「사무관리규정개정 주요 내용」. 행정자치부 행정능률과.
· 국가기록원(2012). 2013년도 기록물 관리지침
· 안전행정부(2012). 행정업무운영편람.
· 행정업무의 효율적 운영에 관한 규정
· 행정업무의 효율적 운영에 관한 규정 시행규칙
· 행정안전부 · 국가기록원(2012). 2013년도 정부산하 공공기관 기록물관리 지침
· 위키백과사전

[외국 문헌]

Allen, T. J. & M. S. Scott Morton(ed.)(1994). Information Technology and the Corporation of the 1990s, Oxford Univ. Press.
Buhler,Patricia M.(2002).「Human Resources Management」. Adams Media.
Boar, Bernard H.(1997). Strategic Thinking for Information Technology. New York: John Wiley & Sons, Inc.

Canning, Richard G.(1957). Installing Electric Data Processing Systems. New York: John Wiley & Sons, Inc.

Cats-Baril, W. & R. Thompson(1995). Managing Information Technology. Public Administration Review.

Dawes, Sharon S.(1994). Human Resource Implications of Information Technology in State Government. Public Personnel Management.

Demarest, Marc(1997). Understanding Knowledge Management. Long Lange Planning.

Fox, C. J.(1983). Information and Misinformation. Westport, Conn: Greenwood Press.

Garson, G. David(ed.)(2000). Handbook of Public Information Systems. New York: Marcel Dekker.

Hammer, Michael & J. Champy(1993). Reengineering the Corporation. London: Nicholas Brealey Publishing.

Heeks, Richard(ed.)(1999). Reinventing Government in the Information Age. London: Routledge.

Hirschheim, R. A.(1985). Office Automation. N.J.: Addison-Wesley Publishing Co.

Keeling, B. Lewis & N.F. Kallaus (1983). Administrative Office Management. Ohio: South-Western Publishing Co.

Lloyd, Bruce(1996). Knowledge Management: the Key to Long-term Organizational Success. Long Lange Planning.

Lucas, H. C. Jr.(1994). Information Systems Concepts for Management. New York: McGraw-Hill.

Mackall, Joe(1998). Information Management. Illinois: Ferguson Publishing Co.

Nonaka, I (1998). The Knowledge-Creating Company. Harvard Business Review, Nov-Dec.

Odgers, Pattie(1997). Administrative Office Management: Strategies for the 21th Century. Ohio: South-Western College Publishing.

Quible, Zane K.(2001). Administrative Office Management. New Jersey: Prentice Hall.

Senge, P.(1990). The Fifth Discipline: The Art and Practice of the Learning Organization. New York: Currency Doubleday.

Sutton, Michael J. D.(1996). Document Management for the Enterprise. New York: John Wiley & Sons, Inc.

Tuban, E, McLean E. & J. Wetherbe(1996). Information Technology for Management: Improving Quality and Productivity. New York: John Wiley & Sons.

West, Debbie(2002). Records Management, MN: EMC Paradigm.

OA化問題研究會(1991). インテリジエントビル症候群. OA化問題研究會.

佐藤方彦(1991). オフィス・アメニテイ. 井上書院.

(社)日本建築學會(1994). 快適なオフィス環境がほしい―居住環境評價の方法. 彰國社.

제4판 **사무관리론**

찾아보기

ㄱ

ㄴ

ㅂ

ㅅ

ㅈ

ㅊ

저자약력

유희숙(劉喜淑)

경희대학교 대학원 졸업(행정학박사)
현. 대림대학교 국제사무행정과 교수
안전행정부 정보공개위원회 위원
안전행정부 지방자치단체합동평가단 평가위원
대통령소속 지방자치발전위원회 실무위원
경실련 상임집행위원회 위원
서울시 공무원시험 출제위원
경기도 공무원시험 출제위원
경기도 선진화위원회 위원
경기도 규제개혁위원회 위원
감사원 정보공개심의위원회 위원
안양시 인사위원회 위원
법무부 채용점검위원회 위원
법무부 서울지방교정청 징계위원회 위원
한국행정학회 회원
경인행정학회 부회장

〈역서 및 논문〉
「지방자치 시대의 주민참여」(역서)
「일본의 특별지방자치단체」(역서)
사무환경 개선을 위한 사무환경 평가요소에 관한 연구
지방자치단체의 직무분석 추진 방안
지방 공직자에 대한 주민 접촉 연구
지방정부의 조직개편 및 인력감축 방안 외

제4판

사무관리론

펴낸 날 / 제1판 제1쇄 2001년 7월 30일
제2판 제1쇄 2004년 2월 25일
제3판 제1쇄 2008년 8월 30일
제4판 제1쇄 2014년 2월 28일
제4판 제2쇄 2015년 7월 30일
제4판 제3쇄 2016년 8월 10일
지은이 / 유희숙 제4쇄 2021년 3월 10일
펴낸이 / 임춘환
펴낸 곳 / 도서출판 대영문화사
주소 / 서울 용산구 청파로 61길 5 (청파동1가)
제일빌딩 2층 (우)140-869
등록 / 1975년 12월 26일 제3-16호
전화 / (02)716-3883, (02)714-3062
팩시밀리 / (02)703-3839
홈페이지 / http://www.dymbook.co.kr

ⓒ 유희숙, 2014
ISBN 978-89-7644-478-3

[값 22,000원]